신의 예언자

무함마드

MUHAMMAD
A PROPHET FOR OUR TIME

신의 예언자

무함마드

KAREN ARMSTRONG
카렌 암스트롱 | 김승완 옮김

교양인
GYOYANGIN

차 례

예언자 무함마드 시대의 아라비아와 주변 지역

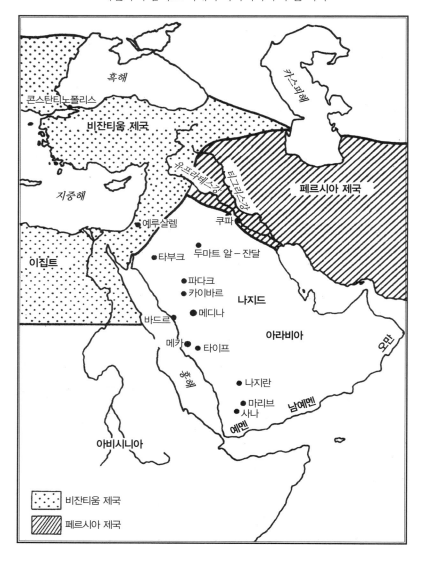

7세기 초 아라비아

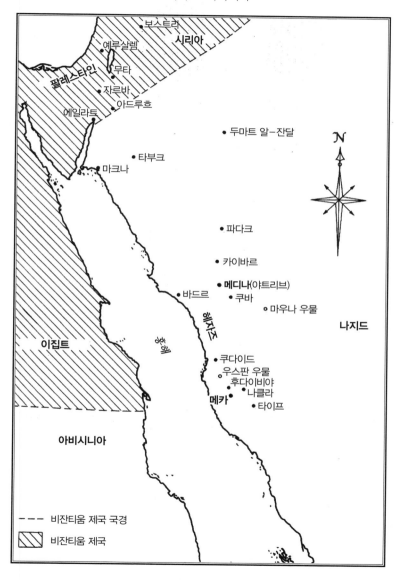

보스트라
예루살렘 • 시리아
팔레스타인 무타
자르바
에일라토 아드루흐

두마트 알-잔달

타부크
마크나

N

파다크

카이바르

메디나(야트리브)
바드르 • 쿠바
마우나 우물

나지드

이집트

홍해

헤자즈

쿠다이드
우스판 우물
후다이비야
메카 • 나클라
타이프

아비시니아

- - - 비잔티움 제국 국경
⬛ 비잔티움 제국

종교 전통의 역사는 초월적 실재와 세속 영역에서 일어나고 있는 사건들 사이의 끊임없는 대화이다. 신앙을 지닌 사람들은 그 종교의 성스러운 과거를 면밀히 살피면서, 그들의 삶의 상황과 직접 관련된 교훈을 찾고자 한다. 대부분의 종교에는 상징적인 대표 인물이 있다. 인간의 모습으로 그 신앙의 이상을 표현하는 개인이다. 불교 신자들은 붓다의 고요를 성찰하며 각자 열망하는 니르바나(열반)의 최고 실재를 본다. 기독교 신자들은 예수에게서 세상의 선함과 공감의 힘으로서 신성한 존재를 엿본다. 이런 모범적인 인격들은 우리 대부분이 결함 많은 세상에서 구원을 찾는 어두운 상황에 빛을 비춰준다. 이 인물들은 우리에게 인간은 무엇이 될 수 있는지 말해준다.

무슬림들은 언제나 이 점을 이해하고 있었다. 무슬림들의 경전 쿠란은 그들에게 모든 구성원이 존중받는 정의롭고 훌륭한 사회를 만들라는 사명을 내렸다. 무슬림 공동체의 정치적 안녕은 과거에도 현재에도 가장 중요한 문제다. 이것은 여느 종교적 이상이 그렇듯이 거의 불가능하다 싶을 정도로 달성하기 어렵지만, 무슬림들은 실패할 때마다 일어나서 다시 시작하고자 했다. 많은 이슬람 종교 의식, 철학, 교리, 성스러운 텍스트, 성소는 이슬람 사회에서 일어난 정치적 사건들에 대한 고통스럽고도 자기 비판적인 성찰의 결과물이다.

예언자 무함마드(570~632)의 삶은 처음부터 줄곧 이슬람의 이상을 펼치는 데 결정적인 역할을 해 왔다. 무함마드가 걸어간 길은 불가해한 신의 활동을 이 세상에 드러냈고 모든 인간이 신을 향해 실천해야 하는 완전한 내어줌('이슬람'이 아랍어로 '내어주다'라는 뜻이다)을 보여주었다. 예언자 무함마드가 살아 있을 때부터, 무슬림들은 예언자의 삶의 의미를 이해하고 그 의미를 자신의 삶에 적용하기 위해 힘써야 했다. 무함마드가 세상을 떠나고 100여 년 후 이슬람이 계속해서 새로운 지역으로 퍼져 나가며 개종자가 늘어나는 가운데, 무슬림 학자들은 무함마드의 말(하디스hadith)과 관습적인 실천(순나sunnah)을 모아서 정리하기 시작했고 그 결과물이 이슬람 법의 기초를 이루게 된다. '순나'는 무슬림들에게 무함마드가 말하고, 먹고, 사랑하고, 씻고, 예배했던 방식을 모방하라고 가르쳤다.

그리하여 그들은 신에게 자신을 완전히 내어준 무함마드의 내면을 습득하겠다는 바람으로 일상 생활의 아주 작은 세부 사항에서도 지상에서의 무함마드의 삶을 재현했다.

이와 비슷한 시기인 8~9세기에 최초의 무슬림 역사가들이 예언자 무함마드의 삶에 관해 글을 쓰기 시작했다. 무함마드 이븐 이샤크(767년 사망), 무함마드 이븐 우마르 알-와키디(820?년 사망), 무함마드 이븐 사드(845년 사망), 아부 자리르 알-타바리(923년 사망)가 그들이다. 이 역사가들은 단지 자신의 기억과 느낌에 기대지 않고 진지하게 역사를 재건하고자 했다. 이들은 옛 기록들을 포함해 서술했고, 구전 전승의 원래 출처를 추적했으며, 무함마드를 신의 예언자로 존경하면서도 완전히 무비판적이지는 않았다. 크게 보면 이들이 노력한 결과로 우리는 거의 대부분의 다른 주요 종교 전통의 창시자보다 무함마드에 관해 더 많이 알고 있다. 이 초기 자료들은 예언자 무함마드의 전기를 쓴다면 반드시 참고해야 하며 나는 이 책에서 이 초기 자료들을 자주 참조할 것이다.

아마도 현대 역사가들은 최초로 무함마드 전기를 쓴 저자들의 작업물이 썩 만족스럽지는 않을 것이다. 최초 저자들은 아무래도 그 시대 사람이기에 오늘날에는 다르게 해석할 수 있는 전설이나 기적 같은 이야기들을 종종 포함시켰다. 그러나 그들은 자신들이 다루는 자료의 복잡성을 인식하고 있었다.

그들은 어떤 사건에 대해 단일한 이론이나 해석을 내세우면서 그 밖의 다른 이론과 해석을 버리지는 않았다. 때로는 한 사건에 관해 전혀 다른 두 개의 판본을 나란히 서술하고 동등하게 취급하여 독자들이 스스로 결정할 수 있도록 했다. 그들은 내용에 포함시킨 전승에 항상 동의하지는 않았지만, 예언자 무함마드의 이야기를 할 수 있는 한 솔직하고 진실하게 전하려고 노력했다. 그들의 서술에도 공백은 있다. 우리는 무함마드가 40세에 자신이 신의 계시라고 믿은 것을 받기 전까지 초기 생애에 관해서는 사실상 아무것도 알지 못한다. 그래서 불가피하게 무함마드의 출생, 유년기, 청년기에 관한 종교적 전설이 발전했지만, 이러한 부분은 분명히 역사적 가치보다는 상징적 가치가 있다.

무함마드가 초기에 메카에서 어떠한 정치적 활동을 했는지에 관해서도 자료가 거의 없다. 무함마드는 그 당시에 상대적으로 눈에 띄지 않는 인물이었기에 아무도 무함마드의 활동을 기록해 두는 것이 가치가 있으리라고 생각하지 않았다. 우리가 가진 정보의 주요 원천은 무함마드가 아랍인들에게 가져다준 경전이다. 무함마드는 610년경부터 632년 세상을 떠날 때까지 약 23년 동안 자신이 신에게서 직접 메시지를 받는다고 주장했고 그 메시지가 모여서 '쿠란'이라고 알려지게 된 텍스트가 되었다. 물론 쿠란에 무함마드의 삶이 직설적으로 서술되어 있지는 않다. 쿠란의 메시지는 예언자에게 단편적으로, 한 줄씩, 한 구절씩, 한 장(章)씩 왔다. 때로 계시는 메카 또는 메디나의 특정 상황을 다루기도 했다. 쿠란에서 신은 무함마드를 비판하는 이들에게 답하고, 비판자들의 주장을 논평하고, 전투나 공동체 내부 갈등의 더 깊은 의미를 설명했다. 한 묶음의 새로운 구절들이 무함마드에게 계시되면 무슬림들은 그것을 외웠고 글을 아는 이들은 적어놓았다. 가장 먼저 공식적으로 정리된 쿠란은 무함마드가 세상을 떠나고 20년 지나 650년경에 편찬되었고 경전의 자격을 얻었다.

쿠란은 신에게서 나온 거룩한 말이며 그 권위는 여전히 절대적이다. 그러나 무슬림들은 쿠란을 해석하기가 언제나 쉽지만은 않다는 사실을 안다. 쿠란의 규범은 소규모 공동체를 위해 설계되었지만, 무슬림들은 그들의 예언자가 세상을 떠나고 100년 후에는 히말라야산맥에서 피레네산맥에 이르는 광대한 제국을 통치했다. 그들의 상황은 예언자와 최초 무슬림들의 상황과는 완전히 달라졌으며, 이슬람은 변화하고 적응해야 했다. 당대의 곤혹스러움에 대응하며 이슬람 역사상 최초의 에세이가 쓰였다. 무슬림들은 예언자의 통찰과 실천을 어떻게 자신들의 시대에 적용할 것인가? 초기 전기 저자들은 무함마드의 삶에 관해 이야기할 때, 무함마드가 받은 특정 계시의 역사적 맥락을 재구성하면서 쿠란 구절을 설명하려고 했다. 쿠란의 특정한 가르침을 촉발한 것이 무엇인지 이해함으로써 그들은 체계적인 유추를 통해 그 가르침을 자신들의 상황에 관련지을 수 있었다. 당대 역사가들과 사상가들은 7세기에 사람들에게 신의 말씀을 전하려 했던 예언자의 힘겨운 노력에 대해 배우면 예언자의 영혼을 자신들의 영혼 안에 간직하는 데 도움이 될 거라고 믿었다. 이렇게 초창기부터, 예언자 무함마드에 관해 글을 쓰는 것은 전적으로 옛일에 대한 흥미에서 비롯된 것이 결코 아니었다. 이 과정은 오늘날에도 이어진다. 일부 무슬림 근본주의자들은 무함마드의 삶을 자신들의 호전적인 이데올로기의 기반으로 삼았다. 무슬림 극단주의자들은 무함마드가 자신들의 잔혹 행위들을 용납하고 칭찬했을 거라고 믿는다. 다른 무슬림들은 그러한 주장에 아연실색하며 쿠란의 특별한 다원주의를 언급한다. 쿠란의 다원주의는 공격성을 비난하고 올바르게 인도된 모든 종교는 하나의 신에서 나왔다고 본다. 우리 서구 문화에는 십자군 전쟁 시기까지 거슬러 올라가는, 역사가 오랜 '이슬람 공포증(Islamophobia)'이 있다. 12세기에 유럽의 기독교 수도사들은 이슬람이 칼을 앞세운 폭력적인 종교이며 무함마드는 상대 세계가 원하지 않는데도 무력을 앞세워 자신의 종교를 강요한 사기꾼이라고 주장했다. 그들은 무함마드를 호색한, 성도착자라고 불렀다. 이렇게 예언자의 삶을 왜곡한 이야기는 서구에서 일반적인 관념이 되었고, 서구인들은 무함마드를 객관적인 관점으로 바라보는 데 언제나 어려움을 겪어 왔다. 2001년 9월 11일 뉴욕 세계 무역센터 파괴 후 미국 내 기독교 우파에 속한 이들과 서구 매체 일부는 무함마드가 구제 불능의 전쟁 중독자라고 주장하며 그러한 적대의 전통을 이어 갔다. 일부는 무함마드가 테러리스트에 소아 성애자라고 주장하기까지 했다.

우리는 더는 이런 편견을 방치할 여유가 없다. 왜냐하면 그러한 주장을 이용해 서구 세계가 이슬람 세계에 맞서 새로운 십자군 전쟁을 치르고 있다는 것을 '증명'하려고 하는 극단주의자들에게 그런 편견은 선물이기 때문이다. 무함마드는 폭력을 앞세운 사람이 아니었다. 우리는 무함마드의 중요한 성취를 제대로 이해하기 위해서 그의 삶에 균형 잡힌 방식으로 접근해야만 한다. 부정확한 편견을 조장하는 것은 서구 문화의 특징이어야 할 관용, 관대함, 공감을 손상시킨다.

내가 이러한 확신을 품게 된 것은 15년 전, 아야톨라 호메이니의 파트와*가 소설 《악마의 시(The Satanic Verses)》를 쓴 살만 루슈디와 출판사 관계자들에게 소설에서 무함마드를 불경하게 묘사했다는 이유로 사형을 선고한 후였다. 나는 그 파트와를 혐오했고 루슈디에게는 자신의 선택에 따라 어떤 글이든

---

* **파트와**(fatwah) 이슬람 율법에 따른 결정 또는 명령.

출판할 권리가 있다고 믿었지만, 루슈디를 지지하는 자유주의자 일부가 파트와를 규탄하는 정도를 넘어 그 일과 아무 관련도 없는 이슬람교 자체를 싸잡아 비난하는 모습을 보고 마음이 편치 않았다. 중세 시대의 편견을 되살려 자유주의 원칙을 옹호한다는 게 잘못으로 보였다. 이러한 유형의 편견이 바탕이 된 1930년대의 비극, 결국 히틀러가 유대인 600만 명을 학살할 수 있게 만들어준 그 일에서 우리는 아무것도 배우지 못한 것 같았다. 하지만 나는 많은 서구인들이 무함마드에 대한 인상을 수정할 기회가 없었다는 사실을 깨닫고, 깊이 뿌리 박힌 시각에 도전하기 위해 무함마드의 삶에 관한 대중적이고 쉬운 이야기를 쓰기로 마음먹었다. 그 결과물이 1991년에 처음 출간된 《Muhammad: A Biography of the Prophet》이었다. 그러나 2001년 9월 11일 이후, 우리는 무함마드 삶의 다른 측면들에 초점을 맞출 필요가 있다. 따라서 지금 이 책은 완전히 새롭고 다른 책이며, 세계의 무서운 현실에 더 직접적으로 이야기하는 책이 되기를 바란다.

모범적인 인격으로서 무함마드는 무슬림만이 아니라 서구인들에게도 중요한 가르침을 준다. 무함마드의 삶은 '지하드(jihad)'였다. 앞으로 본문에서 살펴보겠지만 '지하드'라는 단어는 '성전(holy war)'이 아니라 "끊임없는 투쟁"을 의미한다. 무함마드는 전쟁으로 갈라진 아라비아에 평화를 가져오기 위해 말 그대로 끊임없이 투쟁했고, 오늘날 우리에게는 그러한 투쟁을 할 준비가 된 사람들이 필요하다. 무함마드의 삶은 탐욕, 불의, 오만에 맞선 지치지 않는 운동이었다. 무함마드는 아라비아가 전환점에 서 있으며 구시대적 사고방식으로는 부족하다는 것을 깨닫고, 완전히 새로운 해결책을 발전시키려는 창의적인 노력에 몸과 마음을 바쳤다.

신기하게도 7세기 아라비아에서 발생한 사건들이 우리 시대에 발생하는 사건들과 그 바탕에 깔린 의미에 관해 정치인들의 말보다도 훨씬 더 많은 것을 가르쳐준다. 무함마드는 종교적 정통성을 강요하려고 하지 않았다. 형이상학에는 별로 관심이 없었다. 대신 사람들의 마음과 정신을 바꾸려고 노력했다. 무함마드는 자신의 시대를 지배하던 정신을 '자힐리야(jahiliyyah)'라고 불렀다. 무슬림들은 보통 이 단어가 "무지의 시대" 즉 아라비아에 이슬람이 등장하기 전까지의 시대를 뜻한다고 이해한다. 하지만 최근 연구가 보여주듯이 무함마드는 '자힐리야'라는 용어를 역사적 시대를 가리키기 위해서가 아니라 7세기 아라비아에서 폭력과 공포를 유발하던 정신 상태를 가리키기 위해서 썼다. 내 생각에 '자힐리야'는 무슬림 세계뿐만 아니라 오늘날 서구 세계에서도 많이 눈에 띈다.

역설적으로 무함마드는 자신이 살았던 시대에 깊이 뿌리를 내렸기에 시대를 초월한 인물이 되었다. 무함마드가 어떠한 문제에 직면해 있었는지 제대로 인식하지 않으면 우리는 무함마드의 성취를 이해할 수 없다. 오늘날 곤경에 처한 우리가 무함마드에게 어떤 도움을 받을 수 있을지 살펴보기 위해서, 우리는 무함마드를 예언자로 만든 비극적인 세계로 들어가야만 한다. 약 1,400년 전 신성한 도시 메카 외곽의 외로운 산꼭대기로.

1장

메카

신성한 도시

메카 밖에서의 삶은 상상할 수도 없었다.
정말로 쿠라이시족에게 쫓겨날까요?
무함마드는 절망감 속에 물었다.
와라카는 무함마드에게, 예언자는 언제나
고향에서는 존경받지 못한다고 슬프게 말했다.

그 일을 체험한 후 무함마드는 극심한 고통 속에 바위투성이 비탈길을 내달려 아내에게 갔다. 후에 돌이켜 보니 그 일을 말로 설명하기는 거의 불가능했다. 엄청난 힘을 지닌 존재가 자신이 잠들어 있는 동굴 속으로 들어와, 압도적인 힘으로 몸을 부둥켜안고는 숨 한 모금도 남김없이 모든 걸 쥐어 짜내려는 듯했다. 공포에 질린 무함마드는 아라비아 스텝에 출몰하여 여행자들을 올바르지 않은 길로 꾄다는 불의 정령 '진(jinn)'에게 습격당하고 있다고 생각할 수밖에 없었다. 진은 아라비아 시인들과 점쟁이들에게 영감을 주기도 했다. 어느 시인은 자신의 진이 아무 예고도 없이 나타나 자신을 땅바닥에 내동댕이치고는 입 밖으로 시구절을 내뱉게 했다며 시인으로서의 소명이 진의 무서운 공격으로 생겨난 것이라고 설명했다.[1] 그래서 무함마드는 "복창하라!"는 한 마디 명령을 들었을 때 즉시 자신도 진에 홀렸다고 짐작했다. "저는 시인이 아닙니다." 무함마드는 간청했다. 그러나 몸을 쥐어짜는 존재는 다시 그를 숨도 쉬지 못하게 만들었고, 무함마드는 더는 견딜 수 없는 지경에 이르렀을 때 새로운 아랍어 경전의 첫 구절이 마치 스스로 터져 나오는 것처럼 자신의 입에서 쏟아져 나오는 소리를 들었다.

무함마드는 서기 610년 '라마단' 달에 이 놀라운 체험을 했으며, 나중에 이 체험을 '라일라 알-카드르'(layla al-qadr, 운명의 밤)라고 불렀다. 이를 계기로 해서 자신이 아라비아 최고 신 알라의 말을 전하는 사람이 되었기 때문이다. 하지만 그때는 자신이 겪는 일을 이해하지 못했다. 무함마드는 40세의 가장이자 헤자즈 지역의 번성하는 상업 도시 메카에서 인정받는 상인이었다. 여느 아랍인과 마찬가지로 노아, 롯, 아브라함, 모세, 예수의 이야기에 친숙했으며 아랍 예언자가 올 날이 임박했다고 기대하는 사람들도 있음을 알고 있었지만, 정작 자신이 그 예언자의 임무를 맡게 되리라는 생각은 결코 해본 적이 없었다. 동굴에서 도망쳐 나와 히라산 비탈길을 황급히 달려 내려갈 때도 마음속에는 절망뿐이었다. 어떻게 알라께서 진에게 홀리게 하실 수 있을까? 진은 변덕스럽고 사람들을 홀려 길을 잃게 만드는 걸 즐겼기에 신뢰할 수 없는 정령으로 악명이 자자했다. 메카의 상황은 심각했고 무함마드의 부족에게 진의 위험한 길 안내는 필요치 않았다. 그들에게는 알라의 직접적인 개입이 필요했다. 알라는 많은 이의 마음속에서 유대인과 기독교인이 섬기는 신과 같은 신이었으며* 그들에게는 언제나 멀리 있는 신이었다.

당시 메카는 엄청나게 성공한 도시였다. 국제 무역의 중심지였으며 상인과 자본가 들은 기대 이상으로 많은 부를 움켜쥐었다. 그러나 불과 몇 세대 전만 해도 그들의 선조는 아라비아 북부의 험난한 사막에서 가난하고 절망적인 삶을 살았다. 메카의 성공은 특별한 경우였다. 아랍인 대부분은 도시인이 아니라 유목민이었기 때문이다. 땅이 너무나 척박해서 물과 목초지를 찾아 여기저기 끊임없이 옮겨 다녀야만 살아남을 수 있었다. 고지대에는 농사를 지으며 사는 곳이 몇 군데 있기는 했다. 메카에 식량 대부분을 공급하던 타이프나 북쪽으로 대략 400킬로미터 정도 떨어진 야트리브가 그런 곳이었다. 그러나 그 외에는 스텝에서 농경과 정착 생활이 불가능했다. 따라서 유목민들은 끈끈한 부족 공동체를 이루어 양과 염소를 치고 말과 낙타를 번식시키면서 근근이 살아갔다. 극히 적은 자원을 놓고 수많은 사람이 경쟁했기에 유목민의 삶은 냉혹하고 무자비한 투쟁의 연속이었다. 항상 배고픔에 시달리고 아사 직전에 내몰린 베두인 유목민은 물, 목초지, 방목 권리 등

* 아랍어로 '알라'는 '신'을 뜻한다. - 저자 주

을 놓고 다른 부족들과 끝없는 싸움을 벌였다.

그러다 보니 '가주'(ghazu, 약탈)는 베두인 유목민 경제의 필수 요소였다. 물자가 부족한 시대에 부족민들은 낙타, 소, 노예를 노리고 정기적으로 이웃의 영토를 침략하곤 했다. 다만 살인은 하지 않으려고 각별히 주의를 기울였다. 살인은 끝없이 복수를 주고받는 결과로 이어질 수 있었기 때문이다. 아무도 가주를 괘씸한 짓으로 여기지 않았고 삶의 일부로 받아들였다. 가주는 정치적이거나 개인적인 원한 때문에 일어나는 것이 아니라, 명확하게 정해진 규칙에 따라 기술과 실력으로 수행되는 일종의 스포츠와도 같았다. 가주는 생계 유지를 위해 필수적인 방법이었고, 많은 이에게 돌아갈 만큼 물자가 충분치 않은 지역에서 어쨌든 부를 재분배하는 역할을 했다.

메카인들은 유목민 생활을 접긴 했지만 여전히 베두인족을 진정한 아랍 문화의 수호자로 여겼다. 무함마드도 어릴 때 유목민의 정신을 배우기 위해 자신을 돌봐주는 유모의 부족과 함께 사막에서 살았던 적이 있었는데, 그 경험이 깊이 새겨졌다. 베두인족은 관습적인 종교에 그다지 관심이 없었다. 내세에 대한 희망도 없었고, 그들의 어려운 환경에 아무런 영향도 끼칠 능력이 없어 보이는 신들에 대한 신뢰도 거의 없었다. 신이 아니라 부족이 최고 가치였고, 각 구성원은 개인의 필요와 욕구보다 부족의 안녕을 우선시하며 부족의 생존을 위해 필요하다면 죽음을 무릅쓰고 싸워야 했다. 아랍인들은 초자연적인 것에 관해 생각할 시간이 거의 없었으며 이 세계에만 집중했다. 아라비아 스텝에서 판타지는 쓸모가 없었고, 그들에게는 실용적이고 냉정한 현실주의가 필요했다. 대신 그들이 발전시킨 기사도적인 규범이 삶에 의미를 부여하고 가혹한 현실 속에서 절망에 굴복하는 것을 막아줌으로써 종교의 본질적인 기능을 수행했다. 그들은 그것을 '무루와'(muruwah)라고 불렀다. '무루와'는 명료하게 번역하기 어려운 복잡한 용어인데, 용기, 인내, 끈기 따위를 의미했다. 자신이 속한 집단이 나쁜 일을 당하면 보복하고, 약한 구성원을 보호하고, 적과 맞서 싸우겠다는 헌신적인 결의가 담겨 있었다. 부족의 명예를 지키기 위해 각 구성원은 지체 없이 동족을 지키러 달려갈 준비가 되어 있어야 했고 부족장에게 의심 없이 복종해야 했다.

특히 부족 구성원은 관대해야 했고 자신의 가축과 식량을 나누어야 했다. 다른 이들은 굶주리는데 이기적으로 부를 쌓는 사람들이 있다면 스텝에서의 삶은 불가능할 것이다. 오늘 부유한 부족이 내일은 가난해지기도 쉬웠다. 좋은 시절에 구두쇠처럼 군다면 힘든 시절이 왔을 때 누가 도와줄까? 이처럼 궁핍한 환경에서도 '무루와'가 만들어 낸 미덕 덕분에, '카림'(karim, 관대한 영웅)은 물질적인 것에 관심을 기울이지 않고 자신의 궁핍한 삶에도 위축되지 않을 수 있었다. 선물과 환대를 아낌없이 베풀어 자신의 소유보다 부족민을 더 소중히 여긴다는 것을 보여주면서 내일에 대한 걱정 따위는 아랑곳하지 않는 이야말로 진정으로 고결한 베두인족이었다. 낙타, 양 떼, 노예 등 모든 재산을 남에게 내어줄 준비가 되어 있어야 했고, 친구와 동맹자를 위해 호사스러운 잔치를 열어 하룻밤 사이에 전 재산을 날려 버릴 수도 있었다. 하지만 '카림'의 관대한 마음 씀씀이는 자기 파괴적이고 독선적인 행위가 될 수도 있었다. 단지 자신의 핏속에 흐르는 고귀함을 보여주고 지위와 명성을 강화하기 위해 가족을 하룻밤 사이에 가난으로 몰아넣을 수도 있었기 때문이다.

'무루와'는 이상적인 가치였지만 6세기 말쯤에는 그 약점이 비극적인 형태로 드러나고 있었다. 부족의 연대 정신(아시비야 'asibiyyah)은 용기와 무욕을 권장했지만, 자기 부족이라는 한계를 넘어서지는 못했다. 보편적 인권이라는 개념은 없었다. 베두인족은 오로지 혈연으로 연결된 친족과 동맹에 대해서만 책임감을 느꼈다. 쓸모없고 소모품이라 여기는 외부인에 대해서는 전혀 신경 쓰지 않았다. 자기편의 이익을 위해 외부인을 죽여야 했을 때, 도덕적 고민은 조금도 하지 않았고 철학적 관념이나 윤리적 고려에 시간을 들이는 일도 전혀 없었다. 부족이 가장 성스러운 가치였기에 옳든 그르든 부족만을 지지했다. 한 시인은 이렇게 노래했다. "나는 가지야*의 것. 가지야가 잘못을 저지른다면 나도 잘못을 저지르리. 가지야가 올바른 길로 인도받는다면 나도 그녀와 함께 가리."[2] 또 다음과 같은 유명한 격언도 있었다. "형제가 잘못된 일을 당하든 남에게 잘못된 일을 하든 형제를 도와라."[3]

'무루와'는 부족마다 고유한 특성이 있었다. 아랍인들은 신체적, 정신적 특성처럼 각 부족 특유의 '무루와'가 부족 시조로부터 전승되어 세대를 이어 내려왔다고 믿었다. 그들은 이러한 부족의 영광을 '하사브'(hasab, 조상의 영예)라고 불렀다.[4] 부족민들은 특정한 부족 정신의 원천인 조상을 최고 권위로 받들었고, 이에 따라 보수성이 깊이 뿌리내릴 수밖에 없었다. 고대 선조들이 후손들에게 물려준 삶의 방식(순나)은 신성불가침의 영역이었다. 이렇게 설명하는 시인도 있었다. "그는 선조들이 순나를 마련해놓은 부족에 속해 있네. 누구나 그들만의 전통적인 순나가 있지. 누구나 그대로 모방할 대상이 있지."[5] 아무리 사소할지라도 조상 대대로 내려오는 관습에서 조금이라도 벗어나는 행위는 커다란 악행이었다. 어떠한 관행이 승인된 것은 고유한 반듯함이나 고귀함 때문이 아니라, 단지 오래전에 조상들이 승인했기 때문이었다.

베두인족은 실험을 시도할 여유가 없었다. 태곳적부터 부족

---

* 가지야(Ghazziyya)는 여성 이름이며 아랍어로 '승리자'를 뜻한다.

민들의 생명줄이었던 물웅덩이로 가는 길인 '샤리아'(shari'ah)를 무시하는 것은 범죄라 해도 과언이 아닐 만큼 무책임한 일이었다. 그들은 경험에 의해 가치가 입증된 규칙을 따름으로써 살아남는 법을 배웠다. 그러나 이런 식으로 아무런 의심 없이 전통을 맹종하면 무분별한 쇼비니즘*으로 이어질 수 있었다. 즉 자기 부족의 '순나'가 최고이며 다른 방법은 생각조차 하지 않게 된다. 다른 권위나 사람 또는 신에게 고개 숙이기를 거부하며 오직 자기 부족의 명예를 지키려고만 할 뿐이다. '카림'은 자부심, 자존심, 자립심이 강하고 과할 정도의 독립심이 있어야 했다. 오만은 흠이 아니라 고귀함의 표시인 반면, 겸손은 혈통에 문제가 있고 몸에 귀한 피가 흐르지 않는다는 표시였다. 태생이 미천한 사람은 유전적으로 노예(압드'abd)가 될 운명이며 그 사람의 쓰임새는 그게 다였다. 진정한 '카림'은 어느 누구에게도 복종할 수 없었다. 어느 시인은 이렇게 노래했다. "우리는 어느 누구에게도 복종하기를 거부하노라. 아무런 속박 없이 우리가 그들을 이끌 뿐이노라!"[6] '카림'은 이처럼 콧대 높은 자족적 태도를 어떤 신 앞에서도 감추지 않았다. 어떠한 신도 진정으로 고귀한 인간보다 우월할 수 없기 때문이었다.

---

* **쇼비니즘**(chauvinism) 자신이 속한 집단의 이익을 위해 수단과 방법을 가리지 않는 집단 이기주의.

아라비아 스텝에서 부족은 상황에 굴복하지 않고 압도적인 역경에 맞서 싸울 자신감 있는 남자들이 필요했다. 그러나 이 오만한 자립심(이스티그나istighna')은 무모하고 과도해지기 쉬웠다. 베두인족은 작은 도발에도 쉽게 극단으로 치달았다.[7] 명예를 너무나 중히 여긴 나머지 어떠한 위협이나 모욕에도 격렬하게 반응하는 경향이 있었다. 단지 자기방어를 위한 행동이 아니었다. 진정한 용기는 선제공격에 있었다. "사자처럼 사나운 전사가 자신을 공격한 적에게 반격하여 혼내주는 것"으로는 부족하다고 시인 주하이르 이븐 아비 살마는 외쳤다. "아무도 그에게 잘못을 저지르지 않았을 때 그는 먼저 공격하고 침략자가 되어야 한다."[8] 부족 시인들에게 찬사받는 용기는 억제할 수도 없고 억제해서도 안 되는 저항할 수 없는 충동이었다. 만약 부족 구성원 한 명이라도 부당한 일을 당하면 '카림'은 보복 의무를 마치 신체적 아픔이나 고통스런 갈증처럼 느꼈다.[9] 비극적인 세계관이었다. 베두인족은 자신들의 사투를 영광으로 미화하려 했지만 삶은 암울했고 더 나은 희망도 없었다. 그들 믿음에 따르면 모든 존재는 '다르'(dahr, 시간 또는 운명)의 손안에 있었고, 다르는 인간에게 온갖 괴로움을 내렸다. 인간의 삶은 미리 결정되어 있었다. 모든 것은 시간과 함께 흘러가게 마련이고, 누구보다 우뚝 선 전사조차도 결국엔 죽고 잊힐 것이다. 이처럼 끊임없는 투쟁의 삶 저변에는 근본적으로 허무가 깔려 있었다. 절망에 빠지지 않는 유일한 방법은 쾌락의 삶, 특히 포도주로 망각하는 것이었다.

과거에 베두인족의 많은 수가 스텝에서 빠져나가 더 안정적인 정착(하다라hadarah) 생활을 구축하려고 시도한 적이 있었다. 그러나 이러한 시도는 대개 물과 경작지 부족, 잦은 가뭄 때문에 수포로 돌아갔다.[10] 어떤 부족이든 남는 부를 축적해놓거나(거의 불가능한 일이었다) 타키프족이 타이프 지역에서 한 것처럼 오아시스를 차지하지 않고서는 삶을 꾸릴 정착지를 만들 수가 없었다. 다른 대안은 지역 내 부유한 문명들 사이에서 중개자가 되는 것이었다. 예를 들어 비잔티움 제국 변방에서 겨울을 보내던 가산족은 그리스인들에게 예속되어 기독교로 개종하고 페르시아 제국으로부터 비잔티움 제국을 방어하는 완충국(가산 왕국)을 형성했다. 그런데 6세기에 운송 혁명의 결과로 새로운 기회가 생겨났다. 베두인족이 낙타로 전보다 훨씬 더 무거운 짐을 실어 나를 수 있는 안장을 발명하여 인도, 동아프리카, 예멘, 바레인에서 오는 상인들이 당나귀 수레를 낙타로 대체하기 시작했다. 낙타는 며칠 동안 물을 먹지 않고도 생존할 수 있어 사막 여행에 최적이었다. 그래서 유향, 향신료, 상아, 곡물, 진주, 목재, 직물, 약재 같은 사치품을 교역하는 외국 상인들이 비잔티움과 시리아까지 가는 길에 아라비아를 피해 가지 않고 스텝을 통과하는 더 빠른 경로로 대상

행렬을 이끌기 시작했고, 베두인족을 고용하여 상품을 지키고, 낙타를 몰고, 물이 있는 곳으로 안내하게 했다.

메카는 북쪽으로 향하는 이 대상 행렬의 정류장이 되었다. 편리하게도 헤자즈 지역 중심부에 있었고, 바위 지대여서 농사는 불가능해도 아랍인들이 '잠잠'이라고 부르는 지하수원 덕분에 정착 생활이 가능했다. 메카에 도시가 발전하기 훨씬 전부터 베두인족은 불모의 땅에 기적처럼 솟아나는 샘물을 발견하고 이곳을 성스러운 곳으로 여겼을 것이다. 잠잠 샘물은 아라비아 전역에서 순례자를 끌어모았는데, 잠잠 숭배에 필요한 성스러운 도구들은 아마 상당히 오래된 정육면체 모양의 화강암 건물 '카바'(Kabah)에 보관되었을 것이다. 5~6세기 동안 메카의 잠잠 샘물과 성소(하람haram)는 유목민 주르함족과 쿠자아족이 이어서 관리하다가 마침내 6세기 초에 무함마드의 부족인 쿠라이시족이 관리 권한을 차지했다. 쿠라이시족은 전임자들을 몰아내고 처음으로 카바 주위에 고정된 영구 건물을 지었다.

쿠라이시족의 시조는 쿠사이 이븐 킬랍이다. 그는 혈통과 결혼으로 느슨하게 연결된 채 서로 싸우던 여러 씨족을 통합하여 새로운 부족을 결성했다. 메카가 장거리 교역의 인기 중심지가 될 무렵이었다. '쿠라이시'라는 이름은 '타카루시'

(taqarrush, 축적 또는 획득)라는 말에서 왔을 것이다.[11] 유목 생활을 그만둘 수 없었던 주르함족이나 쿠자아족과 달리, 쿠라이시족은 잉여 자본을 손에 넣어 정착 생활이 가능했다. 쿠라이시족은 우선 자신들만 외국 대상에게 서비스를 제공할 수 있도록 남북 교역의 독점권을 확보했다. 또한 이들은 국제 상업의 유입으로 자극받은 아라비아 반도 내 상업 활동도 관리할 능력이 있었다. 6세기 초 베두인 유목민 부족들은 서로 물물 교환을 시작했다.[12] 해마다 아라비아 곳곳에서 잇달아 열리는 정기 시장(수크suq)에 상인들이 모여들었고, 시장이 잘 편성된 덕분에 교역을 하는 이들은 아라비아 반도를 시계 방향으로 돌았다. 한 해의 첫 번째 시장은 인구 밀도가 가장 높은 지역인 바레인에서 열렸고 이후 오만, 하드라마우트, 예멘으로 이어졌다. 그리고 메카 안팎에서 다섯 번 연속해서 시장이 열리며 한 바퀴 주기를 마감했다. 한 해의 마지막 시장은 전통적인 메카와 카바 순례인 '하즈'(hajj)가 있는 달 직전에 우카즈에서 열렸다.

6세기 전반기 동안 쿠라이시족은 시리아와 예멘에 대상을 직접 파견하기 시작했고 서서히 독자적인 교역 상인으로서 입지를 구축했다. 그러나 이러한 성공에도 불안감은 여전했다. 메카에서는 농사가 불가능했기에 쿠라이시족은 전적으로 상품 교역에 의존했는데, 만약 이 경제가 무너지면 그들은 굶어 죽을 것이기 때문이었다. 모든 부족민이 은행, 자본가, 상인 역할로 상업에 참여했다. 농경 정착지에는 유목민 정신이 사실상 변함없이 남아 있었다. 유목민 정신은 농사와는 잘 맞았다. 하지만 쿠라이시족은 철저하게 상업 정신을 기를 수밖에 없었고 자연히 '무루와'의 많은 전통적인 가치에서 멀어졌다. 예를 들어 아라비아 스텝에서 고질적으로 발생하는 전쟁은 사업을 불가능하게 만들 터이므로 쿠라이시족은 평화를 추구해야만 했다. 메카는 어느 부족 상인이든 공격에 대한 두려움 없이 자유롭게 모여드는 곳이어야 했다. 따라서 쿠라이시족은 원칙적으로 부족 간 싸움에 휘말려 드는 것을 단호히 거부하고 냉정하게 중립적 위치를 유지했다. 쿠라이시족이 도착하기 전에는 잠잠 샘물과 카바 주변에서 피비린내 나는 전투가 자주 벌어졌다. 서로 경쟁하는 부족들이 이 권위 있는 장소를 장악하려 했기 때문이다. 이제 쿠라이시족은 카바를 중심으로 반경 약 30킬로미터 영역에 모든 폭력이 금지된 구역인 '하람'을 탁월한 솜씨로 구축했다.[13] 베두인 부족들과 특별 협정을 맺어 시장이 서는 기간에는 대상을 공격하지 않겠다는 약속도 받아냈다. 이 협정에 참여한 베두인족 동맹자들에게는 수입 손실에 대한 보상으로 상인들의 안내자 및 보호자 역할을 할 수 있도록 허가했다.

따라서 메카에서는 교역과 종교가 밀접하게 결합되었다. 메카 순례는 '수크' 주기의 정점이었고, 쿠라이시족은 성소 건축과 성소 숭배를 재건하여 메카 성소가 모든 아랍 부족의 영적 중심지가 되도록 했다. 베두인족은 신에 대해 큰 관심은 없었지만 각 부족마다 자신들만의 신이 있었고 그 신은 대개 석상으로 표현되었다. 쿠라이시족은 동맹에 속한 부족들의 토템을 모아 하람에 설치하여 부족민들이 메카에 왔을 때 자기 부족의 신에게만 경배할 수 있도록 했다. 그러니 카바의 신성함은 쿠라이시족의 성공과 생존에 필수적이었다. 경쟁 부족들도 이를 알고 있었다. 당시 아비시니아(에티오피아)와 예멘을 지배하던 통치자는 쿠라이시족에게서 순례자들과 사업을 끌어오기 위해 사나*에 경쟁 성소를 세웠다. 그러다가 547년에는 메카에서도 전쟁이 일어날 수 있다는 것을 증명해 보이려고 메카로 군대를 이끌고 왔다. 그러나 전해지는 바에 따르면 전투용 코끼리가 메카 외곽에 다다랐을 때 무릎을 꿇으면서 하람 공격을 거부했고, 이 기적에 감명받은 아비시니아인들은 고향으로 돌아갔다고 한다. 이때를 가리키는 '코끼리의 해'는 메카의 신성불가침을 상징하게 되었다.[14]

카바에서의 숭배는 신앙심을 이용하기만 하는 빈껍데기 치레가 아니었다. 아랍 순례자들은 하즈 의식에서 심오한 체험

* 지금도 예멘의 수도이다.

을 했다. '수크' 주기 마지막에 메카에 모인 순례자들은 성취
감과 흥분을 느꼈다. 대상들은 쿠라이시족에게 점검을 받았고
낙타는 짐에서 해방되었으며, 적당한 수수료를 지불한 후 상
인들과 하인들은 자유롭게 하람에 경배했다. 그들은 메카 근
교의 좁은 길을 걸어오며 의식을 올리듯 목소리 높여 그들을
기다리고 있는 신에게 도착을 알렸다. 아라비아 반도를 빙 돌
아 긴 여행 후에 자기 부족의 신성한 상징과 재회하면 마치 고
향에 돌아온 느낌이었다. 360개 부족 토템에 둘러싸인 카바에
당도하면 메카와 그 부근에서 전통적인 의식을 수행했다. 그
의식은 원래 겨울비를 기원하기 위해 고안된 의식이었을 것으
로 추정된다. 카바 동쪽에 있는 사파 언덕과 마르와 언덕 사이
를 7회 달리기, 천둥신의 고향인 무즈달리파 골짜기까지 단체
로 달리기, 메카에서 약 25킬로미터 밖에 있는 아라파트산 옆
평원에서 철야하기, 미나 계곡에 있는 세 기둥에 돌멩이 던지
기 등이 그 의식이었다. 그리고 순례를 마칠 때는 자기 부의
상징, 따라서 자기 자신의 상징이라고 할 수 있는 가장 귀중한
암컷 낙타를 희생 제물로 바쳤다.

'하즈'의 가장 유명한 의식은 카바를 시계 방향으로 7바퀴
도는 '타와프'(tawaf)였다. 아라비아 반도를 둥글게 도는 교
역 경로를 양식적으로 재현한 이 의식은 아랍인들의 상업 활
동에 영적인 의미를 부여했다. '타와프'는 인기 있는 종교 행

사가 되었고 시민들과 손님들은 일 년 내내 '타와프'를 실천했다. 하람의 구조는 고대 세계의 다른 여러 도시의 성지에서도 발견되는 원형적 의미를 지닌다.[15] 네 모서리가 동서남북 4방위를 나타내는 카바는 세계를 상징했다. 동쪽 벽에는 한때 하늘에서 찬란하게 떨어져 하늘과 땅을 연결했던 유성 현무암 조각인 검은 돌이 박혀 있었다. 순례자들은 거대한 화강암 정육면체인 카바 주위를 돌면서, 지구 주위를 도는 태양의 길을 따르며 삼라만상의 근본 질서와 조화를 이룬다고 느꼈다. 원은 전체성의 공통적인 상징이며, 끊임없이 출발점으로 돌아오는 순환 행위는 주기성과 규칙성을 일깨운다. 순례자들은 카바 주위를 돌고 또 돌면서 자신의 진정한 방향과 내면의 중심을 발견하는 법을 배웠다. 빠른 걸음의 꾸준한 리듬은 머릿속에서 잡생각을 비우고 더 명상적인 상태에 들어가는 데 도움이 되었다.

개혁된 여러 의식 덕분에 메카는 아라비아의 중심지가 되었다. 다른 순례자들은 고향을 떠나 먼 곳까지 여행해야 했지만 아랍인들은 아라비아 반도를 떠날 필요가 없었으며, 이는 그 자체로 법으로 남았다. 이 모든 것이 아랍 세계의 중심으로서 메카의 중심성을 강화했다.[16] 메카는 또한 고립되어 있었기에 그 덕에 아랍인들은 보기 드문 자유를 얻었다. 그 지역의 큰 세력인 페르시아 제국과 비잔티움 제국 둘 다 아라비아의 살기 힘든 땅에 전혀 관심이 없었기 때문에 쿠라이시족은 제국의 통제를 받지 않고 새로운 경제를 만들어낼 수 있었다. 세계는 메카를 통과해 지나갔지만 간섭할 만큼 오래 머물지는 않았다. 아랍인들은 자신들만의 이념을 발전시킬 수 있었고, 더 수준 높은 이웃들의 지식과 전문 기술을 자신들이 선택한 대로 해석할 수 있었다. 이질적인 종교로 개종하거나 공식적인 정통을 따르라는 압력도 받지 않았다. 교역 주기와 '하즈' 의식의 폐쇄적 순환은 그들의 자랑스러운 자급자족을 상징했고, 이는 세월이 지나면서 그들 도시 문화의 특징이 되었다.

강대국으로부터 분리된 덕분에 강대국들의 경제가 쇠퇴해도 피해를 입지 않았고, 오히려 쿠라이시족은 이익을 볼 수 있었다. 무함마드가 태어난 570년경 페르시아 제국과 비잔티움 제국은 서로 성과 없는 소모전을 이어 가며 교착 상태에 빠져 둘 다 크게 힘을 잃었다. 시리아와 메소포타미아가 전장이 되면서 많은 교역 경로가 막혔고, 메카는 남북 간 모든 중개 교역을 장악했다.[17] 쿠라이시족은 훨씬 더 강해졌지만, 어떤 이들은 성공의 대가가 너무 크다고 느끼기 시작했다. 6세기가 끝나 갈 무렵 메카는 영적, 도덕적 위기에 처했다.

오래된 공동체 정신은 냉혹한 경쟁, 탐욕, 개인 기업에 의존하는 시장 경제에 찢겨 나갔다. 이제 부와 명성을 놓고 가문끼리 경쟁했다. 경쟁에서 뒤처진 씨족*들은 벽으로 밀려나고 있다고 느꼈다. 사람들은 아낌없이 부를 나누기보다 돈을 끌어모으고 개인 재산을 쌓았다. 부족 내 더 가난한 사람들의 곤경을 무시할 뿐 아니라, 부모를 잃은 아이와 남편을 잃은 여인의 권리를 착취하여 그들에게 남겨진 유산을 자신의 재산으로 흡수했다. 잘사는 이들은 예전보다 훨씬 더 안정된 생활에 당연히 기뻐했다. 그들은 부가 자신들을 유목민 생활의 빈곤과 비참함에서 구해냈다고 믿었다. 그러나 금전적 성공을 좇는 경쟁에서 뒤처진 이들은 상실감을 느끼고 갈 길을 잃었다. '무루와' 정신은 시장의 힘과는 어울리지 않는 것 같았고, 많은 이가 영적인 곤경에 빠졌다고 느꼈다. 오래된 이상은 아직 동등한 가치를 지닌 어떤 것으로도 대체되지 않았고, 뿌리 깊은 공동체 정신은 이런 무도한 개인주의가 부족을 망가뜨릴 것이며 구성원들이 소유한 모든 자원을 공유해야만 부족이 살아남을 수 있을 거라고 말했다.

무함마드는 메카에서 아주 유력한 가문인 하심 씨족에서 태어났다. 무함마드의 증조부는 독자적으로 시리아, 예멘과 교역을 시작한 최초의 상인이었고, 하심 씨족은 메카에서 가장 중요한 공무의 하나인 '하즈' 기간에 순례자들에게 물을 제공

---

* '씨족(clan)'과 '부족(tribe)'이라는 용어는 구분하기 쉽지 않지만, 여기서 씨족은 부족 내 가족 집단을 가리킨다. – 저자 주

하는 특권을 누리고 있었다. 그러나 무함마드가 태어날 때쯤 하심 씨족은 어려운 시기를 보내고 있었다. 무함마드의 아버지 압둘라가 무함마드가 태어나기 전에 세상을 떠났고 어머니 아미나는 매우 궁핍한 상황이어서, 전해지는 바에 따르면 무함마드의 유모가 되고자 한 베두인 여인은 아라비아에서 가장 가난한 부족 출신이었다고 한다. 무함마드는 여섯 살 때까지 유모의 가족과 함께 살며 극도로 가혹한 유목 생활을 겪었을 것이다. 무함마드가 다시 메카로 돌아온 직후에 어머니가 세상을 떠났다. 이 두 번의 사별은 무함마드 마음속에 깊이 남았다. 앞으로 보겠지만, 무함마드는 언제나 고아의 곤경을 염려했다.

무함마드는 생존한 친척들에게 애정 어린 보살핌을 받았다. 처음에는 할아버지 압드 알-무탈리브와 함께 살았다. 전성기 때 크게 성공한 상인이었던 할아버지는 무함마드를 총애했다. 압드 알-무탈리브는 침대를 밖으로 꺼내 카바의 그늘 아래에서 아들들에게 둘러싸여 누워 있는 것을 좋아했다. 무함마드는 할아버지 옆에 앉아 있곤 했으며 할아버지는 손자의 등을 다정하게 쓰다듬어주었다. 그러나 할아버지가 세상을 떠났을 때 여덟 살이었던 무함마드는 아무것도 물려받지 못했다. 더 영향력 있는 친척들이 재산을 관리했고 무함마드는 삼촌 아부 탈리브와 함께 살게 되었다. 아부 탈리브는 이제 하심 씨족의

'사이이드'(sayyid, 족장)였는데, 사업은 기울고 있었지만 메카에서 큰 존경을 받았다. 아부 탈리브는 조카 무함마드를 무척 귀여워했고 아부 탈리브의 형제인 다른 삼촌들도 무함마드 교육에 도움을 주었다. 힘이 막강했던 막내 삼촌 함자는 무함마드에게 무술을 가르쳐 활과 검에 능숙하게 만들어주었다. 또 금융업자 삼촌 압바스는 시리아로 가는 길의 북쪽 구간에서 대상을 관리하는 일자리를 무함마드에게 맡겨주었다.

메카 사람들은 청년 무함마드를 좋아했다. 무함마드는 잘생기고 평균 키에 탄탄한 체격을 갖추고 있었다. 머리카락과 턱수염은 곱슬에 숱이 많았고, 눈에 띄게 빛나는 표정과 굉장히 매력적인 미소를 지니고 있었다. 이러한 용모는 모든 자료에서 언급된다. 무함마드는 자신이 하는 모든 일에 진심을 다하며 결단력이 있었고, 망토가 가시덤불에 걸려도 뒤돌아보지 않을 정도로 당면한 일에 열중했다. 누군가와 이야기하기 위해 몸을 돌릴 때는 몸을 완전히 돌려서 정면으로 마주보며 이야기했고, 악수를 할 때는 먼저 손을 빼지 않았다. 무함마드는 그렇게 사람들에게 신뢰를 쌓아서 '알-아민'(al-Amin, 신뢰할 수 있는 사람)이라고 알려졌다. 하지만 고아라는 점이 계속해서 그의 발목을 잡았다. 무함마드는 사촌 파키타와 결혼하고 싶었지만 아부 탈리브는 무함마드에게 부인을 부양할 여유가 없다는 사실을 완곡하게 지적하며 그 청을 거절해야 했고 딸에게 더 유리한 짝을 찾아 맺어주었다.

그러나 25세쯤 되었을 때 무함마드의 운이 갑자기 바뀌었다. 먼 친척인 카디자 빈트 알-쿠와일리드가 무함마드에게 자신의 대상을 시리아까지 인솔해 달라고 요청했다. 당시 하심 씨족보다 훨씬 더 영향력이 컸던 아사드 씨족 출신인 카디자는 남편이 세상을 떠난 후에 상인으로 성공을 거두고 있었다. 메카에서 낮은 계층 여성들은 아무런 지위가 없었지만 좋은 가문 여성들은 종종 도시 생활에서 사업으로 성공할 기회를 얻곤 했다. 무함마드는 시리아 원정을 매우 유능하게 수행했고 카디자는 이에 감명받아 무함마드에게 청혼했다. 새 남편이 필요했던 카디자에게 재능 있는 친척 무함마드는 딱 좋은 선택이었다. 카디자는 무함마드에게 말했다. "나는 우리의 관계 때문에 당신을 좋아합니다. 그리고 자기 사람들 사이에서 높은 당신의 평판, 당신의 믿음직하고 좋은 성격, 진실함 때문에 당신을 좋아합니다."[18] 무함마드를 비판하는 이들 중 일부는 부유한 과부와의 결혼을 비웃기도 하지만, 이는 정략결혼이 아니었다. 무함마드는 카디자를 극진히 사랑했고, 아라비아에서는 일부다처가 보편적이었지만 무함마드는 카디자가 살아 있는 동안에는 더 젊은 다른 아내를 맞이하지 않았다. 카디자는 비범한 여인이었다. 최초로 무함마드의 전기를 쓴 이븐 이샤크는 카디자가 "의지가 강하고 고결하며 명석하다"고

썼다.[19] 카디자는 남편의 탁월한 능력을 가장 먼저 알아보았고, 무함마드는 아마 너무도 어린 나이에 어머니를 잃었기 때문이겠지만 감정적으로 아내에게 기대며 아내의 조언과 지지에 의지했다. 무함마드는 카디자가 세상을 떠난 후에도 끝없이 카디자에 대한 찬사를 노래해 그 후에 맞이한 아내들 몇몇의 화를 돋우곤 했다.

카디자는 무함마드와 결혼할 때 아마 30대 후반쯤이었을 것이며 무함마드와의 사이에서 적어도 6명의 자식을 낳았다. 두 아들 알-카심과 압둘라는 아기 때 세상을 떠났지만 무함마드는 딸 자이나브, 루카이야, 움 쿨숨, 파티마를 아끼고 사랑했다. 행복한 가정이었다. 다만 무함마드가 수입의 많은 부분을 가난한 사람들에게 나눠주자고 고집하기는 했다. 무함마드는 처지가 딱한 소년 2명을 가정에 들이기도 했다. 결혼식 날 카디자는 자이드 이븐 알-하리스라는 이름의 북부 지역 출신 어린 노예를 무함마드에게 선물했다. 자이드는 새 주인 무함마드를 너무나 따른 나머지, 가족이 메카에 와서 몸값을 치르고 데려가려 했을 때 무함마드 곁에 남겠다고 간청했다. 무함마드는 자이드를 입양해 자유의 몸으로 만들어주었다. 몇 년 후에는 삼촌인 아부 탈리브가 재정적으로 심각한 곤란을 겪자, 무함마드는 부담을 덜어주려고 아부 탈리브의 다섯 살 된 아들 알리를 가족으로 들였다. 무함마드는 두 소년을 아끼며 친

자식처럼 대했다.

무함마드의 초기 시절에 대해서는 알려진 바가 거의 없다. 하지만 후기 행적을 바탕으로 보면, 공격적인 시장 경제에 불편함을 느낀 젊은 세대 사이에 특히 만연해 있던 불쾌감을 무함마드가 정확히 진단했음은 분명하다. 쿠라이시족에게는 계급 구분이 생겼다. 이는 '무루와' 이상에 상당히 이질적인 것이었다. 쿠라이시족이 메카에서 주도권을 잡은 직후부터 부유한 쿠라이시족 사람들은 카바 옆에서 살았고 부유하지 않은 사람들은 메카 외곽이나 산악 지역에 거주했다. 그들은 유목민의(바다와badawah) 관대한 미덕을 버리고 인색해졌으며, 이를 기민한 사업 감각이라 불렀다. 어떤 이들은 이제 오래된 운명론에 굴복하지 않았다. 자신들이 운을 바꾸는 데 성공했다는 걸 알았기 때문이다. 이들은 자신들의 부가 일종의 불멸 같은 것을 가져다줄 수 있을 것이라 믿기도 했다.[20] 또 어떤 이들은 쾌락에서 종교를 만들어내 쾌락주의의 삶으로 도피하기도 했다.[21] 무함마드에게는 쿠라이시족이 점점 더 '무루와'의 가장 좋은 점은 버리고 오직 최악의 측면, 즉 도덕적으로 파괴적이고 도시를 파멸로 몰고 갈 수 있는 무모함, 오만, 이기주의만 간직하고 있는 것으로 보였다. 무함마드는 사회 개혁은 새로운 영적 해결책을 바탕으로 삼아야 한다고 확신했다. 그러지 않으면 피상적인 미봉책에 불과할 것이었다. 무함마드는 아마 마음 깊은 곳에서 자신에게 특별한 재능이 있다는 사실을 깨달았을 것이다. 하지만 자신이 무엇을 할 수 있을까? 아무도 무함마드의 말을 진지하게 받아들이지 않았을 것이다. 카디자와 결혼하긴 했지만 메카에서 실질적인 지위는 없었기 때문이다.

*

영적 불안이 널리 퍼져 있었다. 헤자즈 지역의 마을과 농업 공동체에 정착해 살던 아랍인들은 다른 종류의 종교적 비전을 발전시켰다. 이들은 베두인 유목민들보다 신에 대한 관심이 더 컸지만, 이들의 초보적인 유신론은 아라비아에 단단히 뿌리를 내리지 못했다. 이들의 다양한 신에 관한 신화는 전해오지 않았다. 알라는 가장 중요한 신이었고 카바의 주인으로 받들었지만, 멀리 떨어져 있는 존재로서 사람들의 일상생활에는 거의 영향을 미치지 않았다. 고대 종교에서 흔히 발견되는 다른 '최고신' 또는 '하늘의 신'에 대한 숭배처럼, 알라 숭배는 발전하지 않았고 알라가 조각상으로 묘사된 적도 결코 없었다.[22] 알라가 세상을 창조했다는 건 누구나 알고 있었다. 알라가 자궁 안에 있는 모든 태아에게 생명을 불어넣고, 비를 내린다는 것도 알고 있었다. 하지만 이러한 믿음은 추상적이었다.

아랍인들은 때때로 위급할 때는 알라에게 기도했지만 위험이 지나가고 나면 알라에 대해 모두 잊어버렸다.[23] 사실상 알라는 남자들과 여자들을 만들어낸 후에는 아무런 관심도 두지 않고 그들의 운명에 맡겨버린 무책임하고 부재중인 아버지 같았다.[24]

쿠라이시족은 다른 신들도 섬겼다. '후발'은 카바 안에 서 있는 불그스름한 큰 돌로 표현되는 신이었다.[25] 세 여신 알-라트, 알-웃자, 마나트는 종종 '알라의 딸들'(바나트 알라 banat Allah)로 불렸으며 정착 공동체에서 매우 인기가 높았다. 거대한 입석으로 대표되는 타이프, 나클라, 쿠다이드에 있는 여신들의 성소는 메카의 하람과 거의 비슷했다. 여신들은 알라보다 지위가 낮았지만 종종 알라의 '동료' 또는 '동반자' 라 불렸고, 다른 어떤 새보다 높이 나는 아름다운 두루미(가라 니크gharaniq)에 비유되었다. 메카에는 이 여신들의 성소가 없었지만 쿠라이시족은 이 여신들을 사랑했고, 접근하기 어려운 알라와 그들 사이에서 중재자 역할을 해 달라고 여신들에게 간청했다. 그들은 카바 주위를 돌며 종종 이런 주문을 읊었다. "알-라트, 알-웃자, 마나트. 진실로 고귀한 두루미로다. 우리를 중재해주기를."[26]

이 우상 숭배는 메카의 한 장로가 시리아에서 들여온 비교적 새로운 종교적 열정이었다. 장로는 이 여신들이 비를 불러

올 수 있다고 믿었다. 하지만 예를 들어 한 가지만 짚어보자면, 왜 이 여신들을 알라의 딸이라고 했는지 모를 일이다. 특히 아랍인들은 딸을 낳으면 불운으로 여겼고, 낳은 즉시 죽여버리는 일도 종종 있었는데 말이다. 아라비아의 신들은 숭배자들에게 도덕적 지침을 내리지 않았다. 숭배 의식이 영적으로 만족스러워도 쿠라이시족 일부는 이 석상들이 신의 상징으로 부적절하다고 생각하기 시작했다.[27]

그렇다면 대안은 무엇인가? 아랍인들은 유대교와 기독교라는 유일신 종교에 관해 알고 있었다. 유대인들은 바빌로니아와 로마의 팔레스타인 침략 후에 이주해 와서 아라비아에서 1천 년 넘게 살아왔을 것이다. 유대인들은 북쪽 야트리브와 카이바르의 농업 식민지에 가장 먼저 정착했고 도시에는 유대인 상인이, 스텝에는 유대인 유목민이 있었다. 유대인들은 자신들의 종교를 유지하고 자신들만의 부족을 형성했지만, 현지인과 결혼하면서 이때쯤이면 사실상 아랍인과 구별할 수 없는 존재가 되었다. 유대인들은 아랍어와 아랍식 이름을 쓰면서 아랍 이웃들과 동일한 방식으로 자신들의 사회를 조직했다. 아랍인 중 일부는 기독교인이 되었다. 예멘 내에, 그리고 비잔티움 제국과의 경계에 중요한 기독교 공동체들이 있었다. 메카 상인들은 여행 중에 기독교 수도사와 은둔자를 만났고, 예수 이야기와 '천국'과 '최후의 심판' 개념을 잘 알았다. 그들은 유대인과 기독교인을 '알 알-키탑'(ahl al-kitab, 책의 민족)이라고 불렀다. 그들은 계시받은 말씀이라는 개념에 감탄했고, 자신들에게도 자신들의 언어로 된 성스러운 경전이 있으면 좋겠다고 생각했다.

그런데 이 당시 아랍인들은 유대교와 기독교를 자신들의 전통과 근본적으로 다른 배타적인 전통으로 여기지 않았다. 실제로 '유대인'이나 '기독교인'이라는 말은 일반적으로 종교적 지향보다는 부족 소속을 가리켰다.[28] 유대교와 기독교 신앙은 아라비아 반도의 영적 지형의 한 부분으로 받아들여졌으며 아랍인의 영성과 얼마든지 어울릴 수 있는 것으로 여겨졌다. 어떤 제국 세력도 어떤 형태로든 종교적 정론을 강요하려 하지 않았기에, 아랍인들은 여러 종교적 전통에 대해 자기들이 이해한 것을 필요에 맞게 적용할 수 있었다. 아랍인들이 생각하기에 알라는 유대인과 기독교인이 섬기는 신이었다. 그래서 아랍인 기독교도들은 알라의 집인 카바에서 이교도들과 함께 성지 순례를 했다. 그들은 아담이 에덴에서 추방된 후에 카바를 지었으며 노아가 대홍수 후에 카바를 재건했다고 이야기했다. 쿠라이시족은 성경에 아랍인들이 아브라함의 장남 이스마엘의 후손이라고 쓰여 있으며, 신이 아브라함에게 이스마엘과 이스마엘의 어머니 하갈을 황야에 버려 두라고 명령하면서 그 후손을 위대한 민족으로 만들겠다고 약속했다는 것을 알고 있었다.[29] 나중에 아브라함은 사막의 하갈과 이스마엘을 찾아갔고 카바를 다시 발견했다. 아브라함과 이스마엘은 카바를 재건하고 '하즈' 의식을 고안했다.

아랍인과 유대인이 친척이라는 사실은 누구나 알고 있었다. 아랍인들은 아들이 13세가 되면 할례를 받게 했다. 유대인 역사가 요세푸스(서기 37~100년경)는 그 이유를 "아브라함과 하갈 사이에서 태어나 그들 민족을 세운 이스마엘이 그 나이에 할례를 받았기 때문"이라고 설명했다.[30] 아랍인들은 자신들이 이미 아브라함의 혈통이라고 믿었기에 유대교나 기독교로 개종할 필요는 없다고 느꼈다. 사실 종교에 대한 시각이 본질적으로 다원적이었던 쿠라이시족에게 하나의 신앙에서 다른 신앙으로 개종한다는 개념도 이질적인 것이었다.[31] 각 부족은 알라의 집과 함께 하람에 놓여 있는 자기 부족만의 신을 섬기기 위해 메카에 왔다. 아랍인들은 폐쇄적 신앙 체계라는 개념을 이해하지 못했고, 일신교가 다신교와 양립할 수 없다고 생각하지도 않았을 것이다. 그들은 카바에서 둥글게 늘어선 우상에 둘러싸인 알라를 신들의 왕으로 여겼다. 이는 성서 저자들이 야훼를 "모든 신보다 높다"고 본 것과 거의 같은 맥락이었다.[32]

그러나 정착한 아랍인들 중 일부는 이교적 다원론에 불만을 품기 시작했고, 아라비아 고유의 일신교를 만들려고 시도하고 있었다.[33] 무함마드가 첫 계시를 받기 얼마 전에 그들은 하람의 종교 생활에서 빠져나왔다. 그들은 부족민들에게 "보지도 듣지도 아파하지도 도움도 주지 않는" '검은 돌' 주위를 계속 달리는 것은 의미가 없다고 말했다. 그들은 아랍인들이 "선조 아브라함의 종교를 더럽혔다"고 믿었고, 그래서 아브라함의 "순수한 종교"인 '하니피야'(hanifiyyah)를 찾고자 했다.[34] 이것은 조직된 종파가 아니었다. 이들 '하니프'(hanif)는 모두 석상 숭배를 경멸하고 알라가 유일신이라고 믿었지만, 이 신념에 대한 해석이 모두 동일하지는 않았다. 어떤 이들은 아브라함의 초기 종교를 되살리는 신성한 사명을 띠고 아랍인 예언자가 올 거라고 기대했고, 어떤 이들은 사람들이 스스로 '하니피야'로 돌아갈 수 있다고 생각했으며, 어떤 이들은 죽은 자의 부활과 최후의 심판을 전했으며, 어떤 이들은 '딘 이브라힘'(din Ibrahim, 아브라함의 종교)이 제대로 확립될 때까지 임시 방편으로 기독교나 유대교로 개종하기도 했다.

하니프들은 주로 개인의 구원에만 관심이 있었기 때문에 동시대인들에게 거의 영향을 끼치지 못했다. 그들은 아라비아 사회나 도덕적 삶을 개혁하려는 의욕이 없었고 그들의 신학은 본질적으로 부정적이었다. 새로운 무언가를 만들어내기보다는 주류에서 물러났을 뿐이었다. 사실 '하니프'라는 단어도 어근 'HNF'(외면하다)에서 유래한 것으로 추정된다. 하니프들은 어디로 나아갈 것인지에 대한 긍정적인 개념보다는 무엇을 원하지 '않는지'에 대해 더 분명한 생각을 갖고 있었다. 그렇더라도 이 운동은 7세기 초 아라비아에서 나타난 영적 동요의 한 징후였으며, 우리는 무함마드가 메카의 중요한 하니프 세 사람과 가까운 관계였음을 알고 있다. 우바이달라 이븐 자흐시는 무함마드의 사촌이었고 와라카 이븐 나우팔은 카디자의 사촌이었는데 두 사람 다 기독교인이 되었다. 자이드 이븐 아므르는 메카의 이교를 너무나 맹렬하게 공격한 나머지 메카에서 추방되었으며, 그의 조카가 나중에 무함마드가 가장 신뢰하는 제자 중 한 명이 된다. 따라서 무함마드는 '하나피' 무리에서 활동하며, 자이드가 품고 있던 신의 인도에 대한 열망을 공유했을 것으로 보인다. 자이드는 메카에서 추방되기 전 어느 날 카바 옆에 서서 하람의 타락한 종교를 비난하다가 갑자기 외쳤다. "오, 알라여! 어떻게 섬김받고 싶어 하시는지 제가 안다면 그렇게 섬길 텐데, 저는 알지 못합니다."[35]

무함마드 역시 새로운 해결책을 찾고 있었다. 몇 년 동안 무함마드는 해마다 '라마단' 달 동안 카디자와 함께 히라산에 칩거하며 자신이 있는 동굴로 찾아오는 가난한 사람들에게 구호품을 나눠주고 기도를 드렸다.[36] 이러한 관행에 대해서는 알려진 바가 거의 없지만, 몇몇 자료에 따르면 무함마드의 조부가 처음 시작한 것으로 보인다. 사회에 대한 염려를 알라 앞에 깊

이 엎드리고 카바 주위를 격렬하게 도는 의식과 결합했던 것
같다.[37] 이때 무함마드는 신비로운 꿈도 꾸기 시작했다. 희망
과 약속으로 빛나는 꿈들이 마치 "아침 동틀 녘처럼" 무함마
드에게 쏟아졌다. 아랍어에서 "아침 동틀 녘처럼"이라는 말은
여명이 없는 동쪽 땅에서 해가 어둠을 뚫고 솟아오를 때 일어
나는 세상의 갑작스러운 변화를 표현한다.[38]

무함마드가 자신을 덮친 그 놀랍고 극적인 공격을 경험한
것은 610년경 해마다 하던 대로 히라산에서 칩거하고 있을 때
였다. 마치 자신의 존재 깊은 곳에서부터 쥐어짠 것처럼 나온
말은 메카가 겪고 있는 문제의 근원을 짚고 있었다.

> 만물을 창조하신 주님의 이름으로 읽어라.
> 그분은 한 방울의 정액으로 인간을 창조하셨느니라.
> 가장 자비로우신 주님의 이름으로 읽어라.
> 그분은 연필로 쓰는 것을 [인간에게] 가르쳐주셨으며
> 인간이 알지 못하는 것도 가르쳐주시느니라.
> 그러나 인간은 오만하여 범주를 넘어서
> 스스로 충만하다 생각하노라.
> 실로 모든 인간은 주님께로 돌아가니라.

이 구절은 알라가 그들 한 사람 한 사람을 창조했다는 쿠라

이시족 믿음의 연장선상에 있었다. 인간은 전적으로 신에게 의지하므로 '무루와'의 자랑스러운 자급자족은 망상이라고 밝힌다. 마지막으로, 알라는 멀리 떨어져 있는 부재하는 신이 아니라 자신의 피조물을 가르치고 인도하기를 원하니 피조물들은 알라에게 "가까이 다가가야" 했다. 하지만 거만한 '이스티그나'(도도한 자립심) 정신으로 신에게 다가가는 게 아니라, 비천한 노예처럼 신 앞에 절해야만 한다. "머리를 땅에 대라!"고 신은 명령했다.[39] 거만한 쿠라이시족은 용납하기 어려운 자세였다. 무함마드의 종교는 처음부터 '무루와'의 근본 원칙 중 일부와 대척점에 있었다.

정신이 들자 무함마드는 자신이 영적으로 그토록 분투했는데 그저 진에게 홀리기나 했다는 생각에 끔찍해졌고 더는 살고 싶지 않았다. 무함마드는 절망에 빠져 동굴에서 뛰쳐나와, 몸을 던질 생각으로 히라산 꼭대기로 올라갔다. 하지만 그곳에서 또 다른 환상을 보았다. 무함마드는 지평선을 가득 채운 엄청난 존재를 보고 멈추어 서서 "앞으로도 뒤로도 움직이지 않고 그 존재를 가만히 응시했다."[40] 몸을 돌리려고 했지만, "하늘의 어느 곳을 보아도 그 존재가 계속 보였다"고 나중에 무함마드는 말했다.[41] 이 존재는 계시를 내리는 영혼(루흐ruh)이었으며, 무함마드는 나중에 가브리엘이라고 불렀다. 하지만 흔히 묘사되는 것처럼 예쁜 천사가 아니라 일반적인 인간과 공간의 범주에서 벗어난 초월적인 존재였다.

겁에 질리고 또 자신에게 일어난 일을 이해할 수 없어서, 무함마드는 비틀거리며 산비탈을 내려가 카디자에게 갔다. 집에 도착해서는 온몸을 심하게 떨면서 두 손과 무릎으로 기어가며 외쳤다. "날 숨겨줘요!" 그리고 카디자의 무릎 위에 몸을 던졌다. 카디자는 망토를 덮어주고 남편의 두려움이 가라앉을 때까지 꼭 안아주었다. 카디자는 무함마드가 받은 계시를 한 치도 의심하지 않았으며, 남편이 진에게 홀린 게 아니라고 주장했다. 신은 정직하게 신을 섬겨 온 사람에게 그렇게 잔인한 속임수를 쓸 리가 없다고 했다. "당신은 친족에게 친절하고 배려심이 많아요." 카디자는 무함마드에게 일깨워주었다. "가난하고 불쌍한 사람들을 돕고 그들의 짐을 대신 짊어지잖아요. 부족 사람들이 잃어버린 높은 도덕성을 되살리려 애쓰고 있잖아요. 손님을 귀하게 대접하고, 힘든 일을 겪는 사람들을 찾아가 도움이 되려고 하잖아요. 그러니 결코 그럴 리가 없어요."[42] 무함마드와 카디자는 아마 그 이전부터, 의식적 수행을 넘어서 실질적인 공감과 한결같은 도덕적 노력이 요구되는 종교의 진정한 본성을 차츰 이해하기 시작하면서 그에 관해 서로 이야기를 나누었을 것이다.

카디자는 무함마드를 안심시키기 위해 사촌 와라카와 상의했다. 하니프인 와라카는 '책의 민족'의 경전을 공부했기에 전문적인 조언을 해줄 수 있었다. 자초지종을 들은 와라카는 "거룩하다! 거룩하다!"라고 외치며 크게 기뻐했다. "만약 내게 한 말이 진실이라면, 카디자, 전에 모세에게 왔던 위대한 신이 그에게 온 것이니, 보아라, 그는 그의 사람들의 예언자이다."[43] 그 후 와라카는 하람에서 무함마드를 만났을 때, 무함마드의 이마에 키스하며 그의 과업이 쉽지 않을 거라고 경고했다. 와라카는 나이가 많아 오래 살지는 못할 것 같았지만, 쿠라이시 족이 메카에서 무함마드를 추방하면 도움을 주기 위해 더 살아 있고 싶었다. 무함마드는 절망감을 느꼈다. 메카 밖에서의 삶은 상상할 수도 없었다. 정말로 쿠라이시족에게 쫓겨날까요? 무함마드는 절망감 속에 물었다. 와라카는 무함마드에게, 예언자는 언제나 고향에서는 존경받지 못한다고 슬프게 말했다.

두려움, 불안, 박해의 위협이 따르는 힘든 시작이었다. 그런데 쿠란에는 무함마드가 히라산에서 한 경험에 대해 또 다른 이야기가 남아 있다. 이 이야기에서 영의 강림은 경이롭고, 온화하고, 평화로운 사건으로 묘사된다. 마리아의 예수 수태 이야기와 유사하다.[44]

하느님은 거룩한 밤에 이 계시를 내리나니
거룩한 밤이 무엇인지 무엇이 그대에게 설명하여주리오.

거룩한 이 밤은 천 개월보다 더 훌륭한 밤으로

　이 밤에 천사들과 가브리엘 천사가 주님의 명령을 받아 강림

하여

　아침 동녘까지 머무르며 평안하소서라고 인사하더라.[45]

　쿠란의 이 '수라'(surah, 챕터)에는 남성형과 여성형의 암시
적인 모호함이 있다. 번역에서 사라지기 쉽지만 특히 대명사
에서 그렇다.* 쿠란에서 "무엇이 그대에게 설명하여주리오"라
는 질문은 규칙적으로 등장해 무함마드의 초기 청중에게 낯설
게 느껴졌을 법한 개념을 소개하면서, 말로 표현할 수 없는 영
역으로 들어간다는 것을 일러준다. 여기서 무함마드는 히라
산의 극적인 이야기에서 겸손하게 물러나고, 그 밤이 마치 연
인을 기다리는 여인처럼 무대 중심에 선다. '거룩한 밤'(운명
의 밤)은 하늘과 땅 사이 새로운 교감의 시대를 열었다. 신과의
만남에서 비롯된 공포는 세상이 새벽을 기다리면서 어둠을 가
득 채운 평화로 대체되었다.

　무함마드는 성스러움을 '압도적'이고 '매혹적'인 신비로 묘

---

* 저자가 인용한 이 구절의 영어 번역본에서는 첫 행의 '계시'를 남성형 대
명사 'him'으로 쓰고, 그다음 '거룩한 밤'을 4행 및 6행에서 여성형 대명사
'her'와 'she'로 지칭한다.('거룩한 밤'은 영어 번역본에서는 'the night of
destiny'라고 되어 있다.)

사한 독일 종교학자 루돌프 오토의 말을 이해했을 것이다. 그 것은 압도적이고 긴박하며 무시무시하지만, 동시에 "환희와 기쁨, 그리고 부풀어 오르는 조화와 친밀한 교감"으로 가득 채우기도 했다.[46] 계시는 단순한 방식으로 설명할 수도 없거니와, 자신의 경험이 복잡하기도 했기에 무함마드는 다른 사람에게 이야기하는 것이 매우 조심스러웠다. 무함마드는 히라산에서 그 일을 겪은 후에도 더 많은 체험을 했다. 정확히 얼마나 많은 체험을 했는지는 알 수 없다. 그리고 무함마드에게는 실망스러웠겠지만 신의 목소리가 뚝 그치고 더는 계시가 없었다.

너무도 외로운 시간이었다. 무함마드는 결국 현혹되었던 걸까? 그 존재는 그저 장난꾸러기 진이었을까? 아니면 신이 무함마드를 부족하다고 여기고 그를 버린 걸까? 2년 동안 하늘은 굳게 닫혀 있었다. 그러다 갑자기 어둠이 걷히고 빛나는 확신이 쏟아졌다.

아침을 두고 맹세하고
어둠이 짙어지는 밤을 두고 맹세하사
주님께서 그대를 버리지 아니하셨으니 미워하지도 않으셨노라.
실로 그대에게는 내세가 현세보다 나으리라.

주님께서 그대에게 은혜를 베풀 것이니 그대는 그것에 기뻐
하리라.

그분은 고아인 그대를 발견하여 그대를 보호하지 아니했더
뇨.

그분은 방황하는 그대를 발견하여 그대를 인도하지 아니했
더뇨.

그분은 가난했던 그대를 부유하게 해주지 아니했더뇨.

그러므로 고아들을 거칠게 대하지 말며

구하는 자에게 거절하지 말고

주님의 은혜를 이야기하라.[47]

알라는 피조물을 버리지 않는다는 확신을 주면서, 사람들
에게 알라의 끊임없는 친절과 관대함을 본받으라고 상기시킨
다. 신의 보살핌을 경험한 사람은 고아와 곤궁한 사람들을 도
울 의무가 있었다. 홀로 남겨지거나 굶주림과 억압을 겪어본
사람이라면 어떤 상황에서도 그런 고통을 타인에게 가하는 것
을 거부해야 한다. 계시는 이 메시지를 쿠라이시족에게 "이야
기"(선포, proclaim)할 때가 되었다는 말을 무함마드에게 전하
며 끝을 맺는다. 하지만 쿠라이시족은 과연 어떻게 반응할까?

2장

자힐리야

폭력과 공포의 시대

무슬림은 전통적으로 '자힐리야'를 아라비아의 이슬람 이전 시대를
가리키는 데 사용했기에 이 용어는 보통 "무지의 시대"로 번역된다.
하지만 기본적인 의미는 "쉽게 화를 내는 성질"이다.
명예와 위신에 대한 심각한 과민함. 오만과 무절제, 그리고
특히 폭력과 보복에 대한 고질적인 경향이다.

무함마드는 조용히 시작했다. 소수의 친구와 가족에게 자신이 받은 계시에 관해 이야기했고, 그들은 무함마드가 오랫동안 기다려 왔던 아랍의 예언자라고 확신하고 열정적인 제자가 되었다. 그러나 쿠라이시족 대다수는 계시를 받아들이기가 거의 불가능할 거라는 사실을 무함마드는 깨달았다. 알라의 말을 전한 이들은 모두 비범한 인물들이었고 사회의 창시자들이었다. 어떤 예언자들은 기적을 행하기도 했다. 어떻게 무함마드를 모세나 예수에 견줄 수 있겠는가? 쿠라이시족은 무함마드가 성장하는 과정을 쭉 지켜보았다. 무함마드가 시장에서 사업을 하고 다른 사람들처럼 먹고 마시는 것을 보았다. 쿠라이시족은 '무루와'의 가치를 많이 버리긴 했어도 엘리트주의와 귀족주의는 고수했으니, 신이 하심 가문의 변변찮은 인물이 아니라 더 훌륭한 씨족의 좋은 집안에서 태어난 '카림'을 선택해주기를 기대했을 것이다. 무함마드가 그들의 자랑스러운 독립심을 버리라고 말한다면, 그래서 선조들의 '순나'를 모독하는 것처럼 보인다면, 그들은 어떤 반응을 보일까?

이 초기 단계에서도 무함마드는 반발에 부딪혔다. 카디자와 딸들, 알리, 자이드는 무함마드의 새로운 지위를 무조건 받아들였지만, 삼촌 아부 탈리브는 사랑과 지지를 계속 보내면서도 무함마드가 무모하게 선조들의 절대적인 권위에서 벗어나려 하는 모습을 보고 몹시 괴로워했다. 무함마드는 가문을 분열시키고 있었다. 무함마드의 사촌 자파르 이븐 아비 탈리브, 압둘라 이븐 자흐시, 우바이달라 이븐 자흐시, 자이나브는 모두 무함마드가 받은 계시를 받아들였지만, 삼촌 압바스와 함자는 받아들이지 않았다. 하지만 삼촌들의 부인들은 계시를 받아들였다. 무함마드의 딸 자이나브와 결혼한 사위 아부 알-아스는 새로운 종교를 고려하는 것조차 거부했다. 당연히 무함마드에게는 괴로운 일이었다. 가족의 결속은 신성한 가치였고, 무함마드도 여느 아랍인처럼 자신이 속한 부족과 씨족의 장로들을 존경했다. 무함마드는 지도력이 위에서부터 나오기를 기대했지만 그의 메시지에 답한 것은 더 젊은 세대였다. 무함마드가 받은 계시들은 이미 무함마드를 기존 규범에서 밀어내기 시작했다. 무함마드는 자신을 따르는 이들 중 많은 수가 하층민이라는 사실을 의식할 수밖에 없었다. 상당수가 여자였고, 노예에서 해방된 자유민과 하인들과 노예들이었다. 노예들 중에서 가장 주목할 만한 이는 특이할 정도로 목소리가 큰 아비시니아인 빌랄이었다. 무슬림들이 하람에서 함께 기도하기 위해 모일 때면 무함마드는 자신이 "메카의 젊은 사람들과 약자들"에 둘러싸여 있음을 알았다.[1] 무함마드는 그들을 자신의 작은 모임에 따뜻하게 받아들였지만, 이처럼 소외된 이들로 이루어진 운동이 과연 어떻게 성공할 수 있을지 의심을 품었을 것이다. 실제로 아직 계시에 대해 아무것도 모르던 쿠라이시족 장로 몇몇은 무함마드에게 왜 그런 하층민들과 어울리는지 묻기 시작했다.

"약자"는 찢어지게 가난한 이들만 말하는 것은 아니었다. 부족 내에서 "약자"는 빈곤한 이들보다는 부족 내 지위가 낮은 이들을 가리켰다. 이 시기에 무함마드를 가장 열성적으로 따른 사람은 무함마드의 친구 아티크 이븐 우스만이었다. 그는 보통 그의 '쿠냐'*인 아부 바크르로 알려져 있었다. 아부 바크르는 성공하고 부유한 상인이었지만 무함마드처럼 어려운 시절에 몰락한 "약한" 씨족 출신이었다. 이븐 이샤크는 아부 바크르에 대해 "사람들의 호감을 쉽게 얻는 편한 사람"이

---

* 아랍인들은 첫째 아들이 태어나면 관습적으로 '쿠냐'(kunya)라는 명예 칭호를 받았다. 아부 바크르는 "바크르의 아버지"라는 뜻이다. 아부 바크르의 부인은 "바크르의 어머니"인 움 바크르라는 호칭으로 알려졌을 것이다. 무함마드는 종종 아부 알-카심으로 알려졌다. – 저자 주

며 친절하고 다가가기 쉬우며 특히 꿈 해석을 잘했다고 전한다.[2] 메카의 공격적인 자본주의에 힘들어하던 젊은 세대의 많은 이들이 아부 바크르에게 조언을 구하러 왔다. 일부 젊은이들은 절박한 삶의 위기감, 깨어나고 싶지만 방법을 찾을 수 없는 우울증, 부모로부터 무서운 소외감을 느끼기도 했다. 유력한 가문의 중요한 금융가의 아들은 꿈에서 아버지가 자신을 불구덩이 속으로 밀어넣으려 하는데 강한 두 손이 자신을 안전한 곳으로 끌어당기는 것을 느꼈고, 꿈에서 깨어나는 순간 자신을 구해준 이가 무함마드라는 것을 깨달았다.[3] 또한 명문 가문 '압드 샴스' 출신의 어느 젊은이는 꿈속 사막에서 "잠에 빠진 이들이여, 깨어나라!"라고 크게 외치면서 메카에 예언자가 나타났다고 선포하는 목소리를 듣고는 아부 바크르를 찾아왔다.[4] 두 젊은이 모두 무슬림이 되었지만, 앞의 젊은이는 새로운 신앙을 가능한 한 오래 아버지에게 비밀로 했고, 두 번째 젊은이의 경우에는 씨족 장로들이 젊은이의 개종에 심한 불쾌감을 나타냈다. 그 장로들은 메카에서 영향력이 매우 컸다.

무함마드가 받은 계시는 메카에 잠재해 있던 단층선을 드러냈다. 수년 동안 젊은이와 노인, 부자와 가난한 이들, 남자와 여자 사이에 걱정스러운 분열이 생겨나고 있었다. 위험한 일이었다. 한 구절씩, 한 수라씩 무함마드에게 계시된 경전은 이러한 불평등을 비난했다. 한 파벌은 필연적으로 다른 파벌의 손에 고통받을 것이었다.[5] 스스로 분열하는 사회는 세상 이치를 거스르는 것이기에 파멸할 것이다. 무서운 시기였다. 페르시아 제국과 비잔티움 제국의 그칠 줄 모르는 전쟁은 기존 세계 질서에 종말을 고하는 것 같았고, 아라비아 내에서도 부족 간 전쟁은 만성적인 수준에 이르러 있었다. 전통적으로 짧고 격렬했던 '가주'는 지난 20년 동안 전례 없는 가뭄과 기근의 여파로 장기간 지속되는 군사 작전으로 확대되었다. 거대한 재난이 임박했다는 종말론적인 분위기가 퍼져 있었다. 무함마드는 만약 쿠라이시족이 태도와 행동을 개혁하지 않으면 그들 역시 세상을 집어삼키려 하는 무질서와 혼란의 먹잇감이 되리라고 확신했다.

무함마드는 알라의 영감을 받으며 완전히 새로운 해결책을 향해 나아가고 있었다. 자신의 이름으로 말하는 것이 아니라 자신은 그저 신이 내린 말씀을 반복할 뿐이라고 확신했다. 고통스럽고 힘든 과정이었다. 한번은 이런 말을 했다. "계시를 받으면서 내 영혼이 찢겨 나갔다는 생각이 들지 않은 적은 단한 번도 없었다."[6] 때로는 메시지가 분명했다. 가브리엘의 모습과 목소리를 거의 또렷하게 보고 들을 수 있었다. 말씀은 마치 생명을 주는 소나기처럼 무함마드에게 "내려오는" 것 같았다. 그러나 신의 목소리가 약하고 모호할 때도 많았다. "때로는 마치 종소리의 반향처럼 오는데, 그때가 가장 힘들다. 그 메시지를 인식하면 반향이 잦아든다."[7] 무함마드는 진정한 의미를 발견하려고 애쓰며 사건의 깊은 흐름에 귀 기울여야 했다. 그렇게 노력하다 보면 창백해졌고, 마치 신의 힘으로부터 자신을 보호하려는 듯 망토로 자신을 가렸다. 시인이 자기 안의 깊은 곳에서 의식의 차원으로 끌어내야 하는 말에 자신을 온전히 열어야 하는 것과 비슷한 방식으로, 무함마드가 어떤 문제의 해결책을 찾아 자신의 영혼을 탐색하며 내면을 향할 때는 추운 날에도 심하게 땀을 흘렸다. 쿠란에서 신은 무함마드에게 각 계시가 떠오를 때 열심히 귀 기울이라고 지시했다. 무함마드는 어떤 구절의 의미가 완전히 분명해지기 전에 성급하게 의미를 부여하지 않도록 조심해야 했다.[8]

즉, 신은 유대교 경전에서 히브리 예언자들을 통해 말씀하신 것처럼 쿠란에서 무함마드를 대변자로 삼아 메카 사람들에게 직접 이야기했다. 따라서 쿠란의 언어는 신성하다. 왜냐하면 무슬림들이 믿기에 쿠란에는 신이 어떤 식으로든 직접 하신 말씀이 기록되어 있기 때문이다. 개종한 이들은 처음에는 예언자 무함마드가 낭송하고 나중에는 숙련된 쿠란 암송자들이 낭송하는 신성한 음성을 들었을 때 알라와 즉시 대면하고 있다고 느꼈다. 성서 히브리어도 같은 방식으로 거룩한 언어로 경험된다. 기독교에는 이 같은 성스러운 언어의 개념이 없다. 신약 성서의 그리스어에는 거룩함이 없기 때문이다. 기독교 성서는 예수가 바로 신이 인류에게 한 '말씀(Word)'이라고 제시했다. 다른 경전과 마찬가지로 쿠란은 인간의 나약한 필멸의 세계와 신 사이의 거대한 간격을 메워 초월성과의 만남을 제공했다.

무함마드의 개종자들은 새로운 계시가 내리기를 간절히 기다렸다. 무함마드가 새로운 계시를 암송하면 그들은 그것을 암기했고, 글을 쓸 줄 아는 이들은 글로 적었다. 그들은 경전의 절묘한 언어에 감동과 흥분을 느꼈고, 그 정도로 훌륭한 말은 신에게서 올 수밖에 없다고 확신했다. 아랍어를 모르는 사람은 쿠란의 아름다움을 제대로 이해하기 어렵다. 번역해서는 그 아름다움이 거의 전달되지 않기 때문이다. 쿠란의 텍스트는 지루할 정도로 반복적이며, 뚜렷한 구조도, 한결같은 주장도, 유기적인 서사도 없다. 하지만 쿠란은 순서대로 읽게 설계되지 않았다. 최종적으로 확정된 형태의 쿠란은 수라(챕터)가 아무런 기준 없이 임의로 배열되었고, 가장 긴 수라로 시작해 가장 짧은 수라로 끝난다. 따라서 순서는 중요치 않다. 각 수라마다 본질적인 가르침이 들어 있어서 어느 지점에서든 텍스트를 읽고 중요한 교훈을 얻을 수 있다.

무함마드는 당시 대다수의 아랍인과 마찬가지로 읽을 줄도 쓸 줄도 몰랐다. '쿠란'이라는 단어는 '암송'을 뜻한다. 쿠란은 혼자 읽기 위해 만들어지지 않았다. 대부분의 경전처럼 큰 소리로 낭송하게 되어 있었고, 소리도 중요한 의미의 일부였다. 아라비아에서 시는 중요했다. 시인은 자기 부족의 대변자이자 사학자이자 문화적 권위자였다. 오랜 세월 동안 아랍인들은 낭송을 듣는 방법을 배웠으며 대단히 정교하면서도 비판적인 귀를 갖게 되었다.[9] 음유 시인들은 해마다 열리는 교역 시장에서 아라비아 반도 전역에서 온 들뜬 청중을 향해 자신의 송시(ode)를 읊었다. 매년 메카 바로 외곽에 있는 우카즈 시장에서 중요한 시 경연 대회가 열렸다. 여기서 뽑힌 시들은 고급 검정 천에 금으로 수놓아 카바의 벽에 걸었다. 그러니 무함마드를 따르던 이들은 번역에서는 사라지는 쿠란 텍스트의 음성적 신호를 인지할 수 있었을 것이다. 그들은 주제, 단어, 구절, 소리 패턴 등이 다시 또 다시 되풀이된다는 사실을 발견했다. 이것은 마치 음악 작품 내에서 변주가 원래 멜로디를 미묘하게 확장하며 복잡성을 한 겹 두 겹 더하는 것과 같다. 쿠란은 의도적으로 반복했다. 그렇게 되풀이되는 내적 메아리가 개념, 이미지, 이야기를 결합했고, 교육적으로 유용하게도 강조점이 조금씩 변화하면서 중심 가르침이 강화되었다. 내적 메아리가 되풀이되며 한 구절이 미묘하게 다른 구절들을 보완하고 거기에 뜻을 더하면서, 처음에는 서로 별개로 보이던 구절들이 연결되고 텍스트의 여러 가닥이 통합되었다. 쿠란은 즉각 전달될 수 있는 사실 정보는 전하지 않았다. 청중은 무함마드가 계시를 받을 때 그랬던 것처럼 가르침을 천천히 흡수해야 했다. 그들의 이해는 시간이 지남에 따라 더 심오해지고 무르익었으며, 쿠란의 풍부하고 암시적인 언어와 리듬은 그들이 정신의 속도를 늦추고 다른 의식 상태로 들어가는 데 도움이 되었다.

미국인 학자 마이클 셀스는 이집트에서 뜨겁고 사람이 꽉 찬 버스를 운전하는 기사가 쿠란 암송 카세트테이프를 틀면 어떤 일이 일어나는지 다음과 같이 묘사한다. "명상적인 평온함이 찾아오기 시작한다. 사람들은 긴장을 푼다. 자리다툼이 끝난다. 사람들의 목소리는 점점 더 조용해지고, 목소리에 들어 있던 감정도 누그러진다. 다른 사람들은 말없이 생각에 잠긴다. 불편함 대신 공유된 공동체 의식이 감돈다."[10] 호흡 조절은 대부분의 명상 전통에서 대단히 중요하다. 요가 수행자들은 호흡 조절이 자기 확장의 느낌을 불러온다는 사실을 발견했다. 이는 음악의 효과, 특히 음악을 직접 연주할 때의 효과에 비견될 만하다.[11] 쿠란 암송자들은 숨을 천천히 내쉬면서 긴 구절을 읊고, 숨을 들이마실 때는 명상할 수 있도록 잠시 멈춘다. 청중도 자연스레 자신의 호흡을 함께 조절하는데, 이러한 호흡 조절이 마음을 가라앉히고 치유해주는 효과가 있으며 이를 통해 텍스트에서 이해하기 어려운 가르침도 더 잘 이해할 수 있음을 발견한다.

신은 높은 곳에서 곧장 명확한 지시를 내리지 않았다. 신의 목소리는 "우리", "그분", "너의 주", "알라", "나" 등으로 스스로를 지칭하는 방식을 끊임없이 바꾸었고, 이에 따라 신의 목소리와 예언자 무함마드의 관계, 그리고 신의 목소리와 청중의 관계도 바뀌었다. 또한 신은 명확히 남성인 것도 아니었다. 각 암송은 다음과 같은 기도로 시작했다. "자비로우시고 (알-라흐만al-Rahman) 자애로우신(알-라힘al-Rahim) 하느님의 이름으로." '알라'는 남성형 명사였지만, 역시 신을 가리키는 이름인 '알-라흐만'과 '알-라힘'은 문법적으로 여성형일 뿐 아니라 어원적으로 자궁을 뜻하는 단어와 관련이 있다. 부분적으로 의인화된 여성의 상징이 거의 모든 초기 계시에 중심적으로 나타났다. 우리는 임신하거나 출산하는 여성에 대한 숨겨진 암시들을 발견한다. 하나뿐인 아이를 잃은 여인의 이미지, 그리고 아들이 아니라서 실망한 부모에게 살해당한 딸에 대한 가슴 아픈 묘사도 있다.[12] 이처럼 여성의 존재가 강하게 나타난 것은 메카의 공격적인 가부장제에서는 특별한 일이었으며, 이로써 쿠란의 메시지에 여성들이 가장 먼저 반응을 보인 이유를 설명할 수 있다.

초기의 각 수라에서 신은 개인에게 친밀하게 이야기했다. "들어본 적 없느냐?", "생각하느냐?", "본 적 없느냐?"라는 질문 형태로 가르침을 제시하는 것을 선호할 때가 많았다. 그래서 듣는 이는 각자 자신에게 따져 묻게 되었다. 이러한 질문에 대한 답은 대체로 어느 것이든 문법적으로 모호하거나 불명확하여 청중에게 명확한 답 대신 명상할 이미지가 주어졌다.[13] 이 새로운 종교는 형이상학적 확실성을 얻으려 하지 않았다. 쿠란은 사람들이 다른 종류의 인식을 개발하기를 원했다.

　기독교의 '최후의 심판' 개념은 쿠란 초기 메시지의 핵심이었다. 무함마드는 쿠라이시족이 더는 자신들의 행동에 책임을 느끼지 않기에 메카가 위기에 처했다고 믿었다. 아라비아 스텝에서 '카림'은 비록 오만하고 독선적일지언정 자기 부족의 모든 구성원에게 책임감을 지녔다. 그러나 쿠라이시족은 "약자"의 곤경은 신경 쓰지 않고 각자 재산을 축적하기에만 바빴다. 쿠라이시족은 자신들이 한 행위의 결과가 오래 지속되리라는 것을 깨닫지 못하는 것 같았다. 이러한 무분별한 행동에 대응하기 위해 쿠란은 각 개인이 자신의 행동을 신에게 설명해야 한다고 가르쳤다. "심판의 날"(야움 알딘yawm al-din)이 올 것이다. 아랍어 '야움 알딘'은 "진실의 순간"을 의미하기도 한다.[14] 삶의 마지막에 인간은 그동안 회피하려고 했던 불편한 진실을 직면해야 한다. 확실하고 중요하며 영원해 보였던 모든 것이 덧없는 것으로 판명나는 무서운 존재론적 반전을 경험하게 될 것이다. 초기 수라는 짧고 강렬하게 보석 같은 운문으로 이 망상의 베일을 벗겨냈다.

태양이 가려져 그의 빛이 사라지고
별들이 빛을 잃고 떨어지며
산들이 신기루처럼 사라지고
새끼를 밴 지 열 달이 된 암낙타가 보호받지 못하고 버려지며
야생동물이 떼 지어 모이고
바다가 물이 불어 넘쳐흐르며
(…)
그때 모든 영혼은 그가 행한 것들을 알게 되니라.[15]

태양과 달과 별들은 사라질 것이다. 사막의 아랍인이 가장 소중히 여겼던 새끼 밴 낙타조차도 가치가 없다. 정말로 중요한 것은 오로지 사람의 행동이다.

그날 사람들은 여기저기 무덤에서 떼 지어 나와 자신들이 행하였던 일들을 보이노라.
티끌만 한 선이라도 실천한 자는 그것이 복이 됨을 알 것이며
티끌만 한 악이라도 저지른 자는 그것이 악이 됨을 알리라.[16]

그 순간에는 사소해 보였던 행동도 사실은 중대했음이 드러

날 것이다. 이기적이고 불친절한 작은 행동이, 또는 그 반대로 별다른 생각 없이 행한 관대한 행동이 한 사람의 삶을 가늠하는 척도가 될 것이다. "그것은 노예를 해방시켜주는 일이요 배고픈 자에게 음식을 베푸는 것이며 친척의 고아들과 먼지투성이가 된 가난한 자들에게 자선을 베푸는 것이니라."[17]

이러한 '정의로운 일'(살리하트salihat)을 수행한 적이 있는 사람은 누구든지 낙원(일리인'illiyyin)에서 영원히 보상을 받지만 이기적으로 물질 재산을 얻는 데 집중한 이들은 '자힘'(jahim, 보통 '맹렬한 불길'로 번역되는 특이한 단어)에서 벌을 받게 될 것이다. 그러나 쿠란은 지옥에 관한 생경한 종말론적 세계관을 설교하지는 않았다. '자힘'을 묘사하는 구절들에서는 분노보다 슬픔이 느껴진다. 나중에 무슬림 전통은 천국과 지옥과 심판이라는 주제에 대해 상세한 설명을 더하지만, 쿠란이 특유의 파악하기 어렵고 수수께끼 같은 언어로 이에 관해 말을 아끼는 모습은 변하지 않는다. 더 중요한 건 쿠란이 듣는 이에게 당장 눈앞에 닥친 심판을 직시할 것을 강제한다는 점이다. 심판의 날은 단지 먼 훗날의 일이 아니라 지금 여기에서 일어나는 "진실의 순간"이기도 했다. 현재 시제를 사용한 철저하고 친밀한 질문 앞에서, 듣는 이들은 매일 자신이 하는 행동의 의미를 직시해야만 했다. 이 세상에서 시간을 낭비했다는 사실을 알게 됐지만 너무 늦어서 아무것도 할 수 없다면 어떻겠는가? 쿠란은 집요하게 묻는다. "너희는 어디로 가려 하느냐?"[18] 인간은 선천적으로 악하지는 않지만, 쉽게 잊고 이런 불편한 생각을 간절히 외면하려고 한다. 그래서 사람들이 잊지 않게 끊임없이 일깨우는 것(디크르dhikr)이 필요했다. "경고하라." 신은 무함마드에게 촉구했다. "실로 그대는 경고 자일 뿐."[19]

따라서 사람들은 자신이 무엇을 하고 있는지 의식하며 자신을 자각해야만 한다. '타크와'(taqwa')의 미덕을 갈고닦아야만 한다. '타크와'는 때때로 "두려움"이라고 번역되지만 "올바른 마음가짐"이라는 표현이 더 잘 어울리는 단어다. 사람들은 이기심, 탐욕, 오만함을 계속해서 경계해야 한다. 지옥에 대한 두려움에 겁을 먹는 대신, 자연 세계에서 볼 수 있는 신의 관대함의 징표(아야트ayat)를 명상하며 신의 자비로움을 모방해야 한다.

> 낙타가 어떻게 창조되었는지 그들은 숙고하지 않느뇨.
> 하늘은 어떻게 높이 올려졌으며
> 산들은 어떻게 고정되었고
> 대지는 어떻게 펼쳐졌는가를 숙고하지 않느뇨.[20]

우주 전체가 창조주의 존재를 감추는 베일이다. 낮과 밤의 연속, 해와 달, 생명을 주는 비, 경이로운 인간의 창조는 모두 신의 존재를 나타내는 징표였다. 사람들이 이러한 징표들에 관해 체계적이고 지속적으로 묵상하면, 그 징표들 뒤에 있는 말로 표현할 수 없는 실재를 인식하고 감사의 마음이 가득차게 될 것이다.

당시 쿠라이시족은 약자를 멸시했다. 실패와 가난은 본질적으로 고귀함의 결여를 드러내는 것이라 생각하며 가난한 사람, 고아, 과부에 대해 아무런 책임감도 느끼지 않았다. 그러나 만약 그들이 삶의 모든 순간에 자신이 알라에게 의존하고 있음을 이해한다면, 자신도 약하다는 사실을 깨달을 것이며 경외심과 경이감으로 오만함을 누그러뜨릴 것이다. 그리고 어떠한 생명체, 인간, 신 앞에서도 고개 숙이기를 거부하는 교만한 태도와 오만한 자립심을 내려놓을 것이다. 무함마드는 메카의 모든 남자와 여자와 아이가 인간 조건을 특징짓는 겸손한 감사의 마음을 각자 내면에서 키우기를 원했다.

무함마드는 단순히 사회 개혁을 위해 노력하는 데 만족하지 않았다. 내면의 변화가 없다면 순전히 정치적 강령만으로는 피상적일 수밖에 없다고 믿었다. 무함마드는 내면의 변화를 이끌어내기 위해 자신을 따르는 소수의 사람들에게 새로운 태도를 길러줄 의례적 행동을 가르쳤다. 첫째는 함께 만나서 기도하는 것(살라트salat)이었다. 그들은 경건하게 엎드림으로써 자신의 진정한 상태를 매일 떠올릴 것이다. '살라트'는 그들의 일상에 끼어들어 알라가 최우선 순위임을 일깨우는 데 도움이 되었다. '무루와' 정신으로 교육을 받은 남자들과 여자들은 노예처럼 엎드리는 행동을 굉장히 힘들어했고, 쿠라이시족의 많은 이가 이 굴욕적인 자세에 불쾌함을 느꼈다. 하지만 '살라트'의 신체적 반복 행위는 자신의 존재 전체를 알라에게 내어주는 것(이슬람islam)을 상징했다. 그것은 이성보다 더 깊은 차원에서 그들의 몸을 가르쳤고, 거만하게 행세하고 싶은 자기중심적인 충동을 내려놓도록 가르쳤다. '무슬림'(muslim)은 이러한 복종의 행동을 수행하며 신의 노예가 된 것을 자랑스러워하는 남자 또는 여자였다.

둘째, 무슬림 공동체(움마ummah) 구성원은 수입의 일부를 가난한 사람들에게 구호품으로 기부해야 했다. 이 "순수한 내놓음"(자카트zakat)은 전통적인 베두인 유목민의 관대함에서 자기중심주의를 제거한 것이었다. 무분별하게 과도한 아량을 과시하는 대신 부족의 약자에게 정기적으로 지나치지 않은 기부를 했다. 새로운 '카림'은 이제 하룻밤 사이에 전 재산을 기부하는 사람이 아니라 "정의로운 일"을 지치지 않게 실천하는 사람이었다. 이 단계에서 새로운 신앙은 '타자카'(tazakka, 정화)라고 불렸다.[21] 무슬림들은 가난하고 어려운 사람들을 보살피고 노예를 해방하고 매일 매시간 작은 친절을 베풀면서, 연민을 느끼고 알라의 관대함을 본받으며, 책임감 있고 타인을 배려하는 정신을 서서히 습득할 것이다. 만약 그들이 꾸준히 노력한다면 교만과 이기심에서 벗어나 영적 정화를 이룰 것이다.

3년 동안 무함마드는 신중하게 선택한 사람들에게만 설교하면서 이목을 끌지 않았다. 그러나 615년 알라는 무함마드에게 다소 당황스럽게도 하심 씨족 전체에 메시지를 전하라고 지시했다.[22] "이 일은 내가 감당하기 어려운 일이다." 무함마드는 알리에게 이렇게 말했지만 장로 40명을 간소한 식사에 초대했다. 간소한 식사는 그 자체로 과도한 접대는 더는 없을 거라는 메시지였다.[23] 사치는 단순히 돈 낭비가 아니라, 알라가 내려준 소중한 은혜를 감사히 생각하지 않고 낭비하는 배은망덕이었다. 식사 자리에 도착한 장로들은 알리가 간단히 양고기 다리 하나와 우유 한 잔을 내오자 할 말을 잃었다. 나중에 알리는 이 이야기를 하면서, 한 사람이 먹기에도 부족했지만 모두가 각자 충분할 만큼 먹었다며 예수의 오병이어 기적처럼 이야기했다. 식사 후에 무함마드는 일어나서 장로들에게 자신이 받은 계시에 대해 이야기하고, 신에게 자신을 내어주는 종교의 교리를 상세히 설명하기 시작했다. 그러나 아부 탈리브의 이복형제인 아부 라하브가 무례하게 끼어들며 "저자가 너희에게 마법을 걸었어!"라고 소리 질렀다. 그리고 모임은 엉망으로 끝이 났다. 무함마드는 다음 날 그들을 다시 초대해야 했으며, 이번에는 설명을 마칠 수 있었다. "오, 압드 알-무탈리브의 아들들이여, 제가 전하는 말보다 더 고귀한 말을 전하러 부족민들에게 온 아랍인은 제가 알기로 없었습니다." 그리고 다음과 같이 말을 맺었다. "신께서 여러분을 불러오라고 명하셨습니다. 그러니 여러분 중 누가 이 쉽지 않은 일에 저의 형제이자 집행자이자 후계자로서 저와 함께하시겠습니까?"

어색한 침묵이 흐르고 장로들은 당혹감 속에 서로 쳐다보았다. 그들은 친척들의 자선으로 먹고살았던 어린 무함마드를 기억했다. 그런데 어떻게 감히 알라의 예언자라고 주장할 수 있을까? 무함마드의 사촌 자파르와 양아들 자이드조차 차마 입을 열지 못했다. 하지만 마침내, 13세 소년 알리가 어색한 침묵을 견디지 못하고 약간 부자연스럽게 외쳤다. "오, 신의 예언자여, 제가 이 일을 돕겠습니다!" 무함마드는 소년 알리의 목에 부드럽게 손을 얹었다. "나의 형제요, 집행자요, 후계자가 여기에 있습니다." 무함마드가 말했다. "그의 말을 경청하고 복종하십시오." 이 말은 정도가 지나쳤다. 마법이 깨지고 장로들은 웃음을 터뜨렸다. "자네한테 자네 아들 말을 듣고 복종하라고 하네!" 그들은 아부 탈리브에게 조롱하듯 외치고

는 집에서 우르르 나갔다.[24]

무함마드는 치욕스러운 실패에도 굴하지 않고 메카에서 더 많은 이들에게 설교를 계속했지만 거의 성공하지 못했다. 무함마드의 사회적 메시지를 비판하는 이는 없었다. 다들 '무루와'가 부를 가난한 부족 구성원들과 나눌 것을 요구한다는 사실을 알고 있었고, 이기적이고 탐욕스러운 행동과는 별개로 나눔의 태도를 옹호하기는 했다. 대부분이 '심판의 날'에 대해 이의를 제기했다. 그들은 심판의 날은 한낱 옛날이야기일 뿐이라고 주장했다. 땅속에서 썩어 사라진 육신이 어떻게 다시 생명을 얻는단 말인가? 무함마드는 그들의 덕 있는 선조들이 무덤에서 일어나 "만유(萬有)의 주님 앞에 설 것"이라고 진지하게 말하는 걸까?[25] 이에 쿠란은 사후의 삶이 없다는 것을 증명할 수 있는 사람은 아무도 없으며, 알라가 작은 한 방울의 정액으로 사람을 만들 수 있다면 죽은 육신도 쉽게 되살릴 수 있을 거라고 응답했다.[26] 쿠란은 또한 최후의 심판에 조소를 퍼붓는 사람들은 다름 아닌 억압적이고 이기적인 행동을 바꿀 생각이 없는 사람들이라고 지적했다.[27] 삶의 궁극적인 가치에 관한 쿠란의 집요한 질문에 직면하자 그들은 부정과 냉소로 도피했다. 하지만 회의적인 태도를 취하면서도, 쿠라이시족 대다수는 무함마드를 가만히 내버려 두었다. 그들은 이념적 논쟁에는 별로 관심이 없는 사업가들이었으며, 심각한 내부 갈등은 교역에 좋지 않다는 것을 알고 있었다. 어쨌든 노예, 분노한 청년, 실패한 상인으로 이루어진 소규모 무리는 실질적인 위협이 아니었고 이들의 운동은 틀림없이 소멸할 거라고 여겼다.

무함마드 자신도 갈등과 균열을 피하고 싶었다. "도시들의 어머니"인 메카에 피해를 주고 싶지 않았다. 무함마드는 쿠라이시족 일부가 자신이 왕이 되고 싶어 한다고 생각한다는 걸 알고 있었다. 군주제를 깊이 의심하는 아랍인들이 혐오감을 느낄 만한 생각이었다. 그러나 무함마드에게 정치적 야심은 없었다. 마치 비판자들을 안심시키려는 듯이, 신은 무함마드에게 결코 공직을 원해서는 안 된다고 단호하게 말했다. 무함마드는 그저 경고를 전하는 예언자인 '나디르'(nadhir)로서 쿠라이시족에게 겸손하게 다가가고, 도발을 피하며, 그들의 여러 신을 공격하지 않도록 주의해야 했다. 과거에 위대한 예언자들은 그렇게 했다.[28] 예언자는 이타적이어야 했다. 잘난 듯이 자기 의견을 내세우거나 타인의 감정을 짓밟아서는 안 되며, 항상 공동체의 안녕을 가장 중시해야 했다. 가장 중요한 것은 예언자는 '무슬림', 즉 "자신을 [알라에게] 바친 사람들" 중 한 명이라는 사실이었다.[29] 무함마드는 심각한 논쟁을 피하고자 이 단계에서는 메시지의 유일신론적 내용을 강조하지 않았다. 하니프들처럼 무함마드도 알라가 유일한 신이라고 확신했지만, 처음에는 카바 주변의 석상 우상 숭배나 세 '가라니크' 여신 숭배를 비난하지 않았다. 대부분의 위대한 종교 현자들처럼 무함마드도 정통에는 그다지 관심이 없었다.[30] 형이상학적 사변은 사람들을 다투게 만들고 분열을 일으키는 경향이 있었다. 그가 설득하려고 하는 사람들의 감정을 상하게 할 신학적 입장을 주장하는 것보다는 "정의로운 일"을 실천하는 것이 더 중요했다.

그러나 긴장은 커지고 있었다. 616년에 무슬림들이 메카 외곽 어느 골짜기에서 기도 의식을 행하고 있을 때, 쿠라이시족 일부가 무슬림을 공격했다. 메카의 모든 사람이 이 사건에 충격을 받았고 양측은 필사적으로 화해에 이르기 위해 노력했다. 어쩌면 이 사건이 악명 높은 "사탄의 구절" 사건을 불러왔을지도 모른다.[31] "사탄의 구절" 일화는 무함마드의 초기 전기 저자들 중 단 두 명만 기록했다. 누가 왜 그런 이야기를 지어냈을지 이해하기 어렵지만 일부 학자들은 이 이야기를 가짜라고 믿는다. 이 일화를 서술한 역사가 2명은 당시 메카에서 화해에 대한 열망이 컸다는 점을 강조한다. 이븐 사드는 쿠라이시족과의 돌이킬 수 없는 결별을 피하기 위해 무함마드가 "그들을 쫓아낼 계시가 내리지 않기를 바라며 혼자 앉아 있었다"라는 말로 이야기를 시작한다.[32]

그리고 타바리는 다음과 같이 서술을 시작한다.

신의 사도는 부족 사람들이 자신에게 등을 돌리고, 자신이 신에게 받아 전한 것으로부터 멀어지는 것에 괴로워하며, 부족 사람들과 화해하게 해줄 메시지가 신에게서 오기를 고대했다. 부족 사람들에 대한 사랑과 걱정 때문에 예언자는 자신의 과업을 그토록 어렵게 만든 장애물이 제거될 수 있다면 참으로 기뻤을 것이다. 그래서 예언자는 그 계획에 관해 묵상하며 이를 고대했다. 간절했다.[33]

타바리의 서술은 계속된다. 어느 날 무함마드는 부족 장로 몇 명과 함께 카바 옆에 앉아서 새로운 수라를 암송하고 있었다. 이 새로운 수라에서 알라는 무함마드의 비판자들을 안심시키려 했다. 무함마드는 이 모든 문제를 일으킬 의도가 없었다고 신의 목소리는 단언했다. 진에게 홀리거나 영감을 받은 것도 아니며, 진정한 신을 체험하고서 자신이 보고 들은 것을 사람들에게 말했을 뿐이다.[34] 그런데 그때, 놀랍게도 무함마드가 "신의 세 딸들"에 관한 구절을 읊조렸다. "실로 너희는 라트와 웃자를 보았으며 세 번째의 우상 마나트를 보았느뇨?" 쿠라이시족 사람들은 즉시 똑바로 앉아 집중하여 들었다. 쿠라이시족은 그들을 대신해 알라와 중재해주는 그 여신들을 사랑했다. "실로 고귀한 두루미로다." 무함마드는 계속 읊조렸다. "그들의 중재는 허용된다."

타바리는 '샤이탄'(shaytan, 유혹자)이 이 말을 무함마드의 입에 올렸다고 주장한다. 이것은 '사탄'(Satan)을 무시무시한 악의 존재로 여기는 기독교인들에게는 굉장히 불편한 개념이다. 신에게 대적하여 추락한 천사 이야기는 쿠란에서도 익숙하다. 쿠란에서는 그를 '이블리스'(Iblis, 그리스어로 악마를 뜻하는 'diabolos'의 축약형)라고 부른다. 그러나 타바리의 이야기에서 세 여신에 대한 찬사를 불러일으킨 샤이탄은 훨씬 덜 위험한 존재였다. 그저 진의 한 종류인 샤이탄은 인간을 올바른 길에서 벗어나게 하는 공허하고 경박하며 방종한 갈망을 암시하는 "유혹자"였다. 모든 진과 마찬가지로 샤이탄도 어디에서나 출몰하고 장난스럽고 위험했지만 악마와 동등하지는 않았다. 무함마드는 쿠라이시족과의 평화를 바라고 있었다. 무함마드는 쿠라이시족이 세 여신에게 얼마나 헌신적인지 알고 있었고, 만약 세 여신을 자신의 종교에 통합하는 방법을 찾는다면 쿠라이시족이 자신의 메시지를 더 호의적으로 받아들일 거라고 생각했을 수도 있다. 무함마드가 암송한 그 일탈적인 구절은 알라가 아니라 무함마드 자신의 바람으로 말한 것이며, 그렇게 세 여신을 승인한 것은 결국 실수였음이 드러났다. 그리고 무함마드는 여느 아랍인처럼 자신의 실수를 자연스럽게 샤이탄에게 돌렸다.

무함마드는 "신의 세 딸들"이 알라와 같은 수준이라고 암시하지 않았다. 동일한 수라에서 중재가 허용된다고 한 천사들과 마찬가지로 세 여신은 중재자일 뿐이었다.[35] 유대인들과 기독교인들은 그러한 중재자가 그들의 일신교와 양립할 수 있다고 생각해 왔다. 무함마드의 입에서 나온 그 새로운 구절은 진정 호의적인 표현으로 보였고, 실제 쿠라이시족에게 그 효과는 깜짝 놀랄 정도였다. 무함마드는 암송을 마치고 곧바로 엎드려 기도했는데, 놀랍게도 쿠라이시족 장로들이 옆에서 무릎을 꿇더니 겸손하게 이마를 바닥에 댔다. 그 소식은 메카에 들불처럼 퍼졌다. "무함마드가 우리 신들에 대해서 훌륭하게 이야기했다! 무함마드가 암송하면서 우리 신들이 고귀한 두루미이며 중재가 허용된다고 했다!"[36] 위기는 종식되었다. 장로들은 무함마드에게 말했다. "우리는 알라가 생명을 주고 가져가며, 창조하고 지키는 것을 알고 있다. 하지만 우리의 여신들은 우리를 위해 그분께 기도한다. 이제 여신들이 그분과 신의 영광을 나눠 갖는 것을 그대가 허용했으니, 우리는 그대와 하나가 되기를 바란다."[37]

그러나 무함마드는 고민에 빠졌다. 너무 쉬운 길로 가버렸다. 쿠라이시족 사람들은 정말로 행동을 바로잡고, 부를 가난한 이들과 나누고, 기꺼이 신의 겸손한 "노예"가 되려고 할까? 그럴 가능성은 별로 없어 보였다. 기뻐하는 장로들의 말도 마음에 걸렸다. 무함마드는 그 여신들이 알라와 "신의 영광을 나눠 갖는다"는 의미로 말한 것이 분명히 아니었다. 모두가 기뻐하고 있을 때 무함마드는 집에 와서 혼자 틀어박혀 명상에 잠겼다. 그날 밤 계시의 영 가브리엘이 무함마드에게 왔다. "무슨 짓을 했느냐, 무함마드?" 가브리엘이 물었다. "너는 내가 신에게서 받아 너에게 전하지 않은 것을 그 사람들에게 암송했고 신께서 너에게 말씀하시지 않은 것을 말했다!"[38] 타협하고자 하는 무함마드의 바람이 신의 메시지를 왜곡했던 것이다. 무함마드는 즉시 크게 뉘우쳤고, 신은 새로운 계시로 무함마드를 위로했다. 무함마드 이전 예언자들도 모두 비슷한 "사탄적" 실수를 저지르곤 했다. 계시를 이해하는 것은 언제나 힘든 일이었으며, 내면 깊은 곳의 계시와 그보다 더 얕은 자신의 생각을 혼동하기는 너무나 쉬웠다. 하지만 무함마드에게 계시는 계속되었다. "하느님은 사탄이 던진 유혹들을 제거하신 후 당신의 계시를 확립하시니…."[39] 중요한 원칙이 수립되었다. 신은 특정 예언자에게 경전이 계시되고 있을 때 경전을 수정할 수도 있다. 계시는 진행형이었다. 무함마드가 때때로 메시지에서 이전 통찰의 일부에 의미를 덧붙이기도 했다고 말할 수도 있다.

이제 무함마드는 "사탄의" 구절을 수정한 새로운 구절을 가지고 쿠라이시족에게 돌아가야 했다. 다시 한 번 신이 물었다. "실로 너희는 라트와 웃자를 보았으며 세 번째의 우상 마나트를 보았느뇨?" 하지만 이번에는 그 대답이 통렬했다. 그들은 아들을 선호하면서 왜 알라에게 딸이 있다고 하는가? 이 여신들이란 그저 "텅 빈 이름", 쿠라이시족과 그들의 선조들이 꾸며낸 인간의 투영에 불과했다. 이 여신들을 숭배하는 자들은 "억측과 자신들의 저속한 욕망"만을 따른다.[40] 이것은 세 여신을 없앨 뿐 아니라 존경받는 선조들을 모욕하고 대놓고 뺨을 때리는 격이었다. 쿠란은 왜 이 세 여신을 천사들과 함께 수용하는 것을 불가능하다고 보았을까? 겉보기에는 해로울 게 없는 헌신을 단호하게 거부해서 평화의 기회를 산산조각 내는 걸까?

이슬람에 귀의하고 4년을 보낸 무슬림들은 더는 전통 종교를 진지하게 대할 수가 없었다. 쿠라이시족 대다수에게 알라는 여전히 일상 생활에 영향을 끼치지 않는 멀리 있는 높은 신이었다. 그러나 무함마드를 따라 개종한 이들에게는 더는 그렇지 않았다. 쿠란의 아름다움을 통해 알라는 이들에게 생생하고 진실로 마음을 압도하는 현실이 되었다. 쿠란은 이들이 경전을 듣는 모습을 다음과 같이 말한다. "주님을 두려워한 자들의 피부는 떨리고 그런 후 그들의 피부와 마음은 하느님을 찬미함으로 편안해질 것이니"[41] 신의 말씀은 세상을 산산조각 낼 수도 있는 강력한 현실이었다. 신은 무함마드에게 말했다. "하느님이 쿠란을 어느 산에 계시했다면 그것도 하느님이 두려워 겸손해하고 분리되는 것을 너희가 보았으리라."[42] 알라는 이제 쿠라이시족이 숭배하는 신과 완전히 다르며, 그 "사탄의 구절"은 이슬람이 옛 종교와 같다고 암시하기에 잘못된 것이었다. 세 여신의 석상이 이슬람 신에게 영향을 끼칠 수 있다고 상상하는 것은 터무니없는 일이었다.

쿠란은 이제 이러한 구분을 분명히 하기 시작했다. 다른 신들은 위험할 정도로 약한 부족장처럼 무력하고 무능했다. 알라처럼 숭배자들에게 양식을 제공하지도 못했고, 심판의 날이 와도 헌신하던 이들을 위해 중재할 수도 없었다.[43] 알라와 대등한 존재는 없었다.

*

"사탄의 구절"이 거부된 직후, '진실'의 수라가 계시되었다.

일러 가로되 하느님은 단 한 분이시고
하느님은 영원하시며
성자와 성부도 두지 않으셨으며
그분과 대등한 것 세상에 없노라.[44]

'타우히드'(tawhid, 유일성) 원리는 무슬림 영성의 핵심이 되었다. 이는 단순히 신은 유일하다는 추상적인 형이상학적 확언에 그치지 않고, 쿠란의 모든 가르침과 마찬가지로 행동에 대한 요구였다. 알라는 다른 신과 비교할 수 없는 존재이기에, 무슬림은 우상 숭배를 거부해야 할 뿐 아니라 그들이 오직 신에게만 헌신하는 것을 다른 현실이 방해하지 않도록 해야만 한다. 즉 부, 국가, 가족, 물질적 번영, 그리고 사랑이나 애국심 같은 고귀한 이상도 그다음 순위여야만 한다. 타우히드 원리는 무슬림이 그들의 삶을 통합하기를 요구했다. 신을 유일한 우선순위로 삼기 위한 투쟁 속에서 무슬림은 올바르게 질서정연해진 자아 속에서 신이라는 통일성을 엿볼 수 있을 것이다. 새로 개종한 사람이 우선 '샤하다'(shahadah)를 반드시 말하게 된 것도 이때쯤이었을 것이다. '샤하다'는 오늘날 모든 무슬림이 암송하는 믿음의 선언이다. "알라 외에 다른 신이 없다는 것과 무함마드가 그의 예언자임을 증언합니다."

쿠라이시족은 유일신론에 충격을 받지는 않았을 것이다. 그들에게 새로운 개념이 아니었기 때문이다. 그들은 유대인과 기독교인의 종교가 쿠라이시족 전통과 별문제 없이 어울리는 것을 오래전부터 확인했고, 진정한 아라비아 유일신교를 만들고자 했던 하니프의 시도도 특별히 불편해하지 않았다. 하지만 무함마드가 나아가는 방향은 달랐다. 하니프 대다수는 하람에 대한 깊은 존경심을 잃지 않았고 사회 질서를 개혁하려는 시도도 하지 않았다. 그러나 무함마드가 카바를 둘러싼 석상들을 공격하는 데에는 메카 경제의 기반인 하람이 무가치하다는 의미가 내포되어 있었다. 베두인 부족들이 메카 순례를 하는 것은 알라의 집을 방문하기 위해서가 아니라 자기들의 부족 신을 경배하기 위해서였는데, 이러한 숭배가 이제 쿠란의 강한 비난을 받았다.[45] 쿠라이시족은 카바 주위를 돌면서 종종 "고귀한 두루미" 세 여신에게 기원하곤 했지만 이제 이 관습은 기만적이고 방종한 것으로 치부되었다. 알-라트 신전이 있는 타이프는 메카에 식량을 공급했고 쿠라이시족의 다수가 타이프의 비옥한 오아시스에 여름 별장을 가지고 있었는데, 만약 쿠라이시족이 알-라트에 대한 모욕을 눈감는다면 타이프와의 우호 관계를 어떻게 유지할 수 있겠는가?

무함마드는 하룻밤 사이에 적이 되었다. 쿠라이시 지도자들은 아부 탈리브에게 대표단을 보내 조카 무함마드와 의절할 것을 요구했다. 아라비아에서는 공식적인 보호자가 없으면 아무도 살아남을 수 없었다. 씨족에서 추방된 사람은 복수해줄 사람이 없으니 아무 거리낌 없이 살해당할 수 있었다. 무슬림은 아니었지만 진정으로 무함마드를 아꼈던 아부 탈리브는 이러지도 저러지도 못하는 상황에 처했다. 아무런 조치 없이 시간을 끌어보았지만 쿠라이시족은 다시 최후통첩을 보냈다. "신께 맹세코, 우리는 우리 선조들의 명예가 훼손되고, 우리 관습이 조롱당하고, 우리 신들이 모욕당하는 것을 참을 수가 없습니다!" 그들은 외쳤다. "당신이 그자를 쫓아낼 때까지, 우리는 한쪽이 죽을 때까지 당신들 두 사람과 싸울 것입니다." 아부 탈리브는 무함마드를 불러 이 반체제적인 설교를 중단해줄 것을 부탁했다. "나와 너 자신을 살려 다오." 아부 탈리브는 간청했다. "내가 감당할 수 있는 것보다 더 큰 짐을 내게 지우지 말아 다오." 무함마드는 아부 탈리브가 자신을 버리려 한다고 확신하고 눈물을 흘리며 대답했다. "오 나의 삼촌, 신께 맹세코, 저들이 제가 이 길을 포기한다는 조건으로 제 오른손에 태양을 쥐여주고 제 왼손에 달을 쥐여주어도, 신께서 승리하시거나 제가 그 품에서 죽을 때까지 저는 포기하지 않을 것입니다." 무함마드는 더 견디지 못하고 서럽게 흐느끼며 방을 나갔다. 삼촌은 무함마드를 다시 불러 말했다. "가서 네가 하고자 하는 말을 해라. 신께 맹세코, 나는 어떤 경우에도 너를 포기하지 않을 테니."[46] 한동안 무함마드는 안전했다. 아부 탈리브가 보호자로 남아서 무함마드를 보호하는 한, 감히 누구도 무함마드를 건드릴 수 없었다.

아부 탈리브는 재능 있는 시인이었다. 그는 어려운 처지에 놓인 하심 씨족을 버린 씨족들을 거세게 비판하는 격한 시를 썼다. 이에 알-무탈리브 씨족이 하심 씨족과 연대를 선언하며 응답했지만, 이 좋은 소식 다음에 치명적인 배신이 뒤따랐다.

아부 탈리브의 이복형제 아부 라하브는 처음부터 무함마드와 그의 계시에 반발했지만, 씨족 내 분열을 방지하기 위해 아들 둘을 무함마드의 딸 루카이야 그리고 움 쿨숨과 약혼시켰다. 그런데 이제 와서 아들들에게 무함마드의 딸들과 연을 끊게 한 것이다. 한편 메카 최고 미인 중 한 사람으로 손꼽히던 루카이야를 오랫동안 흠모했던 세련된 무슬림 귀족 청년 우스만 이븐 아판은 이제 무함마드에게 루카이야와 결혼을 요청할 수 있게 되었다.

쿠라이시족 장로들, 특히 이슬람에 귀의한 가족이 있는 이들은 무함마드를 맹렬히 공격했다. 무슬림들이 알라를 "오직 하나뿐인 신"으로 찬미하는 말을 들을 때마다 보란 듯이 등을 돌리고, 다른 신을 찬양하는 말이 들릴 때면 공격적으로 기쁨을 표시했다.[47] 그들은 모든 이가 계속 전통 신앙에 충실할 것을 요구했다. 오직 그것만이 올바른 일이다! 이 계시라는 건 터무니없다! 죄다 무함마드가 지어낸 것이다. 쿠라이시족 모든 사람 중에 어째서 그자 혼자만 신의 메시지를 받았단 말인가?[48] 무함마드는 정신이 나갔다. 진에 홀려 길을 잃었다. 무함마드는 마법으로 젊은이들을 꾀어내 선조들의 '순나'에서 벗어나게 한 마법사다.[49] 무함마드는 모세나 예수가 했던 것처럼 기적을 행하여 자신의 주장을 증명하라는 요구를 받았을 때, 자신은 당신들과 같은 평범한 인간이라고 인정했다.[50]

무함마드에게 반대하는 이들을 이끄는 사람들 중에는 메카에서 가장 막강한 씨족장도 몇 명 있었다. 그중 가장 눈에 띄는 인물은 성질이 불같은 야심가로서 이슬람 때문에 마음이 매우 어지러운 듯 보였던 아불 하캄, 몸집이 비대한 노인 움마야 이븐 칼라프, 그리고 무함마드의 친구로서 매우 지적인 아부 수피안과 그의 장인 우트바 이븐 라비아와 그의 형제들이었다. 한편 아미르 씨족의 수장이고 무함마드처럼 해마다 히라산에서 명상하곤 했던 경건한 사람 수하일 이븐 아므르는 아직 마음을 정하지 못한 상태여서 무함마드는 그가 이슬람으로 개종하기를 바랐다. 메카에서 손꼽힐 정도로 뛰어난 능력을 지닌 청년 몇 사람도 이슬람에 극도로 적대적이었다. 전사 아므르 이븐 알-아스, 칼리드 이븐 알-왈리드가 그런 청년이었으며, 아불 하캄의 조카 우마르 이븐 알-카타브는 옛 종교에 열광적으로 헌신하며 이슬람을 가장 맹렬히 적대했다. 다른 씨족장들은 무함마드에 대한 반대를 신중하게 이어 간 데 비해 우마르는 더 극단적인 방법도 동원할 준비가 되어 있었다.

이제 무함마드는 메카의 지배층을 개종시키겠다는 희망을 포기하고, 자신의 메시지를 열망하는, 체제에 불만을 품은 가난한 사람들에게 집중해야 한다는 사실을 깨달았다. 이것은 중요한 전환점이었고 쿠란에도 통렬하게 기록되어 있다. 한번은 무함마드가 메카의 귀족들과의 토론에 너무나 열중한 나머지지, 앞을 볼 수 없는 남자 한 명이 질문을 하려고 다가왔을 때 참을성 없이 "눈살을 찌푸리고 등을 돌린" 적이 있었다.[51] 신은 무함마드를 엄하게 꾸짖었다. 예언자는 공동체의 모든 구성원을 동일하게 존중하며 다가가야만 한다. '무루와'의 귀족주의를 넘어서야 한다. 쿠란은 부유한 자와 가난한 자 모두를 위한 것이었다. 무함마드가 앞을 볼 수 없는 남자를 마치 중요하지 않은 사람처럼 무시한 것은 '카피르'(kafir) 같은 행동이었다.

'카피르'라는 단어는 종종 "불신자"로 번역되곤 하지만, 이는 굉장히 오해의 소지가 많은 번역이다.[52] 무함마드는 아불 하캄과 아부 수피안의 신앙에 대해서는 아무런 논쟁도 하지 않았다. 사실 그들 신학의 대부분은 매우 정확했다. 예를 들어 그들은 알라가 세상의 창조주이며 카바의 주인임을 의심의 여지 없이 믿었다.[53] 문제는 그들이 믿음을 실천으로 옮기지 않는다는 점이었다. 그들은 신이 창조한 피조물에 담겨 있는 신의 자비로움의 징표가 지닌 진정한 의미, 인간이라면 모든 행실에서 신을 본받아야 한다는 의미를 깨닫지 못했다. 그들은 약한 사람들을 멸시하고 억압할 게 아니라, 알라처럼 행동하고 "날개를 낮추며 겸손"해야 한다.[54]

단어 '카피르'는 아낌없는 친절과 관대함으로 제공되는 것을 무례하게 거절하는 것을 의미하는 어근 'KFR'("배은망덕")

에서 유래했다. 신이 메카 사람들에게 계시를 통해 모습을 드러냈을 때, 그들 중 일부는 말하자면 신의 면전에 경멸적으로 침을 뱉은 것과 다름없었다. 쿠란은 '카피룬'(kafirun, '카피르'의 복수형)이 종교적 신념이 부족해서가 아니라 오만해서 질책한다.[55] 그들은 오만방자하다. 그들은 메카의 가난하고 비천한 사람들을 이등 시민으로 멸시해도 된다고 여기며 자신들이 더 우월하다고 생각한다. 신에 대한 완전한 의존성을 깨닫지 못한 채, 여전히 스스로 자립(이스티그나)적이라고 여기며 알라 또는 다른 누구에게든 고개 숙이기를 거부한다. 카피룬은 자만심이 넘쳐난다. 거드름을 피우며 거리를 활보하고, 타인에게 불쾌하고 거칠게 말하고, 자신의 명예에 조금이라도 흠집이 났다고 생각하면 불같이 화를 낸다. 자신들의 생활 방식이 다른 누구의 생활 방식보다 낫다는 확신이 너무나도 강하여, 자신들의 전통적인 생활 방식이 조금이라도 비판받으면 특히 격분한다.[56] 그들은 단지 자신들의 영리함을 과시하기 위해 쿠란의 의미를 악의적으로 왜곡하면서 알라의 계시를 비웃는다.[57] 그들은 어떤 새로운 것도 생각할 수 없다. 그들의 마음은 "가려져" 있고, "녹슬어" 있고, "봉해져" 있고, "닫혀" 있다.[58]

카피룬의 가장 중대한 악은 '자힐리야'였다. 무슬림은 전통적으로 이 용어를 아라비아의 이슬람 이전 시대를 가리키는 데 사용했기에 이 용어는 보통 "무지의 시대"로 번역된다. 하지만 비록 어근 'JHL'에 "무지"라는 의미가 어느 정도 포함되어 있긴 하지만, 기본적인 의미는 "쉽게 화를 내는 성질"이다. 명예와 위신에 대한 심각한 과민함. 오만과 무절제, 그리고 특히 폭력과 보복에 대한 고질적인 경향이다.[59] '자힐리' 사람들은 이슬람의 내어줌을 실천하기에는 너무나 오만했다. 왜 '카림'이 행동을 절제하고 코를 땅에 대어 기도하고 미천한 자들을 동등하게 대하면서 노예(압드)처럼 행동해야 한단 말인가? 무슬림들은 주요한 적인 아불 하캄을 "아부 자흘"(오만의 아버지, Abu Jahl)이라고 불렀다. 그가 이슬람에 무지해서가 아니었다. 그는 이슬람을 너무도 잘 이해했지만 맹목적이고 사납고 무모한 열정으로 오만하게 이슬람과 싸웠기 때문이다. 그런데 그러한 부족 정신이 매우 뿌리 깊이 박혀 있어서 앞으로도 보겠지만 무슬림들은 이슬람으로 개종한 후에도 오랫동안 '자힐리' 증상을 계속해서 드러내 보였다. '자힐리야'는 하룻밤 사이에 근절될 수 없었고, 잠재적 위협으로 잠복해 있으면서 언제든 파괴적으로 폭발할 수 있었다.

쿠란은 무슬림들에게 '자힐리' 정신에 굴복하지 말고 아랍의 전통 미덕인 '힐름'(hilm)을 실천할 것을 촉구한다. '힐름'을 지닌 사람은 인내심이 있으며 관대하고 자비롭다.[60] 이들은 가장 힘든 상황에서도 분노를 억제하고 다스리며 침착함을 잃지 않는다. 서둘러 보복하지 않으며, 부상을 입어도 반격하지 않고 알라에게 복수를 맡긴다.[61] '힐름'은 또한 긍정적인 행동을 불러일으킨다. '힐름'을 실천하는 무슬림은 약자와 딱한 처지에 놓인 사람들을 보살피고, 노예를 풀어주며, 서로 인내와 동점심을 갖도록 조언하고, 자신이 허기질 때조차 가난한 이들에게 음식을 내밀 것이다.[62] 무슬림은 언제나 온화함과 예의를 갖추어 행동해야만 한다. 무슬림은 평화로운 사람들이다. "자애로우신 하느님의 종들이라 함은 대지 위를 걸으매 겸허하고 무지한 자들이 시비를 걸어도 '평화가 있으소서'(살람 salam!)라고 말하는 이들이라."[63]

"사탄의 구절" 사건 후에 카피룬과의 갈등은 굉장히 험악해졌다. 아부 자흘은 무슬림을 만나기만 하면 심한 폭언을 퍼붓고 악의적인 거짓말과 헛소문으로 중상했다. 상인에게는 망하게 하겠다고 협박하고 "약자" 무슬림은 그냥 때렸다. 카피룬은 강한 보호자가 있는 무슬림은 해치지 못했지만, 노예와 부족에서 제대로 보호받지 못하는 이들은 공격할 수 있었다. 주마 씨족의 수장 움마야는 아비시니아인 노예 빌랄을 묶어서 가슴에 커다란 바위를 올려놓고 뜨거운 태양 아래에 눕혀놓는 식으로 괴롭히곤 했다. 아부 바크르는 빌랄이 괴로워하는 모습을 보고 견딜 수가 없어서, 움마야에게 값을 치러 빌랄을 산 다음 그에게 자유를 주었다. 아부 바크르는 또한 우마르 이븐 알-카타브가 무슬림 노예 여자아이에게 매질하는 모습을 보고 그 여자아이도 해방시켰다. 젊은 무슬림 일부는 가족에게 감금당하기도 했으며, 가족은 그들을 굶기면서까지 이슬람 포기를 강요했다. 상황이 너무 심각해지자 무함마드는 취약한 움마 구성원들을 아비시니아로 보냈고, 그곳의 기독교인 지배자는 그들에게 피난처를 제공했다. 어쩌면 생각지도 못할 일이었지만, 메카에서는 무슬림에게 미래가 없을지도 모른다는 사실이 고통스럽게도 분명해지고 있었다.

'자힐리' 정신 속에서 자라난 무슬림들에게는 '힐름'을 실천하며 다른 뺨도 돌려 대기가 대단히 힘들었을 것이다. 무함마드조차 때때로 냉정을 유지하는 데 많은 노력을 기울여야 했다. 초기 수라 중 한 편에서는 무함마드의 집 밖에 날카로운 가시를 뿌려놓곤 했던 삼촌 아부 라하브와 그의 부인에 대한 무함마드의 분노가 표현된다.[64] 한번은 이런 일이 있었다. 무함마드가 카바 주위를 돌고 있을 때 쿠라이시족 씨족장 몇 명이 자신을 비웃고 조롱하는 소리가 들렸다. 솟구치는 분노를 얼마 동안은 억누를 수 있었지만, 세 바퀴를 다 돌았을 때 무함마드의 얼굴은 금방이라도 폭발할 듯 무섭게 변해 있었다. 무함마드는 멈춰 서서 카피룬을 향해 쿠란이 명한 대로 "평화"를 기원하는 대신, 엄숙하게 말했다. "내 말을 듣겠는가, 오, 쿠라이시여. 내 생명을 쥐고 계신 분께 맹세코, 내가 너희에게 죽음을 가져다 주리라!" 무함마드가 마지막 말을 너무나도 위협적으로 말했기에 씨족장들은 조용해졌다. 그러나 다음 날 씨족장들은 뻔뻔스러움을 되찾았다. 무함마드가 하람에 도착했을 때 우르르 몰려와 무함마드를 위협적으로 둘러싸고는 옷을 이리저리 잡아당기며 괴롭히기 시작했다. 무함마드는 이번에는 공격적으로 대응하지 않고 씨족장들의 폭력을 내버려 두었고, 결국 아부 바크르가 끼어들어 흐느끼며 말했다. "알라가 나의 주라고 말한다는 이유로 사람을 죽일 것이오?"[65]

그러나 이런 행동은 때때로 역효과를 낼 수도 있었다. 어느 날, 아부 자흘이 '하즈'의 중요한 장소인 사파 언덕 부근에서 무함마드와 마주쳤다. 이 신성한 장소에 무함마드가 고요히 자리 잡고 있는 모습을 본 아부 자흘은 너무 격분하여 진정한 '자힐리' 방식으로 폭발했다. 이번에도 무함마드는 반격하지 않고, 한마디 말도 없이 가만히 앉은 채로 아부 자흘의 입에서 계속 흘러나오는 폭언과 욕설을 듣고만 있었다. 한참 동안 혼자 떠들던 아부 자흘은 결국 폭언을 그치고는 하람에 있던 다른 족장 무리에게 가버렸고, 무함마드는 슬픈 마음으로 조용히 귀가했다. 하지만 그날 사냥하느라 나가 있었던 무함마드의 삼촌 함자가 저녁에 돌아와 사정을 듣고는 분노했다. 함자는 당장 나가 아부 자흘을 찾아서 들고 있던 활로 세게 때렸다. "내가 내 조카의 종교를 따를 때에도 내 조카를 모욕할 건가?" 함자는 고함을 질렀다. "날 칠 수 있으면 어디 쳐봐!" 메카에서 전설적인 힘을 자랑하는 함자에게 함부로 덤빌 수 없었던 아부 자흘은 무함마드를 지나치게 모욕했다고 인정하고 자신의 패거리를 제지했다.[66]

함자는 독실한 무슬림이 되었지만 무함마드가 바랐던 방식의 개종은 아니었다. 616년 말쯤에 더 놀라운 개종이 있었다. 우마르 이븐 알-카타브는 이제 무함마드를 죽여야겠다고 마음먹고, 무함마드가 그날 오후에 사파산 기슭에 있는 어느 집에 머물고 있다는 이야기를 듣고서는 손에 칼을 들고 메카 거리를 성큼성큼 걸어 그 집 쪽으로 가고 있었다. 우마르는 누이 파티마 빈트 알-카타브 부부가 몰래 무슬림이 된 사실은 모르고 있었다. 그날 파티마 부부는 우마르가 자리를 비워 안전하다고 생각하여, 글을 읽을 줄 아는 몇 안 되는 무슬림 중 한 명을 집에 초대해 최근에 받은 수라의 암송을 부탁했다. 그런데 우마르가 사파산으로 가는 길에, 무함마드가 목숨을 잃을까 두려웠던 어느 무슬림이 우마르에게 누이 파티마가 이슬람으로 개종했다는 사실을 알려주었다. 우마르는 집으로 달려가서, 위층 창에서 흘러나오는 쿠란 암송 소리를 듣고 경악했다. "이 허튼소리는 뭐야!" 우마르는 고함을 내지르며 방으로 뛰어들었다. 쿠란을 암송하던 무슬림은 두려움에 필사본을 놓고 도망쳤고, 우마르는 누이를 바닥에 내동댕이쳤다. 하지만 누이가 피를 흘리는 모습을 보고는 부끄러움을 느낀 우마르는 쿠란 필사본을 집어 수라를 읽기 시작했다. 우카즈에서 열리는 시 경연 대회의 심사 위원이었던 우마르는 수라를 읽는 순간 뭔가 특별하다는 사실을 깨달았다. 관습적인 아라비아 송시와는 전혀 달랐다. "참으로 훌륭하고 고귀한 말이다." 우마르는 놀라며 감탄했다. 즉시 쿠란의 아름다움이 그의 분노를 가라앉히고 내면 깊숙이 묻혀 있던 감수성의 핵심을 건드렸다. 우마르는 다시 칼을 들고 거리를 달려 무함마드가 있는 집으로 갔다. "무슨 일로 왔습니까, 이븐 알-카타브여?" 예언자가 물었다. "신과 그분의 사도와 그분의 사도가 신에게서 받아 온 것을 믿기 위해 왔습니다." 우마르가 대답했다. 무함마드는 큰 소리로 감사를 표했고, 우마르를 보자마자 몸을 숨겼던 사람들이 그 소리를 듣고 나왔지만 눈앞에 벌어진 일을 거의 믿을 수가 없었다.[67]

이븐 이샤크는 우마르의 개종에 관해 극적인 면은 덜하지만 그 의미는 조금도 다를 바 없는 또 다른 이야기를 기록했다. 우마르는 어느 날 저녁에 친구들과 한잔할 생각으로 시장에 갔다가 친구들이 나오지 않자, 대신 카바를 도는 '타와프'를 수행하기로 마음먹었다. 하람에는 아무도 없고 오직 무함마드만이 카바 가까이에 서서 홀로 조용히 쿠란을 암송하고 있었다. 우마르는 암송을 듣고 싶다는 생각이 들어 성소를 덮은 다마스크 직물 아래로 들어가서 살금살금 다가가 무함마드 바로 앞에 섰다. 나중에 우마르는 이렇게 말했다. "우리 사이에 카바를 덮은 직물 외에는 아무것도 없었다." 그 직물을 제외하고 우마르의 모든 방어막은 허물어졌다. 그때 쿠란이 능력을 발휘했다. "쿠란을 듣고는 마음이 평온해졌고 나는 울었다. 그리고 이슬람이 내 안으로 들어왔다."[68] 우마르의 개종은 무함마드 반대파에게 큰 타격을 입혔지만, 우마르는 자신의 씨족에게 보호받았기에 우마르를 건드릴 수는 없었다.

아부 자흘은 이제 하심 씨족과 알-무탈리브 씨족에 대한 거부령을 내렸다. 아무도 그들 가문과 혼인하거나 거래할 수 없었고, 심지어 그들에게 음식을 팔 수도 없었다. 하심 씨족과 알-무탈리브 씨족 구성원은 이슬람 신앙과 상관없이 모두 아부 탈리브가 사는 거리로 들어갔고 그곳은 빈민가처럼 되었다. 무함마드 가족이 들어가자 아부 라하브의 가족은 그곳에서 나와 압드 샴스 씨족의 구역에 거처를 마련했다. 이 거부령의 목적은 두 씨족을 굶겨 죽이려는 것이 아니라, 부족과 함께 행동하지 않는 것의 결과를 절실히 느끼게 하려는 것이었다. 무함마드가 메카의 종교 생활에서 떨어져 나가겠다면 메카의 경제에서도 이익을 볼 수 없게 하겠다는 뜻이었다.[69] 거부령은 3년 후에 종식되었다. 특히 하심 씨족이나 알-무탈리브 씨족에 친척이 있고 양심상 그들이 굶주리게 놔둘 수 없었던 사람들 사이에서는 거부령에 대한 평판이 좋지 않았다. 아부 바크르와 우마르처럼 거부 대상인 두 씨족에 속하지 않은 무슬림은 할 수 있을 때마다 물자를 보냈다. 메카의 어떤 사람은 낙타에 물자를 실어서 어두운 밤에 아부 탈리브가 사는 거리로 끌고 간 후 낙타 엉덩이를 찰싹 때려 그쪽 사람들에게 넘겨 보내는 일을 정기적으로 했다. 한번은 카디자의 조카가 밀가루 한 포대를 들고 아부 탈리브의 거리로 가고 있는데 아부 자흘이 그를 불러 세워 심한 말다툼이 벌어졌다. 그때 다른 쿠라이시족 사람 한 명이 말다툼에 끼어들어 어떻게 자기 고모에게 음식을 가져다주는 걸 막을 수 있냐고 따지면서 낙타의 턱으로 아부 자흘을 때려 눕혔다.

이 거부령이 진행되는 동안 쿠란은 무슬림들에게 다음과 같은 사실을 상기시켰다. 요셉, 노아, 요나, 모세, 예수 등 다른 예언자들도 사람들에게 행동을 바로잡으라고 경고했으며, 사람들이 거부하자 그들 사회는 무너졌다. 그 이유는 사람들이 우주의 근본 원리를 따라 행동하지 않았기 때문이다.[70] 동물, 물고기, 식물은 본능적으로 그러한 기본 법칙에 순응하기에 타고난 무슬림이지만, 그들과 달리 인간에게는 자유 의지가 있다.[71] 약자를 억압하고 부를 가난한 이들과 공평하게 나누기를 거부하는 것은 신의 법칙을 깨는 것이며 마치 물고기가 물 없는 육지에서 살고자 하는 것처럼 부자연스럽다. 엄청난 재난 발생이 필연적이었다. 그러나 쿠란은 무슬림들에게 인내하며 이러한 상황을 적에 대한 개인적 복수의 기회로 삼지 말라고 계속해서 촉구했다.

쿠라이시족 중에도 평화를 원하는 이들이 있었다. 거부령 시행 직후에, 나이가 지긋하여 무함마드와 개인적으로 갈등을 빚지 않을 어느 원로 장로가 이끄는 소규모 대표단이 무함마드를 방문했다. 대표단의 장로는 타협안을 내놓았다. 메카 전체가 한 해는 알라를 숭배하고, 그다음 해에는 다른 신들을 숭배하자는 제안이었다. 하지만 무함마드는 이 제안을 받아들일 수 없었다. 대신 '알-카피룬'(al-Kafirun, 불신자들) 수라가 평화로운 공존을 제안했다.

불신자들에게 일러 가로되(kafirun)
너희가 숭배하는 것을 내가 숭배하지 아니하며
내가 경배하는 분을 너희가 경배하지 아니하고
너희가 숭배했던 것들을 내가 숭배하지 아니할 것이며
내가 경배한 그분을 너희가 경배하지 않을 것이니
너희에게는 너희의 종교(din)가 있고 나에게는 나의 종교가 있을 뿐이라.[72]

사람들은 각자 숭배 대상이 다르다. "종교에는 강요가 없나니!"(la ikra fi'l-din!) 종교에는 강요가 없어야만 한다.[73] '딘' (din)은 "심판"을 의미했지만 "종교", "삶의 방식", "도덕 법칙"을 뜻하기도 했다. 개인은 각자 자기만의 '딘'을 가지고 있으며, 억지로 강요할 필요가 없었다.

결국 혈연의 정이 거부령을 끝냈다. 쿠라이시족 지배층 중에서 하심 씨족과 알-무탈리브 씨족에 친척이 있는 4개 씨족이 거부령 종식을 엄숙하게 요청했고, 아부 자홀이 격렬히 항의했지만 다른 씨족장들도 이에 동의했다. 이슬람 공동체는 크게 기뻐했을 것이다. 이 소식을 듣고 아비시니아로 몸을 피했던 무슬림 중 일부는 최악의 상황이 끝났다고 믿고 고향에 돌아왔다. 그러나 지나치게 낙관적인 생각이었다. 619년 초에 카디자가 세상을 떠났다. 나이도 들었지만 먹을 것이 부족하여 건강이 돌이킬 수 없이 나빠졌을 것이다. 카디자는 무함마드의 가장 가까운 동반자였다. 어느 누구도, 아부 바크르나 열정 넘치는 우마르도, 무함마드에게 카디자만큼 따뜻한 지원을 해줄 수는 없을 것이다. 초기 전기 저자들은 619년을 무함마드의 "슬픔의 해"라고 불렀다. 얼마 후에 일어난 두 번째 죽음의 영향력은 더 광범위했다. 아부 탈리브는 재정적으로 파산한 데다가 거부령 때문에 몸도 쇠약해졌을 것이다. 그해 말에 아부 탈리브가 병에 걸려 세상을 떠났다. 그리고 아부 라하브가 하심 씨족의 새로운 수장이 되었다.

3장

히즈라

추방당한 예언자

무함마드는 그야말로 전례가 없는 일을 감행하고 있었다.
'히즈라'(이주)는 단지 거주지를 바꾸는 일이 아니었다.
무슬림들은 친족을 버리고 낯선 이들의
영구적 보호를 받아들이려고 했다. 이 충격적인 이주는
그들의 새로운 정체성의 핵심이 되었다.

모든 메카 사람들이 이제 무함마드가 새로이 취약한 상황에 놓였다는 사실을 바로 알아차렸다. 아부 라하브는 무함마드를 버리지는 않았다. 씨족장은 씨족의 모든 구성원을 보호해야 한다는 기대를 받기에 만약 취임 초부터 그러한 의무를 제대로 해내지 못하면 힘이 약하다는 신호가 될 것이었다. 그러나 아부 라하브가 마지못해 무함마드를 보호한다는 사실은 명백했다. 무함마드의 이웃들은 양의 자궁으로 역겨운 장난을 쳤다. 기도하는 무함마드를 향해 그것을 던져 맞히기도 했고, 한번은 무함마드 가족의 요리 솥에 집어넣기도 했다. 어느 날 무함마드가 거리를 걸어가는데 한 쿠라이시족 젊은이가 무함마드에게 오물을 던졌다. 무함마드의 딸 파티마가 이 모습을 보고 눈물을 쏟았다. "울지 마라, 내 딸아." 무함마드는 아버지의 옷을 닦으려는 파티마를 부드럽게 안심시켰다. "신께서 네 아버지를 보호해주실 것이다." 하지만 침울하게 혼잣말을 중얼거렸다. "아부 탈리브 삼촌이 살아 계셨을 때는 쿠라이시족 사람들이 결코 나를 이렇게 대하진 않았지."[1]

무함마드의 취약한 상황은 더 취약한 처지에 놓인 일부 무슬림에게도 영향을 끼쳤을 것이다. 예를 들어 아부 바크르는 거부령 때문에 거의 몰락할 지경에 처했다. 아부 바크르는 주마 씨족의 구역에 살았는데, 주마 씨족 수장은 아비시니아인 노예 빌랄을 뙤약볕 아래 묶어놓곤 했던 비대한 몸집의 움마야 이븐 칼라프였다. 거부령이 시작되자 움마야는 아부 바크르에게도 똑같은 짓을 해도 되겠다고 생각하여 아부 바크르를 어린 사촌과 함께 뜨거운 열기 아래 수치스러운 모습으로 묶어놓고 갈증과 고통을 겪게 했다. 아부 바크르가 속한 타임 씨족은 힘이 너무 약해 그들을 지켜주지 못했다. 아부 바크르는 메카에는 자신의 미래가 없음을 깨닫고 아비시니아에 있는 무슬림 이주민 공동체에 합류하기 위해 출발했다. 하지만 도중에 쿠라이시족의 베두인 동맹자인 이븐 두군나를 만났다. 이븐 두군나는 아부 바크르가 겪은 이야기를 듣고 경악했다. 이븐 두군나는 아부 바크르에게 메카로 돌아가자고 설득했고, 자신이 직접 아부 바크르의 공식적인 보호자가 되었다. 쿠라이시족 지배층은 이븐 두군나와 관계를 좋게 유지하고 싶었기에 보호 약정에 동의했지만, 대신 아부 바크르가 대중 앞에서 기도하거나 쿠란을 암송하지 않게 해 달라고 이븐 두군나에게 요청했다. 그들은 아부 바크르가 인기 있고 카리스마가 넘쳐서 젊은이들을 공식 종교에서 멀어지게 할 거라고 설명했다. 그래서 아부 바크르는 자신의 집 앞에 엎드려 기도하는 장소인 작은 '마스지드'(masjid)를 만들어놓고 혼자서 예배를 드렸다.

그러나 상황은 분명히 만족스럽지 않았다. 무함마드는 타이프의 살기 좋고 비옥한 오아시스 지역에서 새로운 보호자를 찾으려 했지만 헛된 노력에 불과했고 오히려 절망적인 현실만 여실히 드러났다. 타키프족은 무함마드가 그들의 여신 알-라트를 거부한 데 극심한 불쾌감을 품고 있었다. 무함마드는 타키프족 지도자 3명을 방문하여 자신의 종교를 받아들이고 자신에게 보호를 베풀어주기를 요청했지만, 그들은 무함마드가 뻔뻔스럽다고 격분하여 노예들을 시켜 무함마드를 길거리까지 쫓아가게 했다. 무함마드는 타이프에 여름 별장을 소유하고 있던, 메카 카피룬의 우두머리인 우트바 이븐 라비아의 정원으로 뛰어들어 겨우 몸을 피할 수 있었다. 우트바와 그의 형제 샤이바는 무함마드의 치욕스러운 도주 광경을 목격했지만 같은 부족 사람을 타키프족에게 넘겨주고 싶지는 않았다. 그래서 무함마드의 소재를 타키프족에게 알리지 않고, 노예를 통해 무함마드에게 포도 한 접시를 가져다주었다.

불명예스럽게 나무 뒤에 웅크려 있던 무함마드는 거의 절망에 빠졌다. 아랍인들은 위기가 닥치면 신이나 진에게 "의탁"

하는 것이 관습이었고, 그래서 지금 무함마드는 알라에게 자기를 맡겼다.

오 신이여, 저는 어찌 이리도 약하고, 능력이 부족하고, 사람들 앞에 한없이 작을까요. 오 가장 자비로우신 분이여, 주께서는 약한 자들의 주님이시며 저의 주님이십니다. 누구에게 저를 맡기시렵니까? 저를 괴롭힐 멀리 있는 자에게요? 저를 지배할 힘을 내리신 적에게요? 저에게 화가 나신 게 아니라면, 저는 상관없습니다. 제게는 주님의 은혜가 더 광대합니다. 주님의 분노가 제게 내리지 않도록, 저는 어둠을 밝히고 이 세상과 다음 세상의 질서를 바로잡는 주님의 빛 안에 의탁합니다. 이는 주님께서 기뻐하실 때까지 주님을 만족케 하기 위함입니다. 오로지 주님께만 힘과 능력이 있습니다.[2]

이븐 이샤크가 무함마드의 마음 상태에 관해 이토록 내밀하게 서술하는 경우는 흔치 않다. 이는 영적 진리의 순간을 보여준다. 이 '이슬람' 행위에서 무함마드는 알라 외에는 자신에게 안전도 진정한 보호자도 없다는 사실을 이전 어느 때보다 더 확실하게 깨달았다.

신은 예언자의 기도에 응답한 것 같았다. 무함마드가 말을 마치자마자 우트바의 노예 소년 아다스가 포도를 들고 도착한 것이다. 아다스는 기독교인이었다. 무함마드는 아다스가 예언자 요나의 도시 니네베 출신이라는 사실을 알고 매우 기뻐했다. 무함마드는 아다스에게 자신도 예언자이니 요나는 형제라고 말했다. 아다스는 크게 감동받아서, 그들을 지켜보던 우트바는 불편했겠지만, 무함마드의 머리와 손과 발에 입을 맞추었다. '책의 민족' 사람과의 예상치 못한 만남으로 무함마드의 고립감은 줄어들었다. 비록 아랍인들이 자신을 거부하더라도 아라비아 바깥 넓은 세상에는 자신의 사명을 이해해줄 수많은 숭배자들이 있다는 생각이 들었다. 집으로 돌아오는 길에는 기운이 났고, 나클라의 작은 오아시스에 멈춰서 기도를 했다. 그곳에서 한 무리의 "보이지 않는 존재"(진)들이 무함마드가 기도하는 소리를 들었다. '진'이라는 단어는 아라비아의 변덕스러운 요정만 가리키는 것이 아니라 지금까지 보이지 않았던 "낯선 사람"을 지칭하는 데에도 사용되었다. 쿠란은 나클라에서 보이지 않는 곳에 숨어 무함마드의 암송을 들었던 그 여행자들이 유대인이었을 수 있다고 간접적으로 암시한다. 그들은 아랍어 경전의 아름다움과 절묘함에 넋이 나가서 고향에 돌아가 사람들에게 토라의 진리를 확증하고 인간을 바른 길로 인도하는 "모세 이후에 높은 데서 내려진 계시"를 들었다고 말했다.[3]

무함마드의 지평은 확장되기 시작했다. 이전까지는 자신이 그저 자기 부족의 "경고자"(나디르)로 보내졌고 이슬람은 오직 메카 사람들만을 위한 종교라고 믿었다. 그러나 이제 그는 더 멀리 눈길을 돌려 오래전에 계시를 받았던 '책의 민족'까지 바라보기 시작했다. 하지만 이렇게 자신감을 얻긴 했어도 당장 상황은 절망적이었다. 타이프에서 지원을 얻으려 한 사실을 카피룬이 알게 된다면 자신의 지위는 훨씬 더 위태로워질 것이기에, 무함마드는 메카에 들어가기 전에 족장 3명에게 보호를 요청하는 전갈을 보냈다. 둘은 거부했지만 거부령 종식 운동을 벌였던 나우팔 족장 무팀은 무함마드를 보호하겠다고 약속했다. 무함마드는 집으로 돌아올 수 있었다. 그러나 이것은 장기적인 해결책이 될 수 없었다. 어떻게 하든 무함마드는 쿠라이시족을 개종시켜야 했다. 619년에 무함마드는 '하즈'에 정점에 이르는 교역 시장에 참가한 순례자와 상인 들에게 설교하기 시작했다. 어쩌면 무함마드도 아부 바크르처럼 베두인 보호자를 발견하여 베두인 동맹자의 존중을 받는 모습을 쿠라이시족 지배층이 본다면, 쿠라이시족도 무함마드를 받아들일지 모른다. 그러나 베두인 순례자들은 적대감을 보이고 모욕을 가했다. 그들은 복종과 겸손을 설교하는 종교를 원하지 않았다. 무함마드는 막다른 골목에 다다른 기분이었을 것이다. 무함마드는 여전히 카디자의 죽음을 슬퍼하고 있었으며, 메카에서의 위치는 절망적일 정도로 위태로웠고, 7년 동안 설교했지만 실질적인 진전을 이루지 못하고 있었다. 하지만 이런 최악의 상황에서 그는 개인적으로는 생애 가장 신비로운 체험을 하게 된다.

무함마드는 하람 근처에 사는 사촌의 집을 방문했다가, 원래 카바 옆에서 기도하는 걸 좋아했기에 그날 밤도 그렇게 하기로 했다. 무함마드는 기도를 하다가 이스마엘과 하갈의 무덤이 있는 성소 북서쪽에 밀폐된 공간에서 잠시 잠을 잤다. 그러다 가브리엘에 의해 잠에서 깨어나 기적처럼 유대인과 기독교인의 거룩한 도시 예루살렘으로 옮겨진 것 같았다. 이 경험이 다음과 같은 쿠란의 모호한 구절로 기록되었는지도 모른다.

> 하느님의 종을 밤중에
> 하람 사원에서(al masjid alharam)
> 아크사 사원으로(al-masjid alaqsa)
> 밤 하늘 여행을 시킨
> 그분께 영광이 있으소서.
> 그곳은 하느님이 축복을 내린 이웃으로
> 하느님의 일부 표적(ayat)들을 보여주고자 함이라.[4]

예루살렘이라는 이름은 언급되지 않지만 전해 오는 바에 따르면 "아크사 사원"*은 '책의 민족' 즉 유대인과 기독교인의 거룩한 도시 예루살렘과 연관된다. 역사가 타바리의 기록에 따르면, 무함마드는 동료들에게 자신이 한번은 천사 가브리엘과 미카엘에게 이끌려 자신의 "아버지들"인 아담(첫 번째 하늘에서)과 아브라함(일곱 번째 하늘에서)을 만났으며 또한 자신의 "형제들"인 예수, 에녹, 아론, 모세, 요셉을 보았다고 말했다.[5] 쿠란은 또한 무함마드가 인간 지식의 한계를 나타내는 "시드라나무" 옆에서 신성한 광경을 보았다고 했다.

> 실로 그는 다시 한번 그를 보았으니
> 마지막 시드라나무 옆에 있었더라.
> 그곳 가까이에는 영주할 천국이 있으니
> 보라 시드라나무가 가려지매
> 그의 시선은 흩어지지 아니하고 한계를 넘지도 않더라.
> 실로 그는 가장 위대한 하느님의 예증들을 보았노라.[6]

쿠란은 그 신성한 광경에 대해서 말을 아낀다. 무함마드는 오직 신의 징표와 상징만을 보았을 뿐 신의 실재를 본 것은 아니었다. 후대의 신비주의자들은 무함마드가 신성한 본질을 보

---

* 쿠란의 영어 번역본에서는 '멀리 있는 숭배의 집'이라는 표현을 쓴다.

는 동시에 보지 못한 초월적 통찰력의 역설을 강조했다.

나중에 무슬림들은 이 단편적인 언급들을 연결하여 일관된 이야기를 만들기 시작했다. 아마도 일곱 하늘을 지나 신의 보좌로 올라간다는 유대교 신비주의자들의 이야기에서 영향을 받아, 무슬림들은 예언자가 그와 비슷한 영적 여행을 하는 모습을 상상했다. 이 "밤 여행"(이스라'isra)에 관한 최초의 설명은 8세기에 이븐 이샤크가 저술한 전기에서 발견된다. 이 확장된 이야기에서 가브리엘은 예언자 무함마드를 천상의 말에 태워 함께 밤하늘을 날아 예루살렘으로 가서 고대 유대교 사원, 쿠란에서 말하는 "멀리 있는 집"에서 말을 내렸다. 그곳에서 그들은 아브라함, 모세, 예수, 그리고 과거의 모든 위대한 예언자들의 환영을 받았다. 그들은 무함마드를 예언자로서 따뜻이 맞아들이고 무함마드에게 설교를 청했다. 그 후 예언자들은 모두 함께 기도했다. 그리고 사다리가 나타나 무함마드와 가브리엘은 일곱 하늘 중 첫 번째 하늘로 올라가 신의 보좌를 향해 나아가기 시작했다. 각 단계마다 무함마드는 위대한 예언자를 만나 이야기를 나눴다. 아담은 첫째 하늘을 관장하며 그곳에서 무함마드는 지옥의 광경을 보았다. 예수와 세례 요한은 둘째 하늘에 있었다. 요셉은 셋째 하늘, 에녹은 넷째 하늘, 모세와 아론은 다섯째 하늘과 여섯째 하늘에 있었고, 마지막으로 무함마드는 일곱째 하늘, 신의 영역 입구에서 아브라함을 만났다.

대부분의 저자는 마지막 광경인 신의 모습을 경건하고 모호하게 남겨 둔다. 말이 도달할 수 없는 영역이며 말로 표현할 수 없기 때문이다. 무함마드는 세속 지식의 경계인 시드라나무를 지나며 일반적인 인간의 관념을 버려야 했다. 가브리엘조차 여정의 마지막 단계에는 함께할 수 없었다. 무함마드는 신에게 몰두하기 위해 모든 이를 남겨 두고, 나중에 신비주의자들의 주장에 따르면 자기 자신마저 남겨 두고 떠나야 했다. 밤 여행과 승천 이야기는 한 번 일어난 사건이지만 어떤 면에서는 언제나 일어나는 사건이기도 하다. 그것은 존재의 근원으로 돌아가는 의미를 지니기도 하는 자기 자신을 내어줌, 즉 완벽한 이슬람 행위를 상징한다. 이 이야기는 이슬람 영성의 모범이 되었으며 모든 인간이 선입견, 편견, 이기주의의 한계에서 벗어나 가야 할 길을 제시했다.

무함마드가 본 광경은 쿠란의 계시로 이어지지 않았다. 그것은 예언자 개인의 경험이었다. 하지만 초기 전기 저자들이 이 이야기를 무함마드 인생에서 바로 이 특정한 시기에 배치함으로써 이 이야기는 당시 외부 사건들 아래에 깊이 숨겨져 있던 의미에 관한 훌륭한 해설이 된다. 무함마드는 자신이 거의 통제할 수 없는 상황에 의해 메카와 자신에게 소중하고 친숙했던 모든 것을 적어도 얼마 동안은 떠날 수밖에 없는 상황

에 놓여 있었다. 자신이 원래 예상했던 것 이상으로 나아가야
했고, 그 시대에 받아들여지던 생각을 초월해야 했다. 전통적
인 아랍 송시에서 시인은 대체로 잃어버린 사랑에 대한 "회
상"인 '디크르'로 시를 시작했다. 여기서 시인의 잃어버린 연
인은 그녀의 부족과 함께 여행하며 시인에게서 점점 더 멀어
진다. 시인은 시의 그 다음 부분에서 향수 어린 몽상에서 벗
어나 홀로 낙타를 타고 스텝을 가로지르는 "밤 여행"을 떠난
다. 자신의 죽음과 맞서야 하는 두려운 여행이다. 마침내 시인
은 자신의 부족과 재회한다. 시의 마지막 부분에서 시인은 자
기 부족 사람들의 영웅적인 가치, 전투에서의 용맹, 부족의 생
존을 위협하는 모든 낯선 자들과의 끊임없는 전쟁을 자랑스
럽게 뽐낸다.[7] 무함마드가 겪은 밤 여행에서는 이러한 옛 '무
루와' 가치가 전복되었다. 자기 부족에게 돌아가는 대신, 예언
자는 부족에게서 멀리 떨어진 예루살렘으로 여행을 했다. '자
힐리야'의 오만한 부족 우월주의로 자신의 부족 정체성을 주
장하는 대신, 무함마드는 자신의 자아를 포기하고 맡겼다. 싸
움과 전쟁에 환호하는 대신, 무함마드의 여행은 조화, 혈통 초
월, 나머지 인류와의 통합을 찬양했다.

밤 여행 이야기는 자신들이 신의 계획에 포함되지 않았다고
느끼던 헤자즈 지역 아랍인들을 일신교 전통의 품으로 끌어들
이고자 하는 무함마드의 바람을 보여준다. 이것은 다원론적

이야기다. 무함마드는 '자힐리야'의 자멸적 오만함과 폭력으로 변질되고 타락한 메카의 이교도 다원론은 버렸지만, 일신교적 다원론은 포용하기 시작했다. 예루살렘에서 무함마드는 신이 세상 모든 부족에게 보낸 모든 예언자가 "형제"임을 발견했다. 무함마드보다 먼저 세상에 왔던 예언자들은 무함마드를 무시하지 않고 예언자의 일원으로 맞아들인다. 예언자들은 서로 헐뜯거나 개종시키려 하지 않으며 서로의 통찰에 귀를 기울인다. 그들은 새로운 예언자에게 설교를 요청했으며, 이 이야기의 어떤 판본에서는 무함마드가 모세에게 무슬림의 기도 횟수에 관해 조언을 구하기도 한다. 원래 신은 하루 50회의 '살라트'를 원했지만, 모세는 규정된 기도 횟수가 5회로 줄어들 때까지 계속해서 무함마드를 신에게 돌려보냈다.(모세는 5회도 많다고 보았다.)[8] 이슬람 영성의 원형적 신화 속에 다른 전통에 대한 이 같은 이해와 공감이 포함되어 있다는 사실은 초기 이슬람에서 이러한 일신교적 다원론이 얼마나 중심적인 역할을 했는지를 보여준다.

이 시점부터 쿠란은 이처럼 다른 전통들과 공유하는 비전을 강조하기 시작했다. 다음과 같은 주목할 만한 구절에서 알라는 독실한 신자라면 신의 말씀을 전하는 모든 예언자의 계시를 차별 없이 믿어야만 한다고 분명히 밝힌다.

(3:84)

우리는 하느님을 믿고 우리에게 내려진 계시와 아브라함과 이스마엘과 이삭과 야곱과 그 자손들에게 내려진 율법을 믿으며 모세와 예수와 예언자들에게 내려진 율법을 믿으며 예언자들을 구별하지 아니하며 하느님만을 믿노라.

(2:136)

이렇게 말해보라. 우리는 하느님을 믿고 우리에게 계시된 것과 아브라함과 이스마엘과 이삭과 야곱과 그리고 그 자손들에게 계시된 것과 모세와 예수가 계시받은 것과 선지자들이 그들의 주님으로부터 계시받은 것을 믿나이다. 우리는 그들 중 어느 누구도 차별하지 아니하며 오직 그분에게만 순종할 따름이라 (lahu muslimun).[9]

모세와 예수를 경외하지 않는다면 무슬림이 될 수 없다. 진정한 믿음은 기존 신앙이 아니라 신에게 자신을 완전히 내어줄 것을 요구했다. 사실 오직 하나의 전통에만 배타적으로 충성하는 것은 '쉬르크'(shirk), 즉 인간의 제도를 신과 동등한 수준에 놓는 우상 숭배가 될 수 있었다. 위 구절은 쿠란에서 "이슬람"과 "무슬림"이라는 단어를 강조하는 첫 번째 구절 중 하나이다. 두 단어 모두 "자신을 완전히 다른 누군가의 의지에

맡기다"라는 뜻의 동사 '아슬라마'(aslama)에서 파생했다.[10]
위 구절은 다음 구절로 이어진다.

이슬람(신에게 자신을 내어줌) 외에 다른 종교를 추구하는 자
결코 수락되지 않을 것이니 내세에서 패망자 가운데 있게 되리
라.[11]

이 구절은 이슬람이야말로 진정한 신앙이며 오직 무슬림만
이 구원받을 거라고 쿠란이 주장한다는 사실을 "증명"하기 위
해 자주 인용된다. 그러나 "이슬람"은 아직 무함마드가 이끄
는 종교의 공식 명칭이 아니었으며, 다원론의 맥락에서 정확
히 읽는다면 명확하게 정반대의 의미임이 분명하다.

쿠란은 계시가 한 예언자에게서 다른 예언자에게로 전해지
는 모습을 보여준다. 메시지는 연속성을 지닌 이야기로 아브
라함에게서 이스마엘과 이삭에게, 그리고 모세 등으로 전해진
다. 쿠란은 간단히 말하면 그 이전 경전들의 "확증"이며,[12] 토
라, 복음서, 쿠란은 간단히 말하면 신이 연속적으로 스스로를
드러내는 과정 속의 순간들이다. "믿음을 가진 신앙인들과 유
대인과 사비 사람들*과 기독교인들이 하느님과 내세를 믿고
선행을 실천할 때 그들에게는 두려움과 슬픔이 없노라."[13] 모
든 사람을 무슬림 움마(공동체)에 억지로 집어넣을 생각은 없

었다. 계시를 받은 각각의 전통에는 고유한 '딘'과 관습, 사상이 있었다. "하느님은 너희 각자에게 [다른] 율법을 주었나니" 신은 무함마드에게 말했다.

하느님의 뜻이라면 너희에게 공동체를 형성케 하려 함이라. 그러나 그분은 그것으로 너희를 시험하려 함이니 [너희를 단일 공동체로 만들 수도 있었으나 너희를 시험하기 위해 그렇게 하지 않았으니] 선행에 경주하라. 너희의 모든 것은 하느님께로 귀의하며 너희가 달리하고 있는 것에 대하여 밝혀주시리라.[14]

신은 어느 한 전통의 전유물이 아니며, 오히려 모든 인간 지식의 원천이었다. "하느님은 하늘과 땅의 빛이라…" 쿠란에서 가장 신비로운 구절 중 하나인 다음 구절에서 알라는 설명했다. 신성한 빛은 어느 한 등잔에만 국한되지 않고 모든 등잔에 깃들어 있는 공통의 빛이었다.

하느님은 하늘과 땅의 빛이라 그 빛을 비유(아야ayah)하사 벽 위의 등잔과 같은 것으로 그 안에 등불이 있으며, 그 등불은

---

* '사비 사람들'이란 아라비아 반도 남부(현재 예멘)에 거주하던 일신교 종파로 생각된다. 다만 일부 주석가는 쿠란이 이 부분에서 페르시아 제국의 조로아스터교인들을 지칭하는 것으로 믿는다. - 저자 주

유리 안에 있노라. 그 유리는 축복받은 올리브 기름으로 별처럼 밝게 빛이 나니라. 그것은 동쪽에 있는 나무도 아니요, 서쪽에 있는 나무도 아니라. 그 기름은 불이 닿지도 아니하나 더욱 빛나 빛 위에 빛을 더하노라.[15]

올리브 나무는 계시의 연속성을 의미한다. 계시는 한 뿌리에서 나왔지만 수없이 다양한 종교적 체험으로 분기되며, 이처럼 다양한 종교적 체험은 단일한 신앙이나 지역에 국한될 수 없고 동쪽에 있는 것도 서쪽에 있는 것도 아니다.

메카에서 무함마드의 위치는 여전히 위험할 정도로 불안정했다. 620년 '하즈' 기간에 무함마드는 다시 한 번 미나 계곡에서 야영하는 순례자들을 찾아가, 지원과 보호를 이끌어내겠다는 희망을 품고 천막을 하나하나 돌아다녔다. 이번에는 완전히 외면받지 않고, 아카바 계곡에서 야영하던 야트리브 출신 아랍인 일행 6명을 만났다. 평소처럼 무함마드는 그들과 함께 앉아 자신의 사명을 설명하고 쿠란을 암송했다. 그런데 이번에는 이 순례자들이 귀를 기울이고 큰 흥미를 느끼는 것을 눈치챘다. 무함마드가 암송을 마치자, 그들은 서로 돌아보며 이 사람이 바로 야트리브의 유대인과 하니프 이웃들이 기대하는 그 예언자가 분명하다고 말했다. 만약 무함마드가 정말로 알라의 말을 전하는 사람이라면, 도저히 해결할 방도가 없어 보이는 야트리브의 문제를 해결할 바로 그 사람일 것이다.

야트리브는 메카 같은 도시가 아니라 여러 부족이 각각 견고한 요새를 갖추어 살아가는 일련의 작은 마을들로 이루어져 있었다.[16] 정착지는 화산암과 경작할 수 없는 자갈땅에 섬처럼 둘러싸인 약 50제곱킬로미터 넓이의 비옥한 오아시스 내에 있었다. 주민 일부는 교역에 종사했지만 대다수는 대추야자, 야자나무 과수원, 곡식 경작으로 생계를 꾸리는 농부였다. 쿠라이시족과 달리, 이들은 상업에 전적으로 의존하지 않았고 불행하게도 다른 부족에 대한 뿌리 깊은 적대감을 포함해 옛 베두인족의 가치를 더 많이 간직하고 있었다. 그 결과 오아시스 지역은 멈출 수 없을 것처럼 보이는 전쟁의 물결에 휩쓸리게 되었다. 이 지역은 원래 유대인 정착민들이 개척하여 경작하기 시작했고, 6세기쯤에는 유대인 부족이 약 20개 정도 있었다.[17] 그 부족민 중 다수는 유대교로 동화된 아랍인이었을 것이다. 그들은 자신들만의 종교적 정체성을 지녔지만, 그 외에는 이교도 이웃들과 거의 구분할 수 없었다. 씨족과 부족에 대한 충성심이 최우선 순위였으며 통합된 "유대인 공동체"는 없었다. 유대인 부족들은 제각기 아랍인 집단과 동맹을 맺었고 종종 서로 전쟁을 벌였다. 유대인 부족들은 대추야자 농사로 부유해졌지만 보석 세공과 무기 제조에 능한 장인이기도 했다. 가장 규모가 큰 다섯 유대인 씨족인 살라바, 후들, 쿠라이자, 나디르, 카이누카는 그들이 개척한 경제를 거의 완전히 독점했고, 특히 카이누카족은 야트리브에 하나밖에 없는 시장을 장악하고 있었다.

그런데 6세기 중에 '바니 카일라'라는 아랍 부족이 아라비아 반도 남부에서 이주해 와서 이곳 오아시스에 정착했다. 정착 후 이들은 아우스와 카즈라즈라는 별개의 두 씨족을 형성했고 결국에는 두 개의 부족이 되었다. 이들 아랍 부족은 점차 자기들 땅을 획득하고 요새를 구축하여, 7세기 초에는 유대인들보다 조금 더 우월한 위치로 올라섰다. 하지만 자원을 둘러싼 피할 수 없는 경쟁에도 불구하고 유대인과 이교도는 공존할 수 있었다. 유대인들은 대추야자 운송을 위해 아랍인을 고용했고, 아랍인들은 유대인의 기술과 전통을 존중했다. 아랍인들은 유대인들을 "고귀한 혈통과 재산을 가진 사람들"로 보면서, "반면에 우리는 야자나무도 포도밭도 없고 그저 양과 낙타만 있는 아랍 부족"이라고 여겼다.[18]

그러나 '하즈' 순례자들이 무함마드와 만난 620년에는 상황이 나빠져 있었다. 뿌리 깊은 부족 간 경쟁이 표면화하며 아우스와 카즈라즈는 서로 피를 흘리며 대립했다. 유대인 씨족들도 아랍 부족 간 싸움에 얽혀들어, 나디르와 쿠라이자는 아우스를 지원하고 카이누카는 카즈라즈와 동맹을 맺었다. 617년에는 교착 상태에 빠져서 어느 쪽도 우위를 점할 수 없었다. 모두가 폭력에 지쳐 있었다. 그러다 어느 중요한 시점에 카즈라즈족의 씨족장 중 한 명인 압둘라 이븐 우바이가 전쟁에서 한 발짝 물러나며 공정한 인물이라는 명성을 얻었다. 이븐 우바이를 질서 유지를 이끄는 왕이나 최고 수장으로 세우자고 하는 이들도 있었다. 하지만 아랍인들은 군주제를 매우 싫어했으며, 군주제를 지향하는 실험은 아라비아 반도 내에서 한 번도 성공한 적이 없었다. 아우스족은 당연히 카즈라즈족 구성원인 이븐 우바이에게 통솔권을 넘기는 것을 꺼렸고, 카즈라즈족의 다른 씨족장들도 마찬가지로 자신들의 권력을 이븐 우바이에게 양도하는 것을 꺼렸다.

여섯 순례자는 무함마드가 알라의 대변인으로서, 이븐 우바이보다 훨씬 더 도움이 되는 중재자(하캄hakam)가 될 것임을 즉시 깨달았다. 이들에게 무함마드의 종교적 메시지는 아무런 문제가 없었다. 야트리브의 아랍인들은 이미 일신교 쪽으로 옮겨 가고 있었기 때문이다. 아우스족과 카즈라즈족은 자기들만의 경전이 없었기에 유대인들에게 오랫동안 열등감을 느껴 왔다. 그래서 무함마드와 만난 순례자들은 신이 마침내 아랍인들에게도 예언자를 보냈다는 말을 듣고 가슴이 벅차올랐다. 순례자들은 큰 희망을 품고 그 자리에서 격식을 차려 신에게 자신을 내어주었다. "우리 부족들만큼 증오와 원한으로 분열된 부족도 없기에 우리는 우리 부족 사람들을 떠났습니다. 어쩌면 신께서 당신을 통해 그들을 하나로 묶어주실 겁니다. 그러니 우리가 가서 우리 부족 사람들을 당신의 종교로 이끌겠습니다. 만약 신께서 그들을 하나로 묶어주신다면 당신은 그 누구보다도 더 위대한 사람이 될 것입니다."[19] 하지만 이들은 자신들이 오아시스 내에서 영향력이 별로 없다는 점을 인정하며 씨족장들과 현자들과 상의해야 한다고 했다. 무함마드가 힘이 있는 '하캄'이 되려면 폭넓은 지지를 받는 것이 필수였다. 순례자들은 1년 후에 무함마드에게 다시 소식을 알리겠노라 약속했다. 결정적인 순간이었다. 여의치 않은 상황 때문에 무함마드는 어쩔 수 없이 메카 너머를 보아야 했으며, 자신의 부족을 버리고 다른 부족과 평생 함께 살아간다는 놀라운 생각까지 품어야 했다.

무함마드는 야트리브에서 일이 진행되기를 기다리면서 가정에도 변화를 주었다. 무함마드는 부인이 필요했고, 쿠라이시족 아미르 씨족의 수장이며 독실한 이교도인 수하일의 사촌 사우다와 결혼하는 것이 좋겠다는 제안을 받았다. 사우다는 616년에 아비시니아로 이주했던 무슬림 중 한 명과 결혼했으나 남편이 세상을 떠나 과부가 되었다. 사우다에게 무함마드는 딱 알맞은 짝이었다. 아부 바크르 또한 예언자와 더 긴밀한 관계를 맺고 싶어서 무함마드에게 여섯 살 먹은 자신의 딸 아이샤와의 결혼을 제안했다. 아이샤와 무함마드의 공식적인 약혼식에 아이샤는 참석하지 않았다. 나중에 아이샤는 어머니가 자신에게 앞으로는 길거리에서 놀 수 없으며 친구들을 집에 불러서 놀아야만 한다고 설명했을 때 자신의 신분을 처음으로 깨달았다고 회상했다.

무함마드의 하렘*은 서구에서 외설적이고 고약한 추측을 많이 불러일으켰지만 무함마드가 카디자와 함께했던 일부일처 결혼 생활보다 일부다처 결혼이 더 흔했던 아라비아에서, 무함마드가 부인을 여러 명 둔 것은 평범한 일이었을 것이다. 이러한 결혼은 낭만적이거나 성적인 사랑이 아니라 주로 실용적인 목적으로 이루어졌다. 사우다는 젊은 시절이 지나간 어느 정도 수수한 여인이었던 것으로 보이며, 무함마드의 집안일을 돌볼 수 있었다. 무함마드는 계시를 받아들일지 말지 여전히 결정을 내리지 못한 수하일을 개종시키고자 하는 희망도 품었을 것이다. 무함마드와 아이샤의 약혼에도 잘못된 점은 없었다. 당시에는 동맹 체결을 위해 아이샤보다 더 어린 미성년자와 성인 사이에도 종종 당사자 없이 결혼 계약이 이루어지곤

---

* 'harem(하렘)'은 '금지된, 신성한, 불법의' 같은 뜻을 가진 아랍어 '하림(harim)'에서 유래한 말로, 과거 무슬림 사회에서 한 남자의 여러 부인, 또는 부인들의 거처를 뜻한다.

했다. 이러한 관습은 유럽에서도 근대 초까지 계속되었다. 아이샤가 결혼 적령기에 이를 때까지는 실제 결혼 생활이 이루어졌을 가능성이 없으며, 결혼 적령기에 이르러서야 다른 여자들처럼 출가해 결혼 생활을 시작했을 것이다. 무함마드의 결혼에는 대체로 정치적인 목적이 있었다. 무함마드는 친족 관계보다 이념을 기반으로 완전히 다른 종류의 씨족을 만들기 시작했지만, 혈연은 여전히 신성한 가치였고 이 실험적인 공동체를 굳건히 하는 데 도움이 되었다.

621년 '하즈' 기간에 야트리브의 개종자 6명이 다른 7명을 데리고 약속했던 시간에 맞춰 메카에 돌아왔다. 이들은 아카바 계곡에서 다시 무함마드를 만나, 장차 '아카바의 맹약'으로 알려지게 될 서약을 맺었다. 아카바의 맹약에서 이들은 오직 알라만을 숭배하며 도둑질, 거짓말, 영아 살해를 하지 않기로 약속하고, 사회 정의에 관련해 무함마드의 지시에 복종할 것을 서약했다. 이에 대한 보답으로 무함마드는 그들에게 천국을 약속했다.[20] 이 첫 번째 협정에서는 강조점이 종교와 윤리에 찍혀 있었고 아직 정치적인 약속은 없었다. 순례자들은 야트리브로 돌아갈 때 야트리브 사람들에게 새로운 신앙을 가르쳐주기 위해 신뢰받는 무슬림 무사브 이븐 우마이르를 데려갔다.

이는 현명한 선택이었다. 오아시스에서는 부족 간 증오가 극렬했기에, 아우스족과 카즈라즈족은 서로 상대방이 기도를 인도하거나 쿠란을 암송하는 것을 참을 수가 없었다. 따라서 그러한 직무를 중립적인 외부인이 수행하는 것이 중요했다. 처음에 아우스족은 새로운 신앙에 적대적이었지만, 쿠란의 힘이 서서히 그들의 냉담한 마음을 무너뜨렸다. 어느 날 아우스족의 주요한 씨족 족장인 사드 이븐 무아드가 자기 영역에서 무사브 이븐 우마이르가 설교하고 있다는 말을 듣고 경악하여 부관을 보내 무사브를 쫓아내려고 했다. 사드의 부관은 모임을 덮쳐 창을 휘두르며 무사브에게 무슨 배짱으로 약하고 무지한 사람들에게 이런 거짓말을 퍼뜨리느냐고 물었다. 하지만 무사브는 '자힐리'의 분노로 대응하지 않고 부관에게 직접 듣고 판단해보라고 조용히 청했다. 부관은 이 말을 듣고 창을 땅에 꽂고는 앉아서 무사브의 암송을 듣다가 낯빛이 바뀌었다. "이 얼마나 훌륭하고 아름다운 말씀인가!" 부관은 외쳤다. "이 종교에 들어가려면 어떻게 해야 합니까?" 부관은 알라에 대한 믿음을 선포하고 엎드려 기도한 후 족장에게 돌아가 보고했다. 사드는 분노하여 자기 창을 쥐고 성큼성큼 걸어가 직접 무사브와 대면했는데, 그 역시 쿠란에 압도되고 크게 감화하였다. 사드는 씨족 사람들을 불러 모아 자신을 따를 것을 요청했다. 다들 사드의 지도력을 절대적으로 신뢰했기에 씨족 전체가 다 같이 개종했다.[21] 다른 씨족장들도 사드의 극적인 변화 소식을 듣고 무사브를 더 진지하게 받아들이기 시작했다.

얼마 지나지 않아 오아시스 내 거의 모든 가문마다 무슬림이 있게 되었다. 메카에서 무함마드의 설교 사명이 어려움에 처한 주된 이유는 쿠라이시족이 그렇게 평범한 사람이 알라의 예언자가 될 수 있다는 사실을 믿으려 하지 않았기 때문이었다. 그러나 야트리브의 상황은 달랐다.[22] 무함마드는 시장을 돌아다니며 먹고 마시는 평범한 이웃이 아니라, 먼 곳에 있는 신비로운 인물이었다. 다들 그가 와주기를 열렬히 기대하고 있었다. 메카에서 무함마드의 가르침은 메카 경제에 대단히 중요한 하람 숭배를 위협했지만, 야트리브에는 우상이 가득한 성소가 없었다. 그러나 모든 이가 새로운 신앙에 매혹되지는 않았다. 이븐 우바이는 자신의 입지가 약해지는 것을 당연히 두려워했고, 여전히 옛 이교 신앙이나 '하니피야'에 헌신하는 이들도 있었다. 하지만 이 단계에서 반대 목소리는 크게 나오지 않았다. 만약 새로운 예언자가 야트리브의 문제들을 해결할 수 있다면 거기서 물질적 이익이 생길 수도 있을 것이었다. 유대인 부족들도 딱히 무함마드를 의심할 이유는 없었다. 특히 무슬림들이 유대교 예언자들을 존경하고 유대교 관습 일부를 받아들였기에 더 그랬다.

무함마드는 얼마 전에 새로운 관례를 도입했다. 아마도 밤여행을 체험한 결과였겠지만, 무슬림들은 이제 '책의 민족'의 거룩한 도시를 우러러 기도 방향(키블라qiblah)을 예루살렘 쪽으로 향했다. 무함마드는 또한 무사브에게 유대인들이 안식일을 준비하는 금요일 오후에 특별 기도회를 열고, 욤 키푸르*에는 유대인들과 함께 금식하라고 지시했다. 무슬림들은 이제 유대인처럼 한낮에 기도하고 초기 기독교인들이 채택했던 것과 유사한 수정된 유대인의 음식법을 지키게 되었다.[23] 학자들은 무함마드가 야트리브의 유대인들에게 호소하기 위해 이 새로운 예배 방식을 도입했다고 생각했지만, 최근에 이러한 관점에 대한 반론이 나왔다. 유대인들은 그들만의 계시를 받은 '딘'(종교, 삶의 방식, 도덕 법칙)을 가지고 있었으니, 무함마드는 유대인들의 개종을 기대하지 않았을 것이다. 신은 각 공동체마다 고유한 예언자를 둘 것을 명했다.[24] 하지만 무슬림에게 아브라함계 가문의 다른 구성원들과 동일한 방식으로 기도하고 금식하는 것은 자연스러운 일이었다.

622년에 야트리브의 많은 순례자들이 '하즈'를 맞아 길을 떠났다. 이교도도 있었지만, 남자 73명과 여자 2명은 무슬림이었다. 무함마드가 다시 아카바 계곡으로 와서 그들과 인사를 나눴지만, 이번에는 한밤중에 모임이 열렸다. 이때는 위협에 대한 경계심과 다시 돌아올 수 없는 다리를 건넌다는 단호한 결의가 있었다. 쿠란은 쿠라이시족의 "음모"에 관해 이야

---

* 욤 키푸르(Yom Kippur)는 유대교의 '속죄의 날'로 유대인들은 이날 하루 종일 금식하고 죄를 뉘우치며 지낸다.

기한다. 아마 무함마드는 카피룬이 자신을 추방하고 하람에 무슬림의 출입을 금지할 음모를 꾸미고 있다고 믿을 만한 이유가 있었을 것이다.[25] 어찌 됐든 무함마드는 자기 부족을 떠날 실질적인 단계를 밟아 가고 있었다. 이븐 이샤크는 메카를 떠나는 것이 무함마드 쪽에 긍정적인 결정이었다고 주장하지만, 쿠란은 무슬림들이 메카에서 "추방되었다"고 반복해서 이야기한다.[26] 모임은 극비로 진행되었다. 야트리브에서 온 무슬림들은 함께 온 이교도들에게도 이 사실을 말하지 않았다. 혹시라도 이교도들이 무심코 한 말이 쿠라이시족의 귀에 들어갈 수도 있었기 때문이다.

무함마드는 그야말로 전례가 없는 일을 감행하고 있었다.[27] 메카의 무슬림들에게 야트리브로 '히즈라'(hijrah, 이주)를 요청하고 있었다. 이는 단지 거주지를 바꾸는 일이 아니었다. 무슬림들은 친족을 버리고 낯선 이들의 영구적 보호를 받아들이려고 했다. 부족이 세상에서 가장 신성한 가치인 아라비아에서 이는 신성 모독에 가까운 행위였다. 쿠란이 세 여신을 거부한 것보다 훨씬 더 충격적인 일이었다. 개인이나 집단 전체가 다른 부족의 명예 구성원이 되는 동맹 제도가 언제나 존재했지만, 그건 대체로 일시적인 방편이었고 결코 본래 부족과 멀어지는 것은 아니었다. '히즈라'라는 단어 자체가 고통스러운 단절을 암시한다. 어근 'HJR'은 다음과 같이 번역되어 왔다. "자신을 친근하거나 애정이 가득한 의사소통 또는 교제에서 단절시켰다. … 사랑하는 이들과 함께하는 것을 중단했다."[28] 야트리브로 '히즈라'를 실행한 무슬림들은 장차 '무하지라'(Muhajirah, 이주민)라고 불리게 된다. 이 충격적인 이주는 그들의 새로운 정체성의 핵심이 되었다.

야트리브의 무슬림들 역시 위험한 실험을 시작하고 있었다. 비록 부족이 외지인을 받아들인다 해도, 외지인은 언제나 "저열한, 비열한, 사악한"이라는 의미를 지닌 단어인 '잘림'(zalim, 외부인)일 뿐이었다.[29] 시인들은 '잘림'을 쓸모없는 여분의 부착물로 묘사했다. 부족에 대한 충성심은 친족에 대한 뜨거운 애정과 이방인에 대한 모진 경멸로 표현되었다. 멸시받는 '잘림'을 자신의 부족 사람들보다 우선시했다가는 커다란 비웃음과 반감을 샀다. 하지만 이제 아우스족과 카즈라즈족은 쿠라이시족 무함마드에게 충성 서약을 하고, 오아시스 내의 제한된 자원에 부담이 될 게 분명한 외부인 대집단에게 보호와 도움(나스르nasr)을 약속하려 하고 있었다. 야트리브의 무슬림들은 이제 '안사르'(Ansar)로 알려지게 될 것이다. '안사르'는 보통 '조력자들'이라고 번역되지만, 여기서 '돕는다'라는 말에는 더 깊은 뜻이 숨어 있다. 도움을 뜻하는 '나스르'라는 말은 언제든 무력으로 지원할 준비도 되어 있다는 뜻이었다. '안사르' 즉 '조력자들'은 그날 밤 아카바 계곡에서 무함마드를 만나 장차 '전쟁의 맹약'으로 알려지게 될 두 번째 서약을 맺기로 마음먹고 있었다.

약속 시간에 '안사르'는 천막에서 잠들어 있는 이교도 동료들을 떠나 "사막꿩처럼 소리 없이" 몰래 아카바로 가서, 무함마드와 그의 삼촌으로서 대변인 역할을 하는 압바스를 만났다. 압바스는 이슬람으로 개종하지 않았고 무함마드가 메카를 떠나기로 한 결정에 충격을 받았겠지만, 그래도 무함마드가 야트리브에서 안전히 살 수 있게 도와주고 싶었을 것이다. 압바스는 무함마드가 메카에서 하심 씨족의 보호를 받고 있지만 '안사르'와 함께하기 위해 그러한 안전 보장을 포기할 준비가 되어 있다고 말했다. 만약 무함마드의 안전에 조금이라도 의심이 든다면 이 계획 전체를 즉시 그만두어야 했다. 그러나 '안사르'의 뜻은 확고했다. 카즈라즈족에 속한 씨족의 족장 바라 이븐 마르우르는 무함마드의 손을 잡고, 아우스족과 카즈라즈족 둘 다 부족 내 여자들과 아이들에게 제공하는 것과 똑같은 보호를 무함마드에게 제공하겠다고 맹세했다. 그때 또 다른 '조력자'가 끼어들었다. 만약 무함마드가 메카로 되돌아가서 분노한 쿠라이시족에게 야트리브를 넘겨준다면? 이에 무함마드는 미소를 지으며 대답했다. "나는 당신들의 것이고 당신들은 나의 것입니다. 나는 당신들과 싸우는 이들에 맞서

싸울 것이며, 당신들과 평화롭게 지내는 이들과 평화롭게 지
낼 것입니다."[30] 그리하여 '안사르'는 다음과 같은 엄숙한 맹
세를 했다. "우리는 신의 사도에 대한 완전한 복종 아래 행복
할 때도 불행할 때도, 쉬운 상황, 어려운 상황, 불길한 상황에
서도 싸울 것을 맹세했다. 우리는 누구도 부당하게 대하지 않
을 것이며 언제나 진실을 말할 것이며 신의 일을 하면서 누구
의 비난도 두려워하지 않을 것이다."[31]

서약은 부족의 용어로 쓰였고 상호 간의 보호에 초점이 맞
춰져 있었다.[32] 하나로 통합된 움마에 대한 생각은 아직 없었
다. 아우스, 카즈라즈, 쿠라이시는 계속해서 별도로 부족 생활
을 영위할 것이다. 무함마드는 통합 집단의 지도자 자격으로
야트리브에 가는 것이 아니라 그저 아우스족과 카즈라즈족 분
쟁의 중재자(하캄)로서, 그리고 메카 이주민들의 우두머리로
서 가는 것이다. '안사르'는 다양한 씨족 출신의 "감독관" 12
명의 통치를 받을 것이다. 야트리브에서 무슬림 공동체는 1년
만에 거의 메카의 고립된 움마만큼이나 큰 규모로 성장했지
만, '히즈라' 후에도 오아시스 내 무슬림의 수는 냉담한 시선
으로 그들을 관찰하는 이교도, 하니프, 유대인 수에 비하면 소
수에 불과하다는 사실은 변함이 없었다.[33] '전쟁의 맹약'은 이
슬람의 본격적인 확장을 의미했다. 이 새로운 종교는 다른 부
족 집단에게 전파된 적은 있어도 아직 부족 정신을 초월하지

는 못했다. '히즈라'는 위험하고 한번 내딛으면 돌이킬 수 없는 무서운 발걸음이었다. 이런 일은 아라비아에서 한 번도 일어난 적이 없었기에 이 일이 이렇게 진행될지는 아무도 알지 못했다.

'안사르'는 '하즈' 후에 야트리브로 돌아가 무슬림 망명자들이 오기를 기다렸다. 쿠란은 이제 유대인들이 야트리브 정착지에 붙인 '메딘타'(medinta, 그 도시)라는 아람어 이름을 받아들였다. 야트리브는 곧 예언자의 도시 '알-마디나트'(al-Madinat)가 될 것이다. 메카에서는 무함마드가 무슬림들에게 '히즈라'를 설득하기 시작했지만 이를 명령하지는 않았다. '히즈라'에 동참할 여력이 안 된다고 생각하는 이는 얼마든지 메카에 남을 수 있었다. 하지만 622년 7~8월에 무슬림 약 70명이 가족과 함께 메디나로 출발했고, 그곳에서 집을 지을 때까지 '조력자들'의 집에 머물렀다. 쿠라이시족은 일부 여자들과 아이들이 메카를 떠나는 것을 막았고 한 남자는 낙타에 묶여 돌아왔지만, 그들을 잡아 두려고 공동으로 노력을 기울였던 것 같지는 않다. 무슬림들은 떠날 때 눈에 띄지 않으려 조심했고, 대개는 메카 경계 밖에서 만나 눈길을 끌지 않는 소규모 집단으로 이동하기로 뜻을 모았다. 우마르는 자신의 가족과 함께 떠났고, 우스만 이븐 아판과 루카이야는 자이드 그리고 함자와 함께 떠났지만 무함마드와 아부 바크르는 거의 모든 이가 떠날 때까지 남아 있었다. 그러나 이 대규모 탈주로 인해 머지않아 메카에는 불안한 공백이 생겼고, 무함마드가 자신의 부족에게 입힌 상처가 드러났다. 메카 시내 중심에 있는 커다란 집들은 "사람 없이 텅 빈 채 문짝이 바람에 이리저리 나부끼며"[34] 지나가는 이들에게 황량하고 불길해 보였다.

8월, 무함마드가 떠나기 직전에 메카에서 그의 보호자였던 무팀이 세상을 떠났다. 이제 메카에서 무함마드는 지위를 유지할 수 없었다. 언제든 암살당할 수 있었다. 무함마드의 운명을 논의하는 특별한 회의가 열렸고 아부 라하브는 이 회의에 불참함으로써 자신의 생각을 표했다. 몇몇 장로들은 무함마드를 그저 메카 밖으로 추방하고 싶어 했지만, 무함마드를 야트리브의 파렴치한 변절자들과 합류하게 내버려 두면 위험할 거라고 생각하는 이들의 의견이 우세했다. 아부 자흘은 씨족마다 힘센 젊은이를 한 명씩 뽑아서 이들이 부족 전체를 대표하여 무함마드를 살해하자는 계획을 내놓았다. 하심 씨족이 쿠라이시족 전체에 맞설 수는 없을 테니 복수는 없을 것이었다.

그리하여 그날 밤 여러 씨족에서 선택된 젊은이들이 무함마드의 집 밖에 집결했지만, 창을 통해 무함마드의 딸들과 사우다의 목소리가 들리자 마음이 흔들렸다. 여자들이 보는 앞에서 그 가족의 가장을 살해하는 것은 부끄러운 일이었기에 그들은 무함마드가 다음 날 집에서 나올 때까지 기다리기로 했다. 그들 중 한 명이 집 안을 엿보다가, 누군가가 무함마드의 망토를 걸치고 잠자리에 누워 있는 모습을 보았다. 그러나 무함마드는 이미 그들 눈을 피해 뒤쪽 창으로 빠져나온 뒤였고 자는 척하고 있던 사람은 알리였다. 다음 날 아침 젊은이들은 알리의 모습을 본 후 속았다는 사실을 깨달았고, 쿠라이시족은 무함마드를 죽여서나 살려서나 다시 잡아 오는 사람에게 암낙타 100마리를 포상으로 내걸었다.

이때 무함마드와 아부 바크르는 메카 외곽에 있는 산 동굴에 숨어 있었다. 무함마드와 아부 바크르는 사흘 동안 그곳에 머물렀고, 이따금씩 도움을 주는 이들이 몰래 소식과 음식을 가져다주었다. 전하는 이야기에 따르면 한번은 수색대가 바로 그 동굴 앞을 지나갔지만, 거대한 거미가 친 거미줄이 동굴 입구를 가득 덮은 데다가 동굴에 들어가려면 사람이 발을 디뎌야 하는 곳에 있는 아카시아 나무에 바위비둘기 한 마리가 둥지를 틀고 마치 한참 전부터 알을 품고 있던 것처럼 앉아 있어서, 굳이 동굴 안을 들여다보지 않았다고 한다. 그 동안 무함마드는 내내 깊은 평온함과 신의 임재를 강하게 느꼈다. 쿠란은 무함마드가 아부 바크르를 어떻게 위로했는지 회상한다. "슬퍼하지 말라 하느님이 우리와 함께 하심이라." "그리하여 하느님은 그분에게 평안을 주시고…"[35] 쿠란은 무슬림들이 두렵거나 불안한 상황에 처했을 때 고요함과 평온함을 유지해야

하며 결코 '자힐리야'의 충동적인 분노와 격렬한 복수심에 휩쓸려서는 안 된다고 점점 더 강하게 강조한다.

추적자들의 소란이 잠잠해진 후 무함마드와 아부 바크르는 바위비둘기가 놀라지 않게 조심하며 동굴에서 나와, 아부 바크르가 여행을 위해 준비해 둔 낙타 두 마리에 올라탔다. 아부 바크르는 더 좋은 낙타를 무함마드에게 주고 싶었지만, 무함마드는 낙타 값을 치르겠다고 고집했다. 이 여행은 무함마드의 개인적인 '히즈라'이며 알라에게 바치는 그의 희생이었다. 따라서 모든 일을 온전히 자신의 것으로 만드는 것이 중요했다. 무함마드는 자신의 암낙타를 '카스와'라고 불렀고, 카스와는 무함마드가 남은 평생 가장 아끼는 낙타가 된다. 무함마드는 길을 가는 동안 아무에게도 보호받을 수 없었기에 참으로 위험한 여행이었다. 그래서 안내인은 두 사람을 우회로로 안내했고, 추적자를 따돌리기 위해 앞뒤로 지그재그로 움직이며 이동했다.

한편 메디나의 무슬림들은 무함마드와 아부 바크르가 도착하기를 애타게 기다리고 있었다. 오아시스 남쪽 끝 쿠바에 살고 있던 메카 이주민 몇 명은 날마다 아침 기도 후에 화산암에 올라가 정착지 바깥 황무지를 샅샅이 훑어보곤 했다. 622년 9월 4일 아침, 유대인 한 명이 지평선에 먼지가 자욱하게 일어나는 모습을 보고 '안사르'에게 외쳤다. "카일라의 아들들이여! 그분이 오신다! 그분이 오신다!" 그러자 남자, 여자, 아이들이 예언자 일행을 보기 위해 한꺼번에 몰려나와, 야자나무 아래에서 쉬고 있던 일행을 맞이했다.

무함마드와 아부 바크르는 쿠바에 사흘 동안 머물렀다. 그런데 "도시"(오아시스에서 사람이 가장 많이 사는 지역)에 있는 무슬림들도 예언자를 무척이나 보고 싶어 했기에 무함마드는 그들을 만나고 앞으로 살 곳도 정하기 위해 낙타에 올라 출발했다. 도중에 몇몇 사람이 자기들이 사는 곳에 거처를 마련해 함께 살자고 애원했지만, 무함마드는 메디나에서 서로 대립하는 집단들로부터 독립을 유지하고 싶었기에 정중하게 거절했다. 대신 낙타 카스와에게 방향을 맡기면서 신이 카스와를 인도해주기를 바랐다. 마침내 카스와는 어느 안사르가 소유한, 대추야자를 말리는 장소인 '미르바드'(mirbad) 바깥에서 주저앉았다. 무함마드는 낙타에서 내려 짐을 가장 가까운 집 안으로 부리는 것을 허락하고는 그 땅의 주인과 매매 협상을 시작했다. 가격이 합의되자 모든 무슬림이 기도 장소로도 쓰일 예언자의 거처를 짓는 작업을 시작했다. 쿠라이시족은 육체 노동이 익숙지 않았기에 이주민들에게 집을 짓는 일은 쉽지 않았다. 특히 세련된 귀족 출신 우스만은 녹초가 되었다.

최초의 이슬람 건물은 위풍당당하지는 않았지만 장차 건설될 모든 모스크의 본보기가 되었다. 우선 "엎드려 기도하는 장소"인 '마스지드'는 공동체 전체가 '살라트'를 함께 수행하기에 충분할 정도로 널찍하고 탁 트인 공간이었으며 초기 이슬람 이상인 검소함을 표현했다. 지붕은 나뭇가지로 받쳤고 설교단을 공들여 꾸미지도 않았다. 무함마드는 평범한 걸상 하나에 올라서서 회중에게 설교했다. 무함마드와 그의 부인들은 모스크 앞 커다란 마당 경계 주변에 세운 작은 오두막 몇 채를 거처로 삼았다. 이곳은 공적이고 정치적인 모임을 위한 장소였다. 메디나의 가난한 이들도 초대되어 이곳에 모여 구호품과 음식과 보호를 받았다.

메디나의 이 소박한 건물은 '타우히드'(유일성)의 이상을 표현했다.[36] 무함마드는 성적인 것, 성스러운 것, 가정적인 것이 통합될 수 있기를, 나아가 실제로 통합되어야 한다는 것을 보이고 싶었다. 마찬가지로 정치, 복지, 사회 생활의 질서도 거룩함의 영역으로 들어와야 했다. 무함마드는 자신의 부인들을 모스크와 아주 가까운 곳에 살게 함으로써 공적인 삶과 사적인 삶 사이의 구분이 없어야 하며 성별에 따른 차별도 없어야 한다는 것을 암묵적으로 선언하고 있었다. 이슬람의 신은 배타적이기보다 포용적이었다. 원한다면 유대인과 기독교인도 모스크에서 예배를 볼 수 있었다. 그들 역시 신의 가족에 속하기 때문이다.

건물은 623년 4월, '히즈라' 후 약 7개월 만에 완성되었다.

북쪽 벽에 있는 돌이 기도 방향인 '키블라'를 표시하여 사람들은 예루살렘을 향해 기도했다. 처음에는 '살라트'를 위한 공식적인 소집 신호가 없었다. 모든 사람들이 제각기 다른 시간에 왔기 때문에 불편했다. 무함마드는 유대인들처럼 숫양 뿔을 사용하거나 그 지역 기독교인들처럼 나무 딱따기를 사용하는 것을 생각해보았지만, 한 이주민이 중요한 꿈을 꾸었다. 꿈에 초록색 망토를 입은 남자가 나와서, 목소리가 크고 낭랑한 사람이 무슬림의 최우선 사항을 일깨우는 의미로 '알라후 아크바르'(Allahu Akhbar, "신은 가장 위대하다")라고 외치며 '살라트' 소집을 알려야 한다고 말했다고 했다. 무함마드는 이 아이디어가 마음에 들었다. 큰 목소리를 가진, 예전에 노예였던 아비시니아인 빌랄이 딱 맞는 적임자였다. 매일 아침 빌랄은 모스크 부근에서 가장 높은 집 꼭대기에 올라가 앉아서 동이 트기를 기다렸다. 그리고 두 팔을 뻗어 소집을 알리기 전에 기도했다. "오 신이여, 신을 찬미하며 쿠라이시족이 신의 종교를 받아들일 수 있게 도와주시기를 빕니다."[37] 무슬림들은 '키블라'를 예루살렘으로 바꿨지만 메카를 잊지는 않았다. 무함마드는 많은 이주민이 고향을 몹시 그리워한다는 사실을 알고 다음과 같이 기도했다. "주여, 저희가 메카를 사랑하게 하셨던 것처럼 저희가 이 마을도 사랑하게, 훨씬 더 사랑하게 만들어 주십시오."[38]

'히즈라'로 생활 환경이 송두리째 바뀐 무슬림들은 예전 부족 생활 관점의 용어를 여전히 사용했지만 완전히 다른 유형의 공동체를 만들어내야 했다. 무함마드가 처음 시도한 일 하나는 '형제' 제도를 마련한 것이었다. 메카 사람 한 명마다 '안사르'(조력자) 사람 한 명이 형제가 되어서 무슬림들이 친족 관계를 넘어 결속하게 돕기 위함이었다. 이주민들과 '조력자들'의 정치적 구분은 곧 사라졌다. '안사르' "감독관" 12명 중 첫 번째 사람이 세상을 떠나자 무함마드가 자연스럽게 그 지위를 이어받았다.[39] 무슬림들은 서서히 "새로운 부족"을 만들어 가고 있었다. "새로운 부족"은 옛 친족 관계를 다르게 해석했다. '히즈라'에 동참한 이들은 메카에 남은 무슬림들과 같은 혈통에 속하더라도 그들과 구별된다고 여기게 된다. 무슬림은 부족과 씨족에 상관없이 결코 서로 싸워서는 안 된다. 이주민과 '조력자들'은 여느 전통적인 부족처럼 굳건하게 단결해야 한다.[40] 움마는 부족과 마찬가지로 "모든 사람보다 우선하는 하나의 공동체"이며, 비무슬림 동맹들과도 일반적인 방식으로 "연합"할 것이었다.[41]

움마의 지도자로서 무함마드는 이제 메카에서는 불가능했던 방식으로 도덕적, 사회적 개혁을 실행할 수 있었다. 무함마드의 목표는 '힐름' 사회를 만드는 것이었다. 믿음을 지키는 사람들(무민 mu'min)은 단순히 "신자"가 아니었다. 그들의 신앙은 실제 행동으로 표현되어야 한다. 기도를 해야 하고, 재산을 나누어야 하고, 공동체와 관련된 문제는 움마의 일체성을 보존하기 위해 "공동체 내에서 서로 의논"해야만 한다. 만약 공격을 받으면 방어할 수는 있지만, 자제하지 않는 옛 '자힐리' 방식으로 공격하는 대신 언제든 상대의 부당한 행위를 용서할 준비가 되어 있어야만 한다. '무루와'의 기본 의무인 즉각적이고 복수심에 찬 보복은 커다란 악행이 될 수 있다. "관용을 베풀어 개선하게 하는 자는 하느님으로부터 보상을 받노라." 쿠란은 지치지 않고 강조했다. "인내하고 관용을 베푸는 것 실로 그것들이 인내요 굳은 결심 중의 하나라."[42]

그러나 이러한 변화는 하룻밤 사이에 이루어질 수 없었다. 옛 '자힐리야' 정신이 여전히 무슬림들의 마음속에 잠복해 있었기 때문이다. '히즈라' 직후에 이교도 아랍인 한 명이 무슬림들이 모여 있는 모습을 보았다. 무슬림들 속에는 아우스족 사람과 카즈라즈족 사람이 함께 있었고, 마치 자기들 부족이 한 번도 싸워본 적 없다는 듯이 우호적으로 이야기를 나누고 있었다. 그는 분노했다. 이슬람이 이들을 유순하고 나약하게 만드는 게 분명하다! 이교도 아랍인은 유대인 청년 한 명에게 그 무슬림들 곁에 앉아 쓰라린 옛 불화를 상기시키는 시를 암송하라고 지시했다. 곧 뿌리 깊은 부족 쇼비니즘이 불타오르며 그 자리에 있던 무슬림들은 서로 잡아먹을 듯이 싸웠다. 무함마드는 비탄에 빠져 서둘러 그곳으로 달려왔다. "내가 여기 너희 속에 있는데도 너희는 여전히 자힐리야의 부름에 현혹되느냐?" 무함마드는 물었다. "신께서 너희를 인도하시고… 너희에게 영예를 내리시고, 그럼으로써 너희에게서 자힐리야의 속박을 떼어내시고 너희를 순종하지 않는 배은망덕(쿠프르 kufr)의 상태에서 멀어지게 하시고 너희를 서로 친구로 만들지 않으셨느냐?" '안사르'는 깊은 부끄러움을 느끼며 울면서 서로를 껴안았다.[43]

메디나의 모든 무슬림이 변화를 위해 노력하지는 않았다. 어떤 이들은 순전히 물질적인 이익을 위해 이슬람을 받아들여, 양쪽에 발을 걸쳐놓고 이 새로운 사업이 장차 어떻게 될지 지켜보고 있었다. 쿠란은 이런 이들을 "흔들리는 자들" 또는 "위선자들"(무나피쿤munafiqun)이라고 불렀다. 진실하지 않고 계속해서 마음을 바꾸기 때문이었다.[44] 이들은 독실한 무슬림들과 함께 있을 때는 "[당신이 믿는 것처럼] 우리도 믿는다"라고 말했지만, 의심하는 다른 이들 틈에서는 "사실은 우리도 다르지 않아. 그냥 흉내만 내고 있었던 거야!"라며 동조했다.[45] 그런 자들을 이끄는 사람은 이븐 우바이였다. 이븐 우바이는 무슬림이 되긴 했지만 여전히 새로운 신앙에 분노하고 비판적이었다. 무함마드는 이븐 우바이를 언제나 정중하게 대했고 매주 금요일 기도 시간마다 공동체 앞에서 말할 기회도

주었지만, 때때로 그의 마음속에 잠재된 적개심이 바깥으로 표출되었다. "저 사람을 너무 나무라지 마십시오." 특히 불쾌한 사건이 있었을 때 '조력자들' 중 한 명이 무함마드에게 간청했다. "신께서 예언자 님을 우리에게 보내시기 전에 우리는 저 사람 머리에 씌워줄 왕관을 만들고 있었습니다. 틀림없이 저 사람은 예언자 님이 자신에게서 왕국을 빼앗아 갔다고 생각하고 있을 겁니다."[46]

일부 유대인들도 오아시스에 새로 들어온 이주민들에게 적대적인 태도를 보였다. 무함마드는 유대인들이 이슬람으로 개종하기를 기대하지는 않았다. 무함마드와 유대인들 사이에서 일어난 갈등은 종교 때문이 아니라 주로 정치적, 경제적인 것이었다. 오아시스에서 유대인들의 입지가 약해진 데다, 만약 무함마드가 아우스족과 카즈라즈족을 단결시키는 데 성공한다면 유대인들에게는 예전의 패권을 되찾을 기회가 없을 것이었다. 그래서 규모가 큰 유대인 부족 셋은 무함마드를 계속 반대하는 오아시스 내 이교도 아랍인들과 이븐 우바이를 지지하는 것이 더 현명하다고 생각했다.[47] 초기 무슬림 역사가들은 이 유대인들이 쿠란의 신학에 학문적인 반론을 제기했다고 하지만, 이는 8~9세기 유대인-무슬림 논쟁을 반영한 주장일 것이다.[48] 7세기 메디나의 유대인들은 토라와 탈무드에 관해 지식이 부족했고 율법을 엄격하게 준수하지 않았으며 대다수는 자신들의 신앙을 아라비아 종교의 한 변형으로 바라보는 데 익숙했다.[49] 아라비아 예언자의 개념은 그들에게 낯설지 않았다. 그들에게도 무함마드처럼 망토로 몸을 감싸고 영감을 받은 구절을 암송하며 신의 사도라고 주장한 이븐 사이야드라는 그들만의 예언자가 있었다.[50]

그러나 박식한 랍비들의 논쟁이 없었다면 무슬림들은 메디나에서 아마도 선동적인 종교적 쇼비니즘을 많이 맞닥뜨렸을 것이다. 이븐 이샤크는 일부 유대인이 모스크에 와서는 쿠란을 "비웃고 조롱"하곤 했다고 이야기한다.[51] 많은 유대인이 우호적이었고 무함마드는 아마 그들에게서 많은 걸 배우기도 했겠지만, '책의 민족' 사람 일부는 무함마드가 보기에 굉장히 이상한 생각을 하고 있었다. 배타적인 종교라는 개념은 무함마드에게 낯설었다. 무함마드는 종파 간 싸움을 싫어했고,[52] "선택받은 민족"이라는 개념이나 유대인이나 기독교인만 천국에 갈 수 있다는 신념에 불쾌감을 느꼈다.[53] 또한 일부 기독교인들이 신은 삼위일체이며 예수가 알라의 아들이라고 믿는다는 사실을 알고 당혹스러워하기도 했다.[54] 그러나 무함마드는 이처럼 특이한 개념들은 현혹된 소수의 이단적 일탈이라고 계속 확신했다.[55] 쿠란은 무슬림들에게 '책의 민족'의 많은 사람이 "의로운 사람들"이라며 그들은 신의 메시지를 암송한다는 점을 상기시켰다.

성서의 백성들 가운데는 충실한 무리가 있어 하느님의 말씀
을 낭송하며 밤을 지새우는 참 신앙인도 있노라. 그들은 하느님
과 최후의 날을 믿으며 선을 실천하고 추악함을 피하며 선행에
경쟁을 하나니 그들은 의로운 사람들 계열에 있더라.[56]

무슬림들은 모든 공동체마다 특별하게 계시받은 '딘'이 있
다는 것을 기억해야 한다. 따라서 이러한 무의미한 언쟁에 참
여해서는 안 된다. 만약 '책의 민족' 사람들이 이슬람 신앙을
공격한다면 무슬림은 '힐름'으로 행동하며 정중하게 대답해야
한다. "신께서는 당신이 하는 일을 가장 잘 알고 계십니다."[57]
　무함마드는 무익한 논쟁을 피하기 위해 하니프처럼 "아브
라함의 종교"로 돌아가기로 결심했다. 아브라함은 토라나 복
음서보다 더 오래전에 살았기에 "유대인"도 "기독교인"도 아
니었다.[58] 히즈라 후에 쿠란은 "하니프"와 "하니피야"라는 단
어를 무슬림과 이슬람에 적용하기 시작했지만 이 단어들을 새
롭게 해석했다. 무함마드에게 '하니피야'는 그저 신에 대한 완
전한 복종을 의미할 뿐이었다. 그것이 바로 이 단어가 종파적
쇼비니즘에 오염되기 전에 예언자들이 원래 의도한 순수한 메
시지였다. 예를 들어 아브라함은 어떤 배타적 숭배 교단에 속
한 적이 없었다. 아브라함은 그저 '무슬림' 즉 "자신을 내어준
사람"이며 "순수한 믿음을 지닌 사람"(하니프)이었다.[59] 아브

라함과 이스마엘이 함께 카바를 재건했을 때, 그들은 배타적인 신학을 발전시킨 것이 아니라 그저 자신의 삶을 온전히 알라에게 바치고 싶었다. "오, 저희를 살아가게 하시는 주여!" 그들은 기도했다. "저희가 주께 저희를 바치게 하시고, 저희가 어떻게 경배를 드려야 할지 보여주십시오." 무슬림들은 종교적 불관용 때문에 메카에서 쫓겨 나왔으므로 모든 배타성을 멀리해야 한다.[60] 진정한 무슬림은 자신들만이 진실을 독차지한다고 집요하게 주장하지 않고 그저 다음과 같이 말했다. "일러 가로되 실로 나의 예배와 내가 바치는 제물과 나의 생명과 나의 죽음 모두가 만유의 주님이신 하느님을 위해서라."[61] 알라에게 집중하는 것보다 특정 종교 전통에 속한다는 자부심을 갖는 행위는 우상 숭배였다.

624년 1월 하순에 무함마드는 금요일 기도를 이끄는 도중에 계시를 받아, 신도들에게 방향을 바꿔 예루살렘이 아닌 메카를 향해 기도하게 했다. 이제 그들은 순수한 믿음을 지닌 사람 아브라함이 지은 집을 향하게 될 것이다.

하느님께서 [가르침을 받고자] 하늘을 향한 그대의 얼굴을 보고 계셨노라. [오 예언자여] 그대가 원하는 방향을 기도의 방향으로 하라. 그대의 고개를 영원한 경배의 장소로 향하라. 어디에 있든 [기도하며] 그쪽으로 고개를 향하라.[62]

무슬림들이 기존 종교 어느 것도 따르지 않고 오로지 신을 따르겠다는 의미였다. 독립 선언이었다. 무슬림들은 이제 더는 주눅 든 모습으로 더 유서 깊은 신앙의 발자취를 뒤따른다고 느낄 필요가 없었다. 신이 말했다. "그대는 그들을 두려워 말며, 나만을 공경하라. [그리고 내게 복종하라.]"[63] 새로운 '키블라'는 이주민들과 '조력자들' 모두를 기쁘게 했으며, 그들을 더 단단히 결속시켰다. 그들은 먼 곳에 있는 예루살렘보다 아랍 전통에 더 깊이 뿌리내리고 있는 카바를 사랑했다. 그러나 문제가 있었다. 카바는 메카에 있었고, 쿠라이시족과의 관계는 그 어느 때보다도 더 긴장된 상태였다.

4장

지하드

불의에 맞서는 투쟁

'지하드'는 신의 뜻을 실행하는 데 필요한 '노력' 또는
'분투'를 의미한다. 무슬림들은 지적, 경제적, 영적인 면과
가정을 포함한 모든 측면에서 이러한 노력에
힘쓰도록 강력하게 권고받는다. 때로는 싸워야 할 때도 있지만
싸움이 주된 의무는 아니었다.

키블라(기도 방향)의 변화는 불확실성의 시기가 끝날 무렵에 일어났다. 무함마드와 공동체는 혼란 속에서 길을 찾아 쉴 새 없이 "이리저리 시도"해보고 있었다. 무함마드는 예언자가 세상에 변화를 가져와야 한다는 사실을 알고 있었다. 세상의 주류에서 그냥 물러날 수는 없었다. 계시된 신의 의지를 실천하여 정의롭고 평등한 사회를 만들어야 했다. 그러나 '히즈라'로 인해 무슬림들은 변방의 예외적인 위치로 밀려났다. 무함마드는 사회 개혁을 시작하긴 했지만 메디나 지역에 갇혀 고립되어 있는 한 아라비아 전체에 지속적인 영향을 미칠 수 없다는 점을 알고 있었다. "도시들의 어머니" 메카는 아라비아 반도 전체의 발전에 결정적인 역할을 했다. 아라비아에는 쿠라이시족의 상업적 재능이 필요했다. 메카는 이제 무슬림 세계의 중심이었다. 무슬림들은 하루에 몇 번씩 기도하며 메카를 향해 그리움을 표했지만 곁에 없고 닿을 수 없는 연인 같았다.[1] 무슬림들은 다른 아랍인들처럼 '하즈' 순례도 할 수 없었다. 무함마드는 메카가 자신이 맡은 사명의 열쇠임을 깨달았다. 쿠라이시족의 적개심은 움마를 부족의 품에서 떼어내어 정치적 불확실성 속에 가둬버렸다. 이슬람은 메카 없이는 소외될 수밖에 없는 운명이었다. 무함마드는 어떻게 해서든 자신의 부족과 평화를 이루어야 했다. 그러나 '히즈라'의 첫 충격 이후 쿠라이시족 대다수는 무슬림에 관한 모든 것을 까맣게 잊어버린 것 같았다. 무함마드는 메카와 화해를 위해 노력하기 전에 우선 쿠라이시족의 주목을 끌어야 했다.

무함마드는 또한 메디나에서도 지위를 확보해야 했다. 무함마드는 메디나 사람들 대다수가 자신을 여전히 시험 중이라는 사실을 알고 있었다. 그들은 어떤 물질적 이익을 기대했기 때문에 이주민을 받아들임으로써 쿠라이시족의 힘에 저항했고 무함마드는 기대에 부응해야 했다. 최소한 이주민들이 메디나 경제에 큰 타격을 주지 않도록 해야 했다. 하지만 이주민들은 생계를 꾸려 나가기가 쉽지 않았다. 메카 이주민 대다수는 상인이나 금융업자였는데, 부유한 아랍인과 유대인 부족들이 독점하고 있는 메디나에서는 교역의 기회가 거의 없었다. 이주민들은 농사 경험이 없었고, 혹시 있다 해도 경작 가능한 땅은 남아 있지 않았다. 독자적인 수입원을 찾지 못하면 이주민들은 '조력자들'에게 짐이 될 것이었다. 수입이 생길 한 가지 분명한 방법이 있기는 했다.

　메디나는 시리아를 오가는 메카의 대상을 공격하기에 좋은 위치에 있었고, 무함마드는 메디나에 도착한 직후부터 이주민을 모아 대상 습격 원정을 보내기 시작했다.[2] 이들의 목표는 피를 흘리는 것이 아니라 낙타, 상품, 포로를 포획하여 수입을 얻는 것이었다. 이러한 행동에 특별히 충격받은 사람은 아무도 없었을 것이다. '가주'(약탈)는 힘든 시기에 통상적으로 행해지던 방편이었다. 다만 전사로서 경험이 부족한 게 분명한데도 강한 힘을 지닌 쿠라이시족에게 덤벼드는 무슬림의 무모함에 아랍인들이 놀라기는 했을 것이다. '히즈라' 후 첫 2년 동안 무함마드는 이러한 습격 원정을 여덟 번 보냈다. 보통 무함마드는 직접 참여하지 않고 함자와 우바이다 이븐 알-하리스 같은 사람들에게 맡겼는데, 대상들의 정확한 일정을 알아내기가 어려워서 이 초기 습격은 모두 실패했다.

　쿠라이시족은 호전적인 종족이 아니었다. 오래전에 유목민 생활을 청산한 그들은 '가주'의 습관도 기술도 없었다. 일부 이주민들은 싸운다는 생각 자체를 싫어했음을 쿠란은 보여준다.[3] 그러나 무함마드는 좌절하지 않았다. 이주민들에게 수입이 절실하긴 했지만 무함마드의 주된 목적은 약탈이 아니었다. 습격자들이 빈손으로 돌아와도 적어도 메카가 무슬림에게 관심을 갖도록 만드는 데는 성공했다. 쿠라이시족은 동요했다. 전에는 필요치 않았던 예방책을 강구해야 했다. 상인들은 불안감이 더 커졌다고 불평했다. 그들은 불편한 우회로를 이용해야 했고 메카 안팎의 교역 흐름도 조금 어그러졌다. 623년 9월에 무함마드는 '가주'를 직접 이끌어 움마야 이븐 칼라프가 이끄는 대규모 대상을 습격했다. 전리품이 매우 탐나 보였기에 그 어느 때보다도 많은 무슬림 200명이 원정에 자원했다. 하지만 이번에도 대상이 습격단 무리를 잘 피했기에 싸움은 일어나지 않았다.

아라비아 스텝에서 '가주'는 이론적 정당화가 필요하지 않았다. '가주'는 물자가 부족한 시기에 불가피한 일로 간주되었다. 그러나 무함마드는 이미 낡은 부족 규범을 넘어서겠다고 결심했었다. 쿠란은 무슬림들에게 카피룬('불신자들')을 향해 "평화가 함께하기를!"이라고 말하고 카피룬이 사업을 할 때 공격하지 말라고 지시했었다. 그런데 메디나에 도착한 직후 무함마드는 더 전투적인 노선을 취하라는 계시를 받았다.

침략하는 자들에 대항하여 투쟁하는 것이 너희에게 허락되나니 모든 잘못은 침략자들에게 있노라. 하느님은 전지전능하사 너희에게 승리를 주시니라. 우리의 주님은 오직 하느님뿐이라고 말한 것 하나로 부당하게 고향으로부터 추방당한 이들이 있노라.

만일 하느님의 보호가 없었더라면 불신자들이 지배한 수도
원도 교회들도 유대교 회당들도 하느님을 염원하는 사원들도
파괴되었을 것이라.[4]

쿠란은 전부터 원시적인 형태의 '정의로운 전쟁론(just war
theory)'을 발전시켜 왔다. 아라비아 스텝에서는 침략 전쟁이
찬사를 받았지만, 쿠란에서는 자기방어만이 유일하게 정당화
될 수 있는 적대 행위였고 선제공격은 비난받았다.[5] 전쟁은 언
제나 끔찍한 악이지만 예배의 자유와 같은 온당한 가치를 지
키기 위해서는 때때로 필요했다. 이 부분에서도 쿠란은 다원
론을 버리지 않았다. 모스크(사원)뿐만 아니라 유대교 회당과
교회도 보호되어야 한다. 무슬림들은 자신들이 무서운 공격을
받았다고 느꼈다. 그들이 메카에서 추방당한 데는 정당한 이
유가 없었다. 부족을 떠나 망명 생활을 한다는 건 아라비아에
서 있을 수 없는 일이었다. 무슬림들은 정체성의 핵심을 공격
당한 것이다.

　그러나 무함마드가 들어선 길은 위험한 길이었다. 무함마드
는 폭력이 만성화된 사회에 살고 있었으며, 이러한 습격을 단
순히 꼭 필요한 수입을 얻는 수단이 아니라 자신과 쿠라이시
족 사이의 불화를 해결할 방법으로 여겼다. 오늘날 우리는 평
화를 위해 전쟁을 한다는 것은 커다란 위험이 따르는 모험임

을 경험을 통해 알고 있다. 전쟁의 무자비함은 전사들이 싸움을 통해 지키고자 하는 원칙 자체를 무시하는 행동으로 이어질 수 있기에 결국에는 어느 쪽도 도덕적 우위를 주장할 수 없게 된다. 무함마드는 자신이 시도하는 '가주'에 윤리적 근거를 부여하려 했지만 장기적인 군사 활동을 수행한 경험이 없었기에 전쟁이 한번 시작되면 폭력이 순환하며 독자적인 추진력을 얻고 비극적인 통제 불능 상태가 될 수도 있다는 사실을 나중에야 알게 된다.

무함마드는 처음에는 전통적인 규칙에 따라 싸웠다. 그러다 624년 1월, '키블라'를 변경하기 직전에 전쟁의 예측 불가능성을 처음 경험했다.[6] 이주민들은 점점 자신감을 갖게 되었다. 겨울 동안 쿠라이시족은 대상을 남쪽으로 보내서 메디나를 지나지 않았다. 하지만 무함마드는 쿠라이시족의 관심을 끌고자 남쪽으로 향하는 대상들 중 하나를 공격하기 위해 9명으로 구성된 소규모 습격단을 보냈다. 이때는 모든 싸움이 금지된 "신성한 달" 중 하나인 '라자브'(Rajab) 달의 끝무렵이었다. 무슬림 습격단은 '라자브' 달의 마지막 날에 나클라에서 야영하는 소규모 대상을 발견했다. 어떻게 해야 할까? 만약 습격단이 전투 중지 기간이 끝나는 다음 날까지 기다린다면 눈앞의 대상은 무사히 메카로 돌아갈 수 있을 것이다. 무슬림 습격단은 공격하기로 결정했다. 첫 번째 화살이 상인 한 명을 죽였고 다른 상인들은 대부분 달아났다. 무슬림은 2명을 포로로 잡아 포획한 물건들과 함께 메디나로 데려왔다.

그러나 무슬림들은 습격단을 영웅으로 맞이하지 못했다. 그들은 습격단이 '신성한 달'의 금기를 위반했다는 소식을 듣고 경악했다. 며칠 동안 무함마드는 이 일에 어떻게 대응해야 할지 알 수 없었다. 사실 무함마드는 메카 종교의 많은 부분을 버렸으니 '신성한 달'의 금기도 버릴 수 있다고 생각했을지도 모른다. 습격은 성공이었다. 손에 들어온 것도 많았을 뿐 아니라 쿠라이시족에게 메카 바로 코앞에서 공격할 수 있다는 것도 보여주었다. 또한 많은 메디나인에게도 강한 인상을 남겼다. 하지만 전체적으로는 꺼림칙한 구석이 있었다. 무함마드는 이제까지 '신성한 달'의 관습을 비난한 적이 한 번도 없었다. 역사가들은 사료에서 이 사건을 언급할 때 불편해 보인다. 무함마드는 아무리 처음에는 전쟁에 이상적인 뜻이 있을지라도 혐오스러운 일이 훗날이 아니라 지금 당장 일어날 수 있다는 것을 발견했다.

결국 무함마드는 자신이 수행하는 정의로운 전쟁의 핵심 원칙을 되풀이하는 새로운 계시를 받았다. 그렇다, 신성한 전투 중지 관습을 깬 것은 잘못이었지만 무슬림들을 그들의 집에서 몰아낸 쿠라이시족의 방침은 훨씬 더 악랄했다. "그들은 너희가 너희의 종교를 배반할 때까지 너희들과 투쟁을 포기하지 않을 것이며…"라고 쿠란은 무함마드에게 경고했다. 싸움이 금지된 성스러운 달에 싸우는 것은 확실히 "두려운 일"이었지만,

하느님의 길을 방해하고 하느님과 하람 사원에 가까이 있는 것을 방해하는 것과 그곳으로부터 그의 주민들을 추방하는 것은 더 큰 죄악이며, 교사하고 박해하는 것은 살생보다 더 나쁜 죄악이라.[7]

그래서 무함마드는 전리품을 받아들이고 공동체를 안심시켰다. 무함마드는 이주민들에게 전리품을 공평하게 나눠주고 쿠라이시족과 포로 교환 협상을 시작했다. 무함마드는 메카 포로들을 넘겨주고 아직 메카에 살면서 '히즈라'를 원하는 무슬림 두 명을 데려올 생각이었다. 그런데 포로 한 명이 메디나에서 본 광경에 감명을 받아 자신도 이슬람으로 개종하겠다고 결심했다. 이 사건은 무함마드가 일을 풀어 나간 방식을 보여주는 좋은 사례다. 새로운 위치에 선 무함마드는 관습적인 절차에 의존할 수 없었다. 전개되는 사건에 대응하면서 한 걸음씩 신중하게 앞으로 나아갔다. 정해진 기본 계획은 없었으며, 다른 성급한 동료와 달리 위기에 즉각 대응하는 일은 거의 없었다. 대신 충분히 좋은 해결책으로 보이는 결과물이 나올 때

까지 시간을 들여 성찰하며 때로는 얼굴이 하얗게 질리고 땀을 흘릴 정도로 노력했다.

몇 주 후 '라마단' 달(624년 3월)에 무함마드는 시리아에서 돌아오는 아부 수피안의 메카 대상을 약탈하기 위해 대규모 무슬림 습격단을 직접 이끌었다.[8] 그해의 가장 중요한 대상 중 하나였던 데다 나클라에서 거둔 성공에 고무되어 많은 '조력자들'이 습격에 자원했다. 무슬림 약 314명이 메디나에서 출발해 홍해 해안 근처에 있는 바드르의 우물을 향해 갔다. 그곳에 매복하여 대상을 습격할 계획이었다. 이 원정은 이슬람 초기 역사에서 가장 결정적인 사건 중 하나로 꼽히게 되지만 처음에는 그저 또 한 번의 '가주'로 여겨졌고 가장 헌신적인 무슬림들도 일부는 참여하지 않았다. 무함마드의 딸 루카이야가 위독한 상태였기에 루카이야의 남편 우스만 이븐 아판도 메디나에 남았다.

처음에는 대상이 평소와 다름없이 도망가는 것처럼 보였다. 하지만 아부 수피안은 무슬림들의 계획을 알아채고 헤자즈를 지나는 평소의 경로 대신 해안 반대쪽으로 급격하게 방향을 틀고는 현지 부족민을 메카에 보내 도움을 요청했다. 쿠라이시족은 무함마드의 오만함에 격분했고, 자신들의 명예가 더럽혀졌다고 여겼으며, 부족을 이끄는 모든 이가 대상을 구출하기로 결심했다. 아부 자흘은 물론 싸움을 열렬히 원했다. 거대한 움마야 이븐 칼라프도 갑옷에 몸을 밀어넣었으며, 무함마드의 가문 사람들마저 이번에는 무함마드가 선을 한참 넘었다고 확신하며 맞서 싸우러 나왔다. 아부 라하브는 몸이 아파 빠졌지만 아부 탈리브의 아들 둘, 무함마드의 삼촌 압바스, 카디자의 조카 하킴이 그날 밤 메카를 떠나 바드르로 향하는 1천 명의 무리에 합류했다.

한편 아부 수피안은 무슬림들을 따돌리는 데 성공하며 대상을 안전한 곳으로 데려갔다. 아부 수피안은 상품이 안전하니 메카에서 오는 병력은 돌아가라고 전갈을 보냈다. 사료들은 정작 때가 다가오자 많은 쿠라이시족이 친족과 싸우고 싶어 하지 않았음을 분명히 보여준다. 그러나 아부 자흘은 그렇지 않았다. "알라의 이름으로!" 아부 자흘은 외쳤다. "우리는 바드르에 갈 때까지 돌아가지 않을 것이다. 우리는 바드르에 사흘 동안 머물면서 낙타들을 도살하고, 실컷 먹고 마시고, 여자들과 어울릴 것이다. 아랍인들은 우리가 왔다는 소식을 들을 것이며 앞으로 우리를 존경할 것이다."[9] 하지만 이 도전적인 발언에는 아부 자흘조차 전투를 예상치 못했음이 드러나 있다. 아부 자흘은 전쟁의 공포에 대해 거의 알지 못했다. 그는 전쟁을 무희들이 등장하는 잔치 같은 것으로 상상했던 것 같다. 쿠라이시족은 아라비아 스텝에서 너무나 멀리 떨어져 있었기에 그들에게 전쟁이란 메카의 위신을 높이는 용맹한 스포

츠가 되어 있었다.

무슬림 진영은 분위기가 사뭇 달랐다. '히즈라'의 트라우마와 공포를 겪은 이주민들은 쿠라이시족처럼 상황을 그렇게 자신 있고 평온한 시선으로 볼 수 없었다. 무함마드는 메카 부대가 오고 있다는 소식을 듣자마자 다른 씨족장들과 의논했다. 무슬림들은 수적으로 엄청난 열세였다. 애초에 무슬림들은 전면전이 아닌 평범한 '가주'를 예상했는데, 전면전은 전혀 다른 문제였다. 무함마드는 총사령관이 아니었기에 복종을 명령할수는 없었다. 하지만 무슬림들은 끝까지 싸우기로 결심했다. 사드 이븐 무아드는 '조력자들'을 대표해 다음과 같이 말했다.

우리는 예언자의 말을 듣고 복종하겠다는 맹세와 서약을 했습니다. 그러니 원하는 곳으로 가면 우리가 함께하겠습니다. 신께 맹세코, 예언자가 우리에게 이 바다를 건너라 하고 그 속에 뛰어들면 우리도 함께 뛰어들겠습니다. 우리는 내일 예언자의 적을 만나는 것이 싫지 않습니다. 우리는 전쟁 경험이 있으며 전투에서 믿을 만합니다.[10]

쿠라이시족과 달리 아우스족과 카즈라즈족은 야트리브에서 수년 간 부족 전쟁을 거치며 단련된 병사들이었다. 하지만 그렇더라도 압도적으로 불리한 상황에서 승산이 너무나 희박했기에 무슬림들은 모두 싸움이 일어나지 않기를 바랐다.

이틀 동안 양쪽 부대는 계곡을 사이에 두고 서로 암울하게 바라보았다. 쿠라이시족의 흰색 튜닉과 번쩍이는 갑옷은 강한 인상을 풍겼다. 사드의 열정적인 발언을 듣고도 일부 무슬림 은 퇴각하고 싶어 했다. 그만큼 무슬림 진영에는 큰 두려움이 감돌았다. 예언자는 무슬림들의 영혼을 일깨우고자 했다. 무 함마드는 무슬림들에게 꿈에서 신이 천사 1천 명을 보내 함께 싸우겠다고 약속했다고 말했다.[11] 쿠라이시족이 무슬림들이 항복할 거라 확신하며 먹고 마시는 동안 무함마드는 실제적인 준비를 하고 있었다. 부대를 밀집 대형으로 정렬하고 우물 옆 에 병력을 배치해 쿠라이시족이 물을 마시지 못하게 하고, 시 간에 맞춰 언덕 위로 밀어내어 쿠라이시족이 태양 빛을 마주 보게 했다. 하지만 엄청난 수의 메카 병력을 보고 무함마드는 눈물을 흘리며 기도했다. "오 알라여. 만약 저와 함께하는 이 무리가 사라지면 저를 따라 알라를 경배하는 이가 아무도 없 을 것입니다. 믿는 자 모두가 진정한 종교를 포기하게 될 것입 니다."[12] 무함마드는 이 전투가 결정적일 것임을 깨달았다. 만 약 무슬림들이 쿠라이시족에게 패해 메디나로 물러난다면 움 마는 아라비아에 지속적인 영향을 끼치지 못할 것이다. 무함 마드의 단호한 결의는 틀림없이 무슬림들에게 전해졌을 것이 다. 쿠란은 이 무시무시한 순간에 병사들에게 내려온 위대한

평화를 묘사한다. 갑작스레 폭풍우가 몰아쳤는데, 이는 좋은 징조로 보였다.[13]

한편 쿠라이시족은 더 불안해졌다. 씨족장들이 첩자를 보내 적 부대를 염탐하게 했는데, 첩자는 무슬림들 얼굴에서 무서운 결의를 보고 간담이 서늘해져 돌아와 쿠라이시족에게 싸우지 말자고 간청했다. 첩자는 "낙타들이 죽음을 실어 나르는 모습을 보았다. 피할 수 없는 죽음을 등에 실은 야트리브의 낙타들을." 무슬림 한 명 한 명은 적어도 메카 사람 한 명을 죽이기 전에는 누구도 죽지 않을 것이다. 싸움 후에 쿠라이시족은 어떻게 살아가겠는가? 그들은 친족 중 한 사람을 죽인 이웃의 얼굴을 앞으로 계속 마주해야 할 것이다. 첩자는 절망적인 마음으로 말을 마쳤다. 그러나 아부 자흘은 비이성적인 상태였고 첩자를 겁쟁이라고 비난했다. 아랍인이라면 무시할 수 없는 조롱이었다. 그리고 나서 아부 자흘은 나클라에서 무슬림의 습격으로 목숨을 잃은 사람의 형제를 돌아보았고, 그 형제는 난폭한 돌격 구호를 외쳤다. 이븐 이샤크의 서술에 따르면, 그 직후에 "전쟁이 시작되었고 모든 것이 망가졌고 사람들은 사악한 길을 고수했다."[14] 쿠라이시족은 모래언덕 위로 천천히 전진하기 시작했다. 무함마드는 쿠란의 명령을 준수하여 먼저 공격하기를 거부하고 전투가 개시된 후에도 부하들을 내보내기를 주저하는 것처럼 보였다. 마침내 아부 바크르가 무함마드에게 신이 그들에게 확실히 승리를 내릴 테니 기도를 멈추고 부대를 내보내라고 말했다.

맹렬한 전투가 이어지다가 이내 쿠라이시족은 자신들이 최악의 상황에 처해 있다는 사실을 깨달았다. 쿠라이시족은 마치 중세 유럽 기사들의 마상 시합처럼 허세를 부리며 부주의하게 싸웠고 공동 전략도 전혀 없었다. 그러나 무슬림들은 체계적인 계획이 있었다. 먼저 적에게 화살을 퍼부은 다음, 마지막 순간에야 칼을 뽑아 백병전을 벌였다. 정오쯤 되자 쿠라이시족은 혼란 속에 달아나고 아부 자흘을 포함해 약 50명의 지도자들이 전사했다. 무슬림 사상자는 고작 14명뿐이었다.

무슬림들은 매우 기뻐하며 포로들을 모으고 메카 사람들의 칼을 압수하기 시작했다. 부족 간 전쟁에서 패배한 이들에게 자비는 없었다. 사상자들의 몸은 훼손되고 포로들은 살해되거나 고문을 당했다. 무함마드는 부대에게 즉시 잔인한 행위를 중단하라고 명령했다. 전쟁 포로들을 무상으로든 몸값을 받든 풀어주어야만 한다는 계시가 내려왔다.[15] 무슬림들은 전쟁에서조차 과거의 야만적인 관습을 버릴 것이다.

쿠란은 무력 충돌 중에도 자비와 용서가 중요함을 끊임없이 강조한다.[16] 무슬림들은 교전 중에는 싸움을 가능한 한 빨리 끝내기 위해 용기와 굳건함으로 싸워야만 한다. 하지만 적이 평화를 요청하는 순간, 무슬림은 무기를 내려놓아야만 한다.[17] 휴전 요청은 어떤 조건이 제시되더라도, 심지어 적의 속임수가 의심되더라도 받아들여야만 한다. 박해와 억압에 맞서 싸우는 것도 중요하지만 쿠란은 앉아서 정중한 토론을 통해 문제를 해결하는 것이 훨씬 더 낫다는 점을 끊임없이 상기시킨다.[18] 물론 신은 토라에서 "눈에는 눈, 이에는 이"라는 보복을 허용했다. "그러나 보복을 스스로 포기하는 자는 자선을 베푸는 것이요 그것은 속죄가 된다."[19] 보복은 극악무도한 행위를 실제로 저지른 이들에게만 가하는 것으로 엄격하게 제한될 것이다. 이는 살인자의 부족 구성원이라면 누구에게든 복수가 허용되던 복수의 법칙에서 크게 진보한 것이었다. 쿠란은 무슬림들에게 쿠라이시족 전체와 싸우는 게 아니라는 사실을 상기시켰다. 분쟁이 일어나는 동안 중립을 지켰던 이들과 메카에 남기로 선택했던 무슬림들은 어떤 식으로든 공격받거나 몸에 해를 입어서는 안 된다.[20]

무함마드는 평화주의자가 아니었다. 때로는 전쟁이 불가피하며 심지어 필요하다고 믿었다. 바드르 전투 후에 무슬림들은 메카가 복수하는 것은 시간 문제일 뿐임을 알았고 오랫동안 힘든 '지하드'(jihad)에 전념했다. 그런데 오늘날 우리가 너무나도 자주 듣는 '지하드'라는 말의 본뜻은 '성전'(holy war)이 아니다. 이 단어는 신의 뜻을 실행하는 데 필요한 '노력' 또는 '분투'를 의미한다. 무슬림들은 지적, 사회적, 경제적, 영적인 면과 가정을 포함한 모든 측면에서 이러한 노력에 힘쓰도록 강력하게 권고받는다. 때로는 싸워야 할 때도 있지만 싸움이 주된 의무는 아니었다. 바드르 전투 후에 메디나로 돌아오는 길에 무함마드는 자주 인용되는 중요한 발언을 했다. "우리는 '작은 지하드'(전투)에서 돌아와 '큰 지하드'로 가고 있다." 그것은 그들 자신의 사회와 자신의 마음을 개혁하는 훨씬 더 중요하고 어려운 투쟁을 의미했다.

바드르 전투 후 오아시스 내에서 무함마드의 지위는 크게 높아졌다. 피할 수 없는 쿠라이시족의 반격을 대비하면서 예언자와 메디나의 아랍 부족과 유대인 부족은 계약을 맺었다. 그 부족들은 무슬림 곁에서 평화롭게 살아가는 데 동의하며 메카와 별도의 조약을 맺지 않기로 약속했다. 모든 거주민은 공격에 맞서 오아시스를 방어할 의무가 있었다. 새로운 규약은 유대인 씨족의 종교의 자유를 보장하는 데 주의를 기울이면서도, 그들에게 "이 문서의 백성들이 치르는 어떤 전쟁에든" 원조를 제공할 것을 요구했다.[21] 무함마드는 누가 자신의 편에 서는지 알아야 했고, 이 규약의 내용을 받아들이지 않는 이들은 오아시스를 떠났다. 그중에는 카바에 대한 헌신 때문에 쿠라이시족에게 충성해야 하는 '하니프'도 여러 명 있었다. 무함마드는 여전히 논란의 여지가 있는 인물이었지만, 바드르에서 거둔 승리로 몇몇 베두인 부족은 다가오는 싸움에서 기꺼이 메디나의 동맹이 되기로 결심했다.

무함마드의 가정에도 변화가 생겼다. 바드르에서 돌아온 무함마드는 딸 루카이야가 세상을 떠났다는 소식을 들었다. 우스만은 진심으로 슬퍼했지만 고인이 된 아내의 자매 움 쿨숨과의 약혼을 받아들이고 예언자와 가까운 관계를 유지하게 돼 고마워했다. 전쟁 포로 중에는 전통 신앙을 고수했던 무함마드의 이교도 사위 아부 알-아스가 있었다. 무함마드의 딸이자 여전히 메카에 살고 있던 아부 알-아스의 부인 자이나브는 남편의 몸값을 메디나로 보내면서 카디자의 유품인 은팔찌를 동봉했다. 무함마드는 은팔찌를 한눈에 알아보고 순간 슬픔에 사로잡혔다. 무함마드는 몸값을 받지 않고 아부 알-아스를 풀어주었다. 그러면 아부 알-아스가 이슬람을 받아들일지 모른다는 기대도 품었다. 아부 알-아스는 개종을 거부했지만 자이나브와 그들의 어린 딸 우마마를 메디나로 보내 달라는 무함마드의 요청에 슬퍼하며 동의했다. 이제 메카에서는 그들의 삶이 불가능했기 때문이었다. 무함마드의 막내딸 파티마가 결혼할 시기도 되어서, 무함마드는 파티마를 알리에게 주었다. 알리와 파티마 부부는 모스크 부근에 집을 마련했다.

무함마드 역시 새 부인을 맞이했다. 얼마 전에 남편을 잃은 우마르의 딸 하프사였다. 하프사는 아름답고 교양 있는 여인으로서 예언자와 결혼할 때 대략 18세였다. 하프사는 아버지 우마르처럼 읽고 쓸 수 있었지만 아버지를 닮아 성미도 급했다. 아이샤는 하프사를 가족으로 맞이하게 되어 기뻤다. 아이샤는 무함마드의 다른 부인들을 질투하게 되지만 그들 아버지끼리 관계가 돈독해지면서 둘은 굳건한 친구가 되었다. 특히 하프사와 아이샤는 둘이서 의기투합해 무신경하고 상상력이 부족한 사우다에게 맞서기를 즐겼다.

아이샤는 이 시기쯤에는 모스크 내에 마련한 방에 들어가 살기 시작했을지도 모르지만 타바리는 아이샤가 아직 어려서 한동안 부모 집에 더 머물 수 있었다고 말한다. 무함마드는 너그러운 남편이었다. 부인들이 작고 비좁은 오두막집에서 검소하게 살 것을 고집했지만, 자신의 옷을 직접 꿰매고 신발을 수선하고 가족의 염소를 돌보는 등 언제나 집안일을 돕고 자신에게 필요한 일은 직접 했다. 특히 아이샤와는 함께 빨리 걷기 경주를 하기도 하면서 느긋한 시간을 보낼 수 있었다. 말에 거침이 없었던 아이샤는 결코 수줍어하거나 순종하는 부인이 아니었다. 무함마드가 좋아하는 향료를 머리에 발라주거나 같은 잔으로 함께 마시는 걸 즐기며 무함마드에게 장난치는 걸 좋아했다. 무함마드가 아이샤와 함께 앉아 샌들을 바삐 수선하던 어느 날, 아이샤는 무함마드가 불현듯 떠오른 어떤 생각에 얼굴빛이 밝아지는 걸 보았다. 아이샤가 무함마드를 잠시 쳐다보다가 그의 밝고 행복한 표정이 좋다고 말하니, 무함마드는 일어나 아이샤의 이마에 입맞추며 이렇게 말했다. "오 아이샤, 알라께서 그대에게 복을 주시기를. 내가 그대에게 주는 기쁨은 그대가 내게 주는 기쁨을 따라가지 못하는구나."[22]

무함마드는 가족 및 동료들과 매우 가깝게 지냈으며 공적인 삶과 사적인 삶 사이에 아무런 차이가 없었다.[23] 부인들은 무함마드가 모스크에서 하는 모든 말을 집에서 다 들을 수 있었다. 메카에서 온 이주민들은 메디나의 여자들이 메카에서만큼 엄격하게 통제되지 않고 곧 자기 부인들도 메디나 여자들의 자유롭고 편한 방식을 따르고 있다는 걸 곧 알아차렸다. 우마르는 부인이 자신의 질책을 순순히 받아들이지 않고 대답을 하기 시작하자 화가 치밀었다. 그래서 부인을 더 심하게 질책하자 부인은 그저, 예언자도 자신의 부인들에게 함께 논쟁하는 것을 허락했다고 대답했다.[24] 문제가 일어나고 있었다. 공과 사를 융합하려는 무함마드의 의도적인 노력은 공사의 구분이 유지될 때에만 존재할 수 있는 남성 우월주의에 타격을 입혔다.

승리의 도취감이 잦아든 후 무함마드는 아라비아 전체에서 자신의 명성이 높아지긴 했지만 메카의 공격이 임박하면서 메디나 내에서 두려움이 확산되고 자신의 반대 세력이 커지고 있다는 사실을 알았다. 이븐 우바이와 그 지지자들은 가장 규모가 큰 유대인 부족인 나디르, 쿠라이자, 카이누카의 지원을 받았다. 이 세 부족은 쿠라이시족과의 상업적 관계에 의존하고 있어 메카를 상대로 하는 전쟁은 어떤 경우에도 참여하고 싶어 하지 않았다. 오아시스 내에 내부의 적이 자라나고 있었다. 바드르 전투 후 약 10주가 지나서, 아부 수피안은 200명으로 구성된 명목상의 '가주' 부대를 이끌고 메디나 외곽 들판으로 왔다. 그리고 밤을 틈타 나디르족 영토로 몰래 들어와 나디르 지도자 살람 이븐 미슈캄의 환대를 받았다. 이븐 이샤크에 따르면 살람 이븐 미슈캄은 "아부 수피안에게 무슬림들에 관한 비밀 정보를 제공했다."[25]

무함마드는 정찰병에게 이 소식을 전해 들었다. 세 유대인 부족은 위험 요인임이 분명했다. 이들에게는 경험 많은 대규모 병력이 있었다. 만약 메카 부대가 나디르와 쿠라이자 부족 영토가 있는 메디나 남쪽에 진을 친다면, 이들 유대인 부족은 쿠라이시족과 힘을 합쳐 메디나의 방어선을 쉽게 무너뜨릴 수 있을 것이다. 쿠라이시족이 최선의 선택인 메디나 북쪽에서 공격하기로 결정하면, 나디르와 쿠라이자 부족이 남쪽에서 무슬림들을 공격할 수 있을 것이다. 그러나 더 시급한 문제는 유대인 부족 중에서 가장 부유하고 예전에 이븐 우바이와 동맹을 맺기도 했던 카이누카족이었다. 카이누카족은 메디나 중심부의 시장을 통제했다.[26] 그런데 무슬림들은 자기들만의 작은 시장을 세우고 종교적인 이유로 수수료를 청구하지 않았다. 카이누카족은 이를 직접적인 도전으로 여겨 예언자와의 합의를 깨고 반대 세력에 합류하기로 결정했다. 무함마드는 카이누카족의 구역을 방문해 서로 다르지 않은 종교의 이름으로 평화를 유지할 것을 요청했다. 카이누카족 사람들은 반항적인 분위기의 침묵 속에서 무함마드의 말을 듣고 다음과 같이 대답했다.

오 무함마드여, 당신은 우리가 당신의 백성이라고 생각하는 것 같군요. 스스로를 속이지 마시오. 당신들은 전쟁에 대해 아무것도 모르는 부족을 [바드르에서] 만나서 그들에게 이겼습니다. 알라의 이름을 걸고, 만약 우리가 당신들과 싸운다면 당신들은 우리가 진정한 사나이라는 걸 알게 될 거요![27]

무함마드는 물러나서 암울한 마음으로 사태의 전개를 기다렸다.

며칠 후 카이누카족의 시장에서 유대인 금세공인이 무슬림 여성을 모욕하면서 싸움이 일어났다. 무함마드는 하캄(중재자)의 자격으로 불려 갔지만 카이누카족의 씨족장들은 무함마드의 판결을 받아들이기를 거부하고, 방어벽을 쳐 요새를 구축하고는 아랍인 동맹들에게 지원을 요청했다. 카이누카족은 700명의 병력을 보유하고 있었으니 만약 동맹들이 응답했다면 그들은 정말로 움마를 격파하고 아마 없애버릴 수도 있었을 것이다. 그러나 아랍인들은 예언자 뒤에 확고하게 남았고, 이븐 우바이는 옛 동맹을 도울 힘이 없다는 사실을 깨달았다. 카이누카족은 2주 동안 포위된 후 무조건 항복할 수밖에 없었다. 사람들은 무함마드가 카이누카족 남자들을 학살하고 여자들과 아이들은 노예로 팔 거라 예상했을 것이다. 그것이 전통적으로 배신자들에게 내리는 형벌이었다. 하지만 무함마드는 아량을 베풀어 달라는 이븐 우바이의 간청을 수락하면서, 부족 전체가 즉시 메디나를 떠나는 조건으로 그들을 살려주었다. 카이누카족은 떠나기로 했다. 그들은 도박을 했지만 무함마드의 새로운 인기를 과소평가했다. 무함마드의 결정에 대해 카이누카족의 아랍인 동맹이나 다른 유대인들은 반기를 들지 않았다. '히즈라' 전에도 피비린내 나는 전쟁이 벌어지면 부족들이 오아시스에서 쫓겨나는 일은 종종 있었으니, 카이누카족 추방도 무함마드가 도착하기 오래전에 시작된 관행에 따른 것이었다.[28] 유혈 사태는 피했지만 무함마드는 비극적인 도덕적 딜레마에 빠졌다. 쿠라이시족에 대항한 '지하드'가 정당화될 수 있었던 것은 무슬림들이 고향 도시에서 배척당했기 때문이었다. 쿠란은 이를 커다란 악이라고 비난했다. 그런데 이제 무함마드가 아라비아의 공격적인 관습에 묶여 다른 부족을 그들의 고향에서 내쫓을 수밖에 없었다.

메디나 사람들은 피할 수 없는 메카의 공격을 걱정스럽게 기다렸다. 아부 자흘은 바드르에서 전사하고 아부 라하브도 그 직후에 세상을 떠나, 이때는 아부 수피안이 쿠라이시족을 이끌고 있었다. 그는 훨씬 더 무서운 상대였다. 늦여름에 무슬림 습격단이 메카의 대규모 대상을 포획했다. 아부 자흘이라면 즉시 보복했겠지만, 아부 수피안은 장기적인 목표를 위해 즉각적인 보복을 참았다. 그는 베두인족 동맹들과 대규모 연합을 구축하면서 준비를 강화하기만 했다. 겨울 우기가 끝나고 625년 3월 11일에 남자 3천 명, 낙타 3천 마리, 말 200마리가 메카를 출발해 북쪽으로 향했다. 그들은 일주일 남짓 여행한 후 메디나 북서쪽 우후드산 앞 평원에 진을 쳤다.[29]

메디나 사람들은 메카의 진군을 일주일 전에야 알았다. 들판에서 작물을 거둬 올 시간은 없었지만 무함마드와 다른 씨족장들은 도시 밖에 사는 사람들을 안으로 들이고 방어벽을 구축할 수 있었다. 경험 많은 전사들은 신중한 대처를 촉구했다. 그들은 아라비아에서는 포위 공격을 지속하기가 매우 어려우니 모두 방어벽 뒤에 머무르면서 교전을 거부하면 쿠라이시족은 결국 퇴각할 수밖에 없을 거라는 의견을 내놓았다. 그러나 바드르에서 승리를 경험한 더 젊은 세대는 행동을 원했고 결국 이들의 뜻이 관철되었다. 무함마드는 총사령관이 아니었기에 이 무모한 결정을 따를 수밖에 없었다. 주요 유대인 부족들은 전투를 거부했고 이븐 우바이도 자신의 병력을 철수시켰기에 다음 날 아침 무함마드는 1 대 3의 수적 열세 속에 쿠라이시족과 맞섰다. 양쪽 부대가 전진할 때 아부 수피안의 부인 힌드는 다른 여자들과 함께 메카 부대 뒤에서 행진하며 틀북을 치고 전쟁 노래를 불렀다. 메카 기병대의 뛰어난 돌격 작전에 무슬림들은 거의 즉시 패배했다. 공격을 받아 의식을 잃은 무함마드가 전사했다는 소문이 퍼졌다.

무함마드는 사실 기절한 것뿐이었지만 쿠라이시족은 소문을 확인하지 않고 싸움을 중단해 기세를 이어 가지 못했다. 그래서 무슬림 생존자들은 혼란스럽지 않게 퇴각할 수 있었다. 메카인 22명, 무슬림 65명이 전사했는데, 무슬림 전사자에 싸움을 잘하기로 유명하던 무함마드의 삼촌 함자도 포함되어 있었다. 쿠라이시족은 전장으로 달려가 함자의 시신을 훼손했다. 누군가가 함자의 간을 잘라내어 소름 끼치게 마치 트로피처럼 힌드에게 가져다주었고 힌드는 바드르에서 함자의 손에 죽은 형제의 원수를 갚기 위해 그것을 한 입 베어 먹었다. 그리고 힌드는 함자의 코, 귀, 생식기를 잘라내어 다른 여자들에게도 자신을 따라하라고 하고는, 베두인족 동맹 일부가 역겨

위하는 가운데 끔찍한 팔찌, 귀걸이, 목걸이를 자랑스럽게 착용하고 그곳을 떠났다. 쿠라이시족 부대가 메카로 다시 이동하기 전에 아부 수피안은 사상자 중에 무함마드가 없다는 소식을 듣고 실망했다. "내년에 바드르에서!" 아부 수피안은 메카로 돌아가며 큰 소리로 도전장을 던졌다. "물론이다!" 무슬림 한 명이 무함마드를 대신해 소리쳤다. "반드시 다시 싸우자!"[30]

무슬림의 패배는 더 나빴을 수도 있었다. 만약 쿠라이시족이 계속 공격했다면 움마가 파괴될 수도 있었다. 하지만 우후드 전투의 정신적 충격은 치명적이었다. 전투가 끝나고 무함마드가 다친 몸을 이끌고 어지러운 마음으로 집에 돌아왔을 때, 모스크 밖에서 큰 애도 소리가 들렸다. '조력자들'의 부인들이 전사한 남편을 애도하는 소리였다. 무슬림들은 싸움을 거부한 이븐 우바이를 격렬하게 원망했다. 그 주 금요일에 모스크에서 이븐 우바이가 연설을 하려고 일어났을 때 '조력자' 중 한 명이 그를 붙잡고 입을 다물라고 말했다. 이븐 우바이는 화가 나서 모스크 밖으로 성큼성큼 걸어나갔고 무함마드에게 용서를 구하기를 거부했다. 쿠란이 '위선자들'이라고 부른 이븐 우바이의 지지자들은 이때까지 소신을 정하지 않고 상황을 지켜보며 흔들리고 있었는데, 이제는 공공연하게 적대감을 드러냈다. 그들은 바드르의 승리가 반짝 승리였을 뿐이며 무함마드가 메디나에 죽음과 파멸을 가져왔다고 주장했다.

전사한 무슬림들의 부인과 딸 들은 보호자 없이 남겨졌다. 이 패배 후에 무함마드는 무슬림들이 부인을 4명 두는 것을 허용하는 계시를 받았다. 무슬림들은 신이 하나의 생명에서 남자들과 여자들을 창조하였고 따라서 신이 보기에 남자와 여자 모두 똑같이 소중하다는 사실을 기억해야만 한다.

고아들에게 그들의 재산을 줄 것이며, 좋은 것을 나쁜 것으로 대체하지 말며, 그들의 재산을 너희 재산으로 갈취하지 말라. 이것은 크나큰 죄악이라.

만일 너희가 고아들을 공정하게 대해줄 수 없으리라는 우려가 있다면 좋은 여성과 결혼하라. 두 번 또는 세 번 또는 네 번도 좋으니라. 그러나 그녀들에게 공정할 수 없을 것이라는 염려가 된다면 한 여성만 두라. 혹은 너희 오른손이 소유한 여인*과 결혼하라. 그것이 너희를 부정으로부터 보호해주는 보다 적합한 것이니라.[31]

일부다처제는 무슬림 여성들에게 큰 고통을 안겨준다는 이

---

* '여자 종'을 가리킨다.

유로 많은 비난을 받아 왔지만, 이 계시가 내려졌을 당시에는 사회를 한 걸음 더 진보시킨 조치였다.[32] 이슬람 이전 시기에는 남자와 여자 모두 배우자를 여러 명 두는 것이 허용되었다. 결혼 후에 여자는 계속 자신의 가족과 함께 살면서 '남편들'의 방문을 받았다. 사실상 공인된 매춘의 형태였다. 따라서 자식의 아버지가 누구인지 불확실했으며 자녀는 보통 어머니의 자식으로 확인했다. 남자들은 아내를 부양할 필요가 없었고 자식을 책임지지도 않았다. 그러나 아라비아는 바뀌고 있었다. 아라비아 반도에 새로운 개인주의 정신이 스며들면서 남자들은 자기 자식에게 더 관심을 갖게 되었고, 개인 재산을 더 챙겼으며, 자기 아들에게 자신의 재산을 물려주기를 원했다. 쿠란은 이러한 추세를 장려했고 이 경향은 더 가부장적인 사회로 향했다. 무함마드는 자신의 부인들을 가족으로 맞아들여 부양함으로써 이러한 방향을 지지했고, 일부다처제 시행을 말하는 구절들은 당연하게 무슬림 남자들도 이같이 행동할 것이라고 여겼다. 하지만 쿠란은 이 새로운 계시가 바로잡고자 하는 사회적 문제도 인식하고 있었다.

이슬람 이전 시기에 여자는 재산을 소유할 수 없었다. 여자 쪽으로 오는 모든 재산은 여자의 가족에게 속했으며 여자의 남자 친족이 관리했다. 그러나 아라비아에서 다른 곳보다 개인주의가 더 두드러졌던 메카에서는 일부 상류층 여자들이 자기 재산을 상속받아 관리할 수 있었다. 카디자가 딱 그런 경우였다. 하지만 메카에서도 이런 경우는 드물었으며 메디나에서는 거의 찾아보기 힘들었다. 대다수 남자들은 여자가 자신의 재산을 물려받아 관리할 수 있다는 생각을 어이없게 여겼다. 여자에게는 개인적인 권리가 없는데 어떻게 그럴 수 있단 말인가? 몇몇 주목할 만한 예외를 제외하고는 여자들은 경제에 기여한 바가 전혀 없다. '가주'에 참여하지 않으니 공동체에 부를 가져오는 것도 아니다. 전통적으로 여자는 남자의 재산으로 여겨졌다. 남자가 죽으면 부인과 딸 들은 남성 상속자에게 인계되었고, 상속자는 상속 재산을 관리하기 위해 인계받은 여자들을 결혼시키지 않고 가난하게 살도록 방치하는 경우가 많았다.

쿠란의 일부다처제는 일종의 사회 법규였다. 그것은 남성의 성적 욕구를 만족시키기 위해서가 아니라 남편을 잃은 여자, 부모를 잃은 아이, 그 밖에도 남에게 의지할 수밖에 없는 여자처럼 취약한 상황에 놓인 사람들에게 가해진 불의를 바로잡고자 고안되었다. 파렴치한 자들이 모든 것을 독차지하고 약한 가족 구성원에게는 아무것도 남겨주지 않는 일이 너무나도 빈번했다.[33] 약자들은 남성 보호자에게 성적 학대를 당하거나 재산으로 취급당해 노예로 팔리는 일도 많았다. 예를 들어 이븐 우바이는 자신의 여자 노예들에게 강제로 매춘을 시켜 수입을 챙겼다. 쿠란은 이러한 행동을 직접적으로 비난하며 여자도 양도할 수 없는 상속권을 가지고 있음을 당연하게 여긴다. 일부다처제는 보호받지 못하는 여자들이 정식으로 결혼할 수 있게 보장하고 이전의 방탕하고 무책임한 남녀 관계를 폐지하기 위해 고안되었다. 남자는 부인을 오직 4명만 얻을 수 있으며 모든 부인을 공평하게 대해야 했다. 부인들의 재산을 탐욕스럽게 차지하는 것은 정당하지 못한 사악한 행동이었다.

쿠란은 서구 여성 대다수는 19세기까지 누리지 못할 법적 지위를 여성들에게 부여하려 하고 있었다. 여성 해방은 예언자가 마음 깊이 간직한 소중한 프로젝트였지만, 무함마드의 가장 가까운 동료 몇 명을 포함해 움마의 많은 남자들이 단호하게 반대했다. 물자가 부족한 사회에서 여자 4명과 자식들을 경제적으로 책임지려면 용기와 동정심이 있어야 했다. 무슬림들은 신이 필요한 것을 마련해주리라는 확신을 지녀야 했다.

너희 가운데 독신과 너희 가운데의 성실한 하인과 하녀들을 결혼시켜주라. 그들이 가난하다면 하느님께서 은혜를 베풀어 그들을 부유하게 하시리라. 하느님은 널리 모든 것을 아신다.[34]

무함마드가 솔선했다. 무함마드는 우후드 전투 후에 부인을 한 명 더 맞이하여 바드르 전투에서 남편을 잃은 자이나브 빈트 쿠자이마에게 집을 마련해주었다. 자이나브는 베두인족 아미르 부족장*의 딸이기도 해서 결혼으로 새로운 정치적 동맹이 맺어졌다. 모스크 옆에 자이나브가 거주할 집이 지어졌고 자이나브는 "자매" 사우다, 아이샤, 하프사와 함께했다.

예언자는 자신의 부인들을 재산으로 여기지 않았다. 부인들은 남자들과 마찬가지로 무함마드의 "동료"였다. 무함마드는 보통 전쟁 원정에 부인 한 명을 데리고 갔다. 그리고 매일 저녁 시간을 부인과 천막에서 보내 지휘관들을 실망시켰다. 부인들은 진영에서 조용히 틀어박혀 있지 않고 일어나는 모든 일에 관심을 보이며 자유롭게 돌아다녔다. 이러한 자유는 이슬람 이전 아라비아의 엘리트 여성들에게는 흔한 모습이었지만 우마르는 이에 격분했다. "대담함이 도를 넘었습니다!" 우마르는 어느 날 전선을 따라 거닐고 있는 아이샤와 마주치자 고함을 질렀다. "큰일이라도 나면 어쩔 겁니까? 만약 우리가 패해서 다들 붙잡히기라도 하면 어쩔 겁니까?"[35] 무함마드의 가정 운영 방식 덕분에 정치에 새롭게 접근할 수 있게 된 부인들은 이 영역을 상당히 편하게 느꼈던 것 같다. 머지않아 다른 여자들도 이와 비슷하게 자신에게 권한이 주어졌음을 느끼기 시작했고, 무함마드의 적들은 이러한 여성들의 움직임을 이용

---

* 메카의 아미르 씨족(Qurayshan clan of Amir)과는 다른 베두인 부족(Bedouin tribe of ʿAmir)이다.

해 예언자의 평판을 깎아내리려 한다.

무함마드는 우후드에서 잃은 명성을 회복해야 했다. 쿠라이시족과 한 번 더 전면전을 펼치는 위험을 감수할 수는 없었지만, 그렇다고 약한 모습을 보여줄 수도 없었다. 625년 여름에 일어난 두 사건은 무함마드가 얼마나 취약한 상황에 처해 있었는지 보여준다. 메디나 서쪽 지역인 나지드의 베두인 두 부족이 이슬람 가르침을 청하여, 무함마드는 가장 유능한 남자 여섯 명을 파견했다. 여행 중에 그들은 '가라니크' 세 여신 중 하나인 마나트 여신의 도시 쿠다이드의 씨족장 한 명에게 습격을 당했다. 무슬림 세 명은 살해당하고 나머지 세 명은 포로가 되었다. 한 명은 탈출을 시도하다 돌에 맞아 사망했고 남은 두 명은 메카에 노예로 팔려 간 후 나중에 성소 밖에서 십자가에 못 박혔다.

비슷한 시기에 아미르 부족장이며 무함마드의 새로운 장인인 아부 바라는 자신의 부족 내 파벌 싸움 때문에 도움을 청했다. 무슬림 40명이 파견되었지만 거의 전원이 아미르족 영토 바로 밖에서 술라임 부족민들에게 학살당했다. 여기서 살아남은 무슬림 생존자 한 명은 나무 아래에서 평화롭게 누워 잠들어 있던 아미르족 두 명을 발견하고는 아미르족이 무슬림 학살에 책임이 있다고 여기고 전통적인 방식의 복수로 그들을 살해했다. 무슬림 생존자가 메디나로 돌아왔을 때, 무함마드는 그에게 잘못된 행동을 했다고 말했다. 하지만 보복 전통은 아라비아에 너무나 깊이 뿌리 박혀 있어서 근절하기가 거의 불가능했다. 무함마드는 아부 바라에게 응당한 보상을 지불하겠다고 고집했다. 실제 범죄를 저지른 것은 술라임 부족민들인데도 무함마드가 그렇게 행동하자 베두인족 일부는 움마에 더 호의를 품게 되었다. 술라임족 일부도 무슬림 희생자들의 용기에 깊은 인상을 받아 이슬람에 들어왔다.

메디나에서 무함마드의 입지는 여전히 불안정해서 방심할 수가 없었다. 아미르족에게 지불할 위자료를 모으기 위해 유대인 나디르족을 방문했을 때는 암살 시도를 아슬아슬하게 피했다. 나디르족 일부가 무함마드가 지나가는 길 근처 지붕 위에서 커다란 바위를 떨어뜨릴 모의를 했던 것이다. 이븐 우바이가 그들을 지원하겠다고 약속했고, 나디르족은 무함마드가 우후드 전투 패배로 불신받아 메디나 사람들이 자신들을 지지할 거라고 여겼던 것 같다. 그래서 그들은 과거 동맹이었던 아우스족에게 암울한 전갈을 받고서 경악했다. 아우스족은 나디르족이 예언자와 맺은 계약을 파기했으니 이제 메디나에서 살 수 없다고 통고했다.

예전에 카이누카족이 그랬던 것처럼 나디르족도 요새로 물러나 동맹들이 구하러 와주기를 기다렸지만, 이번에도 도움의 손길은 없었다. 역시 무함마드에게 적대적이면서 세력이 강한 유대인 쿠라이자족조차 독자적으로 해결하라고 전했다. 2주 후 나디르족은 더는 버틸 수 없다는 사실을 깨달았고, 무함마드가 그들 부족의 야자수를 베라는, 아라비아에서 선전 포고와도 같은 명령을 내리자 목숨을 살려 달라고 빌며 항복했다. 무함마드는 그들이 낙타에 실을 수 있는 물건만 가지고 오아시스를 즉시 떠난다는 조건으로 그들의 항복에 동의했다. 그래서 나디르족은 짐을 쌌다. 그러나 집 문의 상인방을 그대로 두지 않고 해체해버리는 심술을 부리고는, 마치 승자라도 된 것마냥 의기양양하게 행진하며 메디나를 떠났다. 여자들은 온갖 보석과 장신구로 차려입고 틀북을 치고 피리 소리와 북소리에 맞춰 노래했다. 그들은 오아시스 내 과수원과 마을을 누비고 다닌 후 마침내 시리아로 가는 길에 들어섰다. 일부는 근처 카이바르의 유대인 정착지에 남아서, 아부 수피안이 북쪽에 있는 부족들에게 지원을 요청하며 무슬림에 대항해 동맹을 구축하는 것을 도왔다.[36]

2년이라는 짧은 시간 동안 무함마드는 메디나에서 강력한 두 부족을 추방했고 이제 무슬림들은 카이누카족이 떠난 시장을 관리했다. 앞에서 본 것처럼 이는 무함마드가 의도한 바가 아니었다. 무함마드는 폭력과 강탈의 악순환을 끊고자 했지 지속하고 싶어 하지 않았다. 자신이 여전히 쉽지 않은 상대임을 보여주었지만, 이런 식의 성공은 도덕적으로나 정치적으로 무익하다고 생각했을 것이다. 나디르족만 해도 인근 카이바르에서 여전히 큰 위협으로 남아 있었기 때문이다.

아부 수피안이 우후드 전투 후에 돌아가며 내뱉은 독설이 실현될 시간이 다가왔다. "내년에 바드르에서!" 그러나 이것은 무함마드에게 매우 위험한 일이었다. 힘이 있음을 과시해야 했지만, 무슬림 부대의 사기가 너무나 저하되어 있어서 또한 번 대규모 전투를 치르는 위험은 감수할 수가 없었다. 그런데도 바드르의 연례 '수크'(시장)가 열리는 주에 무함마드는 남자 1500명과 함께 바드르로 갔다. 예언자에게 다행스럽게도 아부 수피안은 나타나지 않았다. 아부 수피안은 무슬림들이 약속을 지키리라고는 기대하지 않았고, 단순히 보여주기 차원에서 부대를 이끌고 출발했다. 무함마드가 메디나를 떠나지 못했다는 소식을 들으면 곧장 돌아올 계획이었다. 그해엔 심각한 가뭄이 들어 바드르로 가는 길에 낙타에게 먹일 풀 한 포기도 없었다. 단 며칠 분량의 보급품만 싣고 갔던 아부 수피안은 다시 메카로 발길을 돌려야만 했다. 이 일로 베두인족 사이에서는 온통 무슬림들의 용기에 대한 찬사가 가득해서 아부 수피안은 메카 사람들에게 심한 비판을 받았다.[37]

메디나에서 무함마드의 지위는 여전히 취약했다.[38] 그러나 아라비아 반도 전체에서는 무함마드에게 유리한 쪽으로 상황이 돌아가기 시작했다. 무함마드는 어느 베두인족이 메카 동맹에 합류했다는 소식을 들을 때마다 가주를 이끌고 그 부족의 가축을 포획하곤 했다. 시리아 쪽으로 800킬로미터 떨어진 곳도 마다하지 않았다. 626년 6월 무함마드는 베두인 가타판족의 몇몇 씨족이 메디나 약탈을 계획한다는 소식을 듣고 그들을 격퇴하기 위해 나섰다. 다트 알-리카에서 적과 마주했을 때 이번에도 전면전은 피했지만, 무슬림들은 사흘 동안 계속해서 적과 대치했다. 타바리와 이븐 이샤크는 모두 무슬림 부대가 겁에 질려 있었다는 사실을 분명하게 밝힌다. 그러나 가타판족도 겁먹은 건 마찬가지였던 것 같다. 이처럼 공포의 분위기 속에서 예언자는 '두려움의 기도'를 마련하라는 계시를 받았다. '두려움의 기도'는 일반적으로 엎드려 절하는 방식을 전쟁 상황에 맞게 간략화한 기도 형태였다.[39] 정해진 시간에 모두가 일제히 기도하면 적의 공격에 취약해지므로 언제든 준비된 상태로 서로 돌아가면서 기도해야 한다. 결국 전투는 개시도 하지 않고 흐지부지되었다. 가타판족은 철수했으며 무함마드는 상징적인 승리를 거두고 메디나로 돌아올 수 있었다.

'두려움의 기도'는 이 새로운 종교가 얼마나 사면초가에 몰리고 방어적이 되었는지를 잘 보여주었다. 쿠란이 겉보기에 성평등에서 후퇴하게 된 것도 이런 맥락에서 보아야 한다. 626년 1월, 무함마드의 새로운 부인 자이나브가 결혼한 지 8개월

만에 세상을 떠났다. 얼마 후에 무함마드는 힌드 빈트 아비 우마이야와 결혼 이야기가 오갔다. 힌드는 무함마드의 사촌인 남편 아부 살라마를 우후드 전투 후에 잃었으며 자식이 4명 있었다. 보통 '움 살라마'라는 이름으로 알려진 힌드는 스물아홉 살이었는데 아름답고 세련되고 대단히 지적이어서, 무함마드가 카디자와 함께 나눴던 우정 비슷한 관계를 맺을 수 있을 것이었다. 움 살라마는 세력이 매우 강한 메카 씨족인 마크줌의 유력 인사의 자매이기도 했다. 움 살라마는 처음에는 무함마드와 결혼하기를 꺼렸다. 세상을 떠난 남편을 너무나도 사랑했기 때문이라고 움 살라마는 설명했다. 자신은 젊지 않고 질투심이 많으며 하렘 생활에 적응할 수 있을지 확신이 서지 않는다고 했다. 무함마드는 거의 모든 이의 마음을 편안하게 해주는 특유의 다정한 미소를 지으며, 50대 후반인 자신은 움 살라마보다 훨씬 더 나이가 많으며 신이 질투를 치료해줄 거라고 장담했다.

움 살라마의 염려는 틀리지 않았다. 모스크 생활은 쉽지 않았다.[40] 무함마드의 부인들이 사는 집들은 너무나 작아서 집 안에서 똑바로 서 있기도 힘들 정도였다. 무함마드는 자기 집이 없었다. 차례로 돌아가며 각 부인의 집에서 밤을 지냈으며 낮에는 그 부인의 집이 무함마드의 공식 거주지가 되었다. 무함마드는 끊임없이 많은 사람에게 둘러싸여 있었기에 실제로는 사생활이 없었다. 딸들과 손자들이 무함마드를 자주 찾아 왔다. 무함마드는 알리와 파티마의 아들인 하산과 후사인을 매우 아꼈으며, 어린 손녀 우마마를 특히 귀여워해서 어깨에 태우고 모스크에 들어가곤 했다. 또한 무함마드는 가장 가까운 동료들인 아부 바크르, 자이드, 알리, 우스만과 지속적으로 밀담을 나누었다. 우마르와 밀담을 나누는 시간도 점점 더 많아졌다. 무함마드가 아라비아에서 더 널리 존경을 받게 되면서 베두인 부족들이 사절단을 보내기도 해, 이들이 낙타를 몰고 와 마당이 북적거렸다.

무함마드가 기도 후에 모스크에서 나오면 청원자들이 예언자를 에워싸고 옷을 잡아당기거나 얼굴에 대고 고함치며 질문과 요구 사항을 말했다.[41] 그들은 무함마드 부인의 오두막 안까지 따라 들어와 식탁 주위를 꽉 메우기도 했는데 그럴 때면 너무 비좁아서 음식을 한입 먹기도 불가능할 정도였다.[42] 부끄러움이 많고 예민하며 불편한 체취와 구취에 민감했던 무함마드에게 이런 일은 스트레스가 되었다. 게다가 무함마드는 나이가 들어 가고 있었다. 아직 흰머리는 많지 않았고 발이 땅에 닿지도 않는 것처럼 힘차게 걸었지만, 거의 60세가 되어 아라비아에서는 결코 적지 않은 나이였다. 그는 우후드 전투에서 부상을 입었다. 그런 데다 메디나 전체가 반드시 다시 공격해 올 메카 부대를 두려움 속에서 기다리는 가운데 움마가 그 어

느 때보다 더 분열되면서 무함마드는 지속적인 압박감을 느끼기 시작했다.[43]

내부 불화는 움 살라마가 모스크에 들어와 살기 시작하면서 표면화되었다. 아이샤는 이 특별하고 뛰어난 여인이 오는데 격렬하게 분개했고, 하렘에는 균열이 생겨났다. 이는 움마 자체의 긴장을 반영하는 것이기도 했다. 움 살라마는 메카 이주민 중에서 더 귀족적인 상류층을 대표했고, 아부 바크르의 딸 아이샤와 우마르의 딸 하프사는 세력이 강한 평민 집단 출신이었다. 무함마드의 부인들은 각각 이 두 경쟁적인 세력 중 한 편에 섰다. 움 살라마는 종종 제3의 집단인 무함마드의 직계 가족 '아흘 알-바이트'(ahl al-beit), 즉 "가문 사람들"의 지지에 의지하기도 했다. 움 살라마가 무함마드와 결혼할 당시에는 이러한 분열이 단지 싹트는 정도였지만, 움마가 통일된 단일체가 아니며 이슬람에 들어온 사람들이 저마다 매우 다른 기대를 품고 있었음이 곧 명백해진다.

움 살라마는 곧 메디나 여성들의 대변자가 되었다.[44] 부인들을 물리적으로 공동체 중심에 놓았던 무함마드의 생활 방식을 보고 무슬림 여자들은 자기 역할에 대해 새로운 통찰을 얻었다. 아이샤와 하프사는 아직 어린 데다가 때로는 변덕스럽고 이기적이었지만, 움 살라마는 굉장히 다른 인물이었다. 움 살라마가 무함마드와 결혼한 직후에 여자들 대표가 움 살라마에게 왜 쿠란에는 여자들이 거의 언급되지 않는지 까닭을 물었다. 움 살라마는 여자들의 질문을 예언자에게 전했고, 무함마드는 여느 때처럼 시간을 들여 진지하게 그 문제를 성찰했다. 며칠 후 움 살라마가 자신의 거처에서 머리를 빗고 있을 때 모스크에서 무함마드가 혁명적인 새 수라를 암송하는 소리가 들렸다.

> 실로 무슬림 남녀에게
> 믿음이 있는 남녀에게
> 순종하는 남녀에게
> 진실한 남녀와
> 인내하는 남녀에게
> 두려워하는 남녀와
> 자선을 베푸는 남녀에게
> 단식을 행하는 남녀와
> 정조를 지키는 남녀에게
> 하느님을 염원하는 남녀에게
> 하느님은 관용과
> 크나큰 보상을 준비하셨노라.[45]

이는 곧 이슬람에 완전한 성평등이 있어야 한다는 뜻이었다. 남자와 여자는 동일한 의무와 책임을 진다. 여자들은 이 구절을 듣고 여기에 담긴 뜻을 일상 생활에서 구체적인 현실로 만들겠다고 마음먹었다.

신도 여자들 편인 것 같았다. 바로 얼마 후에 수라 한 장 전체가 여성에게 바쳐졌다. 여자는 더는 낙타나 대추야자처럼 남성 상속인에게 상속되지 않아야 한다. 여자도 상속을 받을 수 있고 유산 분배 몫을 두고 남자와 경쟁할 수 있다.[46] 부모를 잃은 여자아이가 마치 재산처럼 취급되어 본인 의사에 반하여 후견인과 결혼해서는 안 된다.[47] 이슬람 이전 시기 관습대로 여자가 이혼 절차를 개시할 권리를 계속 보유한다. 다만 남편은 이를 거부할 수 있다. 아라비아에서는 전통적으로 신랑이 신부에게 지참금을 선물하는데, 실제로는 신부의 가족이 지참금을 가져갔다. 이제 지참금은 신부의 양도할 수 없는 재산으로서 신부에게 직접 주어져야 하며, 만약 이혼할 경우에는 남편이 지참금을 돌려받을 수 없었기 때문에 여성의 안전이 보장되었다.[48] 쿠란의 법률은 개인이 자유롭고 독립적이라고 주장했으며, 이는 여성에게도 적용되었다.

7세기 아라비아에서 이러한 혁신은 충격적이었으며 움마의 남자들은 분노했다. 신이 자신들의 특권을 빼앗아 가고 있다! 자신들은 신을 위해 목숨을 걸고 싸울 준비가 되어 있는데 지금 신은 그들의 개인 삶에서 희생을 요구하고 있다! 메디나 사람들이 특히 분노했다. 농장을 나눠서 여자에게도 몫을 주라고? 그들은 물었다. "일하지 않고 벌이도 하지 않는 여자들과 아이들에게 어떻게 유산 상속 권리를 줄 수 있단 말인가? 이제 여자들과 아이들도 그 돈을 벌기 위해 일한 남자들처럼 유산을 물려받게 된다고?" 그리고 예언자는 못생긴 여자아이조차 재산을 물려받을 수 있다고 진지하게 말하고 있는 것인가? "그렇다, 물론이다." 무함마드는 답했다.[49] 일부는 법률의 허점을 찾으려고 해보았지만, 여자들이 무함마드에게 고발했고 쿠란은 여자들을 지지했다.[50]

여자들은 또 다른 요구를 했다. 약탈이 공동체 경제에 그렇게도 중요한데 왜 여자들은 무기를 들 수 없느냐는 것이었다. 움 살라마는 다시 한 번 예언자에게 여자들의 의문을 전했다.[51] 이 문제는 '가주' 경제의 핵심을 찔렀다. 약탈을 통해 포로가 된 여자는 귀중한 전리품이었다. 그들은 팔려 갈 수도, 결혼할 수도, 노동력으로 활용될 수도, 매춘을 강요당할 수도 있었다. 만약 여자들이 가만히 있다가 포로가 되지 않고 싸우는 것이 허용된다면 '가주' 수입은 크게 줄어들 것이다. 논란으로 공동체는 분열되었고, 무함마드는 알라가 남자들을 무력화시킨다고 생각하는 화가 난 남자들에게 포위되었다. 특히 우마르는 예언자가 어이없을 정도로 여자들에게 관대한 태도를 취하는 것을 이해할 수 없었다. 하지만 무함마드는 굳건히 버티며 신이 의지를 분명히 밝혔다고 강하게 말했다.

그러나 여자들은 움직일 때를 잘못 선택했다. 움마가 소멸할 위기에 처해 있는 시기에 남자들이 이를 받아들일 리가 없었다. 유산 상속과 이혼에 관한 법률은 그대로 남았지만, 무함마드는 메디나의 적들이 이 급진적인 입법을 정치적 자산으로 만들고 있으며 이 결정적인 순간에 가장 가까운 동료들이 자신을 반대한다는 사실을 알았다. 이렇게 곪아 가던 상황이 남자들의 아내 폭행 문제를 놓고 크게 터졌다.[52] 쿠란은 무슬림들이 서로 폭력을 가하는 것을 금지한다. 그래서 여자들은 남편이 때리면 이를 예언자에게 고발하기 시작했다. 폭력을 휘두른 남편은 쿠란의 규정대로 벌을 받아야 한다고 요구했다. 일부 여자들은 자신을 학대하는 남편과 잠자리를 거부하기도 했다. 무함마드는 여자에게 폭력을 행사한다는 것 자체에 혐오감을 느꼈다. "예언자는 자신의 부인 누구에게도, 노예에게도, 다른 사람 어느 누구에게도 결코 손을 들지 않았다"라고 이븐 사드는 기록했다. 무함마드는 "여자를 때리는 데 언제나 반대"했다.[53] 그러나 무함마드는 시대를 앞서 있었다. 우마르와 이븐 우바이 같은 남자들, 심지어 점잖은 아부 바크르조차 아무런 고민 없이 부인들을 때렸다. 아부 수피안이 메디나 공격을 위해 대규모 부대를 소집하고 있다는 사실을 알았기에 무함마드는 남자들의 충성심을 유지하기 위해 물러설 수밖에 없었다. "잘 알겠다." 무함마드는 분개한 동료들에게 말했다. "때리려거든 때려라. 하지만 정말 못난 사람만이 그런 방법을 쓸 것이다."[54] 계시는 남편에게 부인을 때릴 수 있는 권한을 주는 것처럼 보였지만 무함마드는 달가워하지 않았다.[55] "나는 성미 급한 남자가 발끈하여 자기 부인을 때리는 모습을 보면 견딜 수가 없다"라고 무함마드는 말했다.[56] 그러나 메카와의 분쟁 때문에 무함마드는 타협하여, 더 일반적인 상황에서라면 피했을 조치를 채택할 수밖에 없었다. 쿠란이 수립한 여성 관련 제도는 당시 메디나에서 일어난 모든 일에 불가피하게 영향을 미쳤던 전쟁에 관한 구절들과 얽혀 있었다. 무함마드는 불만을 품은 부대로는 메카의 무서운 공격에서 살아남을 희망이 없다는 사실을 알고 있었다.

*

627년 3월에 쿠라이시족과 그 동맹들이 구성한 1만 명의 대규모 군대가 메디나로 진격했다.[57] 무함마드는 메디나와 베두인족 동맹들로부터 고작 전사 3천 명을 모을 수 있었다. 이번에는 어리석은 허세를 부리지 않았다. 무슬림들은 오아시스 중심부의 "도시" 안에 들어가 방어벽을 구축했다. 메디나는 삼면이 화산암 절벽과 평원으로 둘러싸여 있어 방어하기 어렵지 않았다. 북쪽이 가장 취약했지만 무함마드는 이슬람으로 개종한 페르시아인 살만 알-파르시가 제안한 책략을 받아들였다. 쿠라이시족이 서두르지 않고 자신 있게 한 걸음씩 천천히 움직였기에 무슬림들은 대비할 시간이 많았다. 무슬림들은 메디나 외곽 들판의 작물을 거둬들여 이번에는 메카 사람들이 가축의 먹이를 구하지 못하게 했다. 그리고 공동체 전체가 오아시스 북쪽 지역에 거대한 참호를 파는 작업에 착수했다. 이것은 아랍인 정서에는 놀라움을 넘어 충격적인 행동이었다. 자존심이 강한 '자힐리' 전사라면 자신과 적 사이에 참호를 설치하는 것은 꿈도 꾸지 않았을 것이기 때문이다. 노예처럼 땅을 파는 것도 굴욕적인 일로 여겼을 것이다. 하지만 무함마드는 동료들과 함께 웃고 농담하고 노래 부르며 작업했다. 사기는 높았다.

메디나에 도착한 쿠라이시족은 거대한 참호를 보고 할 말을 잃었다. 무슬림들은 참호에서 파낸 흙으로 높은 비탈을 쌓아, 수비벽을 효과적으로 구축하고 투척 무기를 활용하기 좋은 유리한 위치를 차지하고 있었다. 쿠라이시족은 당황했다. 평생 이렇게 정정당당하지 않은 모습은 본 적이 없었다![58] 쿠라이시족의 자랑이자 기쁨인 기병대는 아무 쓸모가 없었다. 어쩌다 한 번씩 기병 한 명이 무슬림 진영을 향해 돌격을 시도해보았지만, 깊고 거대한 참호 앞에서 외마디 비명을 지르며 멈춰

설 뿐이었다.

　포위가 시작되고 겨우 한 달밖에 지나지 않았지만 이 상황
은 끝나지 않을 것만 같았다. 메디나 주민들뿐만 아니라 메디
나의 동맹들에게 식량과 물자를 공급하는 일은 엄청난 부담이
었다. 이븐 우바이 세력은 무함마드 때문에 망할 거라고 비난
했고[59] 유대인 쿠라이자족은 대놓고 쿠라이시족을 지원했다.
카이바르 지역의 유대인들은 메카 부대에 대규모 병력을 보냈
다. 그중에는 메디나에서 추방된 나디르족 사람들이 다수 포
함되어 있었다. 메카 부대가 메디나에 도착하기 전에 나디르
부족장 후야이 이븐 아크탑은 쿠라이자족에게 접근해, 무슬림
들을 후방에서 공격하거나 나디르 부족민 2천 명을 오아시스
지역에 잠입시켜 요새에 있는 여자들과 아이들을 학살하도록
설득하려 했다. 쿠라이자족은 처음에는 망설였지만 엄청난 수
의 메카 부대가 메디나 앞 평원을 새까맣게 메운 광경을 보고
는 메카 동맹을 도와 쿠라이시족에게 무기와 물자를 공급하는
데 동의했다. 이 배신의 소식을 들은 무함마드는 괴로움을 감
추지 못했다. 무함마드는 '히즈라' 전부터 쿠라이자족과 긴밀
하게 협력하던 아랍인 사드 이븐 무아드를 보내 협상을 시도
했지만 소용없었다. 어느 시점에 쿠라이자족은 실제로 정착지
남동쪽 요새를 공격하기 시작했지만 점차 활동이 사그라들었
다. 약 3주 동안 그들이 어느 쪽으로 갈지는 매우 불명확했다.

'참호 전투'가 이어지는 동안 포위 공격이 알려지면서 무슬림들은 두려움에 떨었다. 몰살당할 가능성이 눈앞에 닥치자 일부는 거의 자포자기 상태가 되기도 했다. 쿠란은 이때의 광경을 다음과 같이 돌아보았다. "눈은 몽롱하여지고 마음은 공포로 목까지 올라왔으며 너희는 하느님에 대한 무익한 생각들을 시작하였노라. 그곳에서 믿는 자들은 시련을 받고 격렬하게 동요하였노라."[60] 그러나 도시 안에 있는 이들이 벌벌 떨고 있을 때 참호 바깥 쿠라이시족은 그들대로 지쳐 가고 있었다. 식량은 부족했고, 전쟁 경험도 없었기에 어떤 계기로 분위기만 바뀌면 사기가 쉽게 떨어질 수 있었다. 어느 날 사나운 폭풍우가 쿠라이시족 진영을 초토화했을 때 그들의 의지는 마침내 무너졌다. 아부 수피안은 패배를 인정했다. 말과 낙타는 죽어 가고 있었고 쿠라이자족은 큰 도움이 되지 않았으며 부대는 천막도, 불도, 식사를 조리할 그릇도 없었다. "퇴각하라." 아부 수피안은 부하들에게 말했다. "나는 간다."[61] 다음 날 아침 무슬림들이 비탈 너머를 보았을 때 평원은 텅 비어 있었다.

그러나 무함마드에게는 또 다른 문제가 있었다. 쿠라이자족을 어떻게 할 것인가? 쿠라이시족이 떠났다고 해서 메디나에서 무함마드의 지도력을 둘러싼 격렬한 반대 공세가 약해지지는 않았다. 무함마드의 반대 세력은 메카 사람들이 머지않아 돌아와 자신들이 겪은 치욕에 대해 끔찍한 복수를 할 거라고 확신하고는 무함마드 반대 운동을 더 강화했다. 정착지에서는 금방이라도 내전이 일어날 기세였다. 이러한 폭발 직전의 상황에서 쿠라이자족이 아무런 처벌도 받지 않고 그냥 넘어갈 수는 없었다. 메카 군대가 떠난 다음 날 무함마드의 군대는 쿠라이자족 요새를 포위했고, 쿠라이자족은 카이누카와 나디르족과 같은 조건으로 떠나게 해 달라고 요청했다. 그러나 무함마드는 이번에는 거절했다. 나디르족은 추방된 후에도 움마에 위험한 존재임이 이미 증명되었다. 쿠라이자족 장로들은 예전의 협력자 사드 이븐 무아드의 중재를 받아들이겠다고 동의했다. 포위 기간에 심각한 부상을 입은 사드는 들것에 실려 쿠라이자족 마을로 왔다. 몇몇 다른 부족이 사드에게 자비를 베풀 것을 청했지만 사드는 쿠라이자족이 용납할 수 없을 만큼 위험하다고 믿고 전통적인 판결을 내렸다. 부족 남자 700명을 모두 처형하며, 부인들과 아이들은 노예로 팔고, 그들의 재산은 무슬림들이 나눠 가진다. 무함마드는 사드의 평결을 듣고 흐느껴 울었다고 전해진다. "당신은 일곱 하늘 위에 계시는 알라의 결정에 따라 판결하셨습니다!"[62] 다음 날 형이 집행되었다.

오늘날 우리는 이 일에 혐오감을 느낄 수 있지만, 당시 아라비아에서는 거의 모든 이가 사드의 판결을 예상했을 것이다. 사료에 따르면 쿠라이자족조차도 이 결정에 놀라지 않았다고 한다. 쿠라이자족 처형은 카이바르 지역의 유대인들에게 단호한 경고가 되었고, 베두인족은 무함마드가 보복을 꺼리지 않는다는 사실을 눈여겨보았을 것이다. 무함마드는 보란 듯이 힘을 보여주었고 이를 통해 갈등이 종식되기를 바랐다. 이 절망적이고 원시적인 사회에 변화가 다가오고 있었지만 아직까지는 이 정도 규모의 폭력과 살육이 일반적인 모습이었다.[63]

그럼에도 불구하고 이 사건은 무함마드의 삶에서 최악의 상황으로 기록된다. 하지만 쿠라이자족이 종교적이거나 인종적인 이유로 죽임을 당한 것은 아니라는 사실에 주목하는 것이 중요하다. 오아시스 내 다른 유대인 부족들은 이 사건을 순전히 정치적이고 부족에 관련된 문제로 간주하여 이의를 제기하거나 개입하려 하지 않았다. 쿠라이자족과 거래하던 아랍 부족 킬랍의 부족민 상당수도 유대인들과 함께 처형되었다. 무함마드는 유대인들과 이념적 논쟁을 벌인 적이 없다. 무함마드는 다음과 같이 말한 적이 있다. "유대인이나 기독교인을 부당하게 대하거나 해치려는 자는 심판의 날에 내게 대답해야 할 것이다." 쿠라이자족 남자들은 배신행위 때문에 처형되었다. 메디나의 다른 17개 유대인 부족은 오아시스에 남아 오랫동안 무슬림들과 우호적인 관계를 유지하며 살았고, 쿠란은 무슬림들이 '책의 민족'과 영적인 친족 관계를 기억해야 한다고 계속해서 강조했다.

성서의 백성들을 인도함에 가장 좋은 방법으로 인도하되 논쟁하지 말라. 그러나 그들 중에 사악함으로 대적하는 자가 있다면 일러 가로되 우리는 우리에게 계시된 것과 너희에게 계시된 것을 믿노라. 우리의 하느님과 너희의 하느님은 같은 하느님이시니 우리는 그분께 순종함이라.[64]

나중에 이슬람 제국에서 유대인들은 완전한 종교적 자유를 누리며, 반유대주의는 20세기 중반 아랍과 이스라엘 갈등이 격화되기 전까지 이슬람에서는 나오지 않는다.

쿠라이자족의 비극은 무함마드 시대 아랍인들에게는 그럴 수밖에 없는 조치로 보였을지 모르지만 오늘날 우리는 이를 받아들이기 어렵다. 그것은 무함마드가 하려고 했던 일도 아니었다. 무함마드의 원래 목표는 '자힐리야'의 폭력을 종식하는 것이었지만 이제 그는 일반적인 아랍 족장처럼 행동하고 있었다. 궁극적인 평화를 이루기 위해서는 전쟁을 치를 수밖에 없다고 느꼈지만 그 전쟁은 공격과 반격, 잔학 행위와 보복의 암울한 악순환을 낳았고 그것은 이슬람의 본질적인 원칙을 훼손했다. 무함마드는 쿠라이자족 마을을 떠나 여전히 적의가 끓고 있는 도시로 오면서, 갈등을 종식하는 다른 방법을 찾아야 한다는 사실을 깨달았을 것이다. 어떻게 해서든 무함마드는 이러한 '자힐리'적인 행동을 완전히 버리고 전적으로 다른 해결책을 찾아야 했다.

5장

살람

평화와 화해의 이름 '이슬람'

움마(이슬람 공동체)는 폭력과 오만이 아니라 자비, 예의,
평온의 정신으로 자란다. 그러면 "씨앗이 돋아나
잎을 피우고 튼튼하여지며 줄기로 자라나
씨앗을 뿌린 자를 기쁘게" 할 것이다.
전쟁은 끝났다. 이제는 거룩한 평화의 시간이 왔다.

무함마드가 쿠라이시족에게 승리하면서 아라비아 반도에서 무함마드의 명성이 크게 높아졌다. 그 후 몇 달 동안 무함마드는 이러한 분위기를 적극 활용하여 메카 동맹에 속한 부족들을 상대로 습격대를 파견하거나 쿠라이시족 교역에 피해를 입히는 경제 봉쇄를 강화하고 시리아 대상 일부를 메디나로 끌어오고자 했다. 무함마드의 계속되는 성공을 보면서 많은 아랍인들이 자신들의 전통적인 신앙의 정당성에 의문을 품게 되었다. 아랍인들은 실용적이어서 추상적인 사변보다는 종교 체계의 효용에 더 관심이 있었다. 메카 군대가 포위를 거두고 메디나를 떠났을 때 메카 군 지휘관 칼리드 이븐 알-왈리드는 이렇게 외쳤다. "분별력 있는 사람이라면 이제 무함마드가 거짓말을 하지 않았다는 사실을 누구나 안다!"[1] 옛 신앙을 헌신적으로 지지하던 사람들조차 동의하기 시작했다. 메카의 대상을 약탈하던 중에 이슬람을 받아들이느니 가족을 포기하겠다던 무함마드의 예전 사위 아부 알-아스가 포로로 잡혔다. 무함마드는 아부 알-아스를 풀어주고 그가 운송하던 상품도 돌려주라고 지시했다. 아부 알-아스는 무함마드에게 또다시 관대한 대우를 받자 깊이 감동하여, 운송하던 상품을 메카에 가져다 놓은 뒤 '히즈라'를 실행하고 이슬람으로 개종하여 자이나브와 어린 딸과 재결합했다.

아라비아 전체에서는 상황이 무함마드에게 호의적인 쪽으로 바뀌었지만 메디나에서는 그 반대였다. 메디나에서는 갈등이 그 어느 때보다 더 지독해졌다. 이븐 우바이는 날마다 만약 자신이 지도자 자리에 있었다면 야트리브는 아라비아에서 가장 세력이 강한 도시로부터 치명적인 원한을 사는 일 없이 평온했을 것이라는 뜻을 은근히 내비치곤 했다. 무함마드의 적들은 좀처럼 대놓고 공격하지는 않았지만 뒤에서 은밀하게 비방을 일삼았다. 여성 지위를 향상시키려는 무함마드의 시도는 논란을 일으켰고 이것은 적들에게는 뜻밖의 선물과 같았다. 적들은 무함마드의 부인들에 대한 악의적이고 외설적인 소문을 퍼뜨리기 시작했다. 어떤 이들은 자신이 무함마드의 하렘에서 매력적인 부인들을 점찍어놓았으며 무함마드가 죽으면 이들과 결혼할 작정이라는 말을 퍼뜨렸다. 암살에 대한 암시 이상이 담긴 말이었다.[2] 무함마드가 나이가 너무 들어 부인을 만족시키지 못한다거나 고환 탈장이 있다는 소문도 퍼졌다.[3]

아이샤와 사프완 이븐 알-무아탈이라는 젊은 남자에 관련된 악의적인 소문도 많았다. 사람들이 무함마드에게 질문과 하소연을 하기 위해 무함마드의 가족 거처에 몰려왔을 때 일부 남자들이 실제로 무함마드 앞에서 무함마드의 부인들을 모욕한 적도 있었다. 상황은 걷잡을 수 없이 돌아가고 있었다. 밤이 되어 시원해지면 메디나에는 활기가 넘치고 사람들은 밖에서 신선한 공기를 즐기며 걷거나 함께 어울리는 것을 좋아했지만, 포위 전투 후에는 여자들이 거리에서 공격을 당했다. 예언자의 부인들이 함께 외출하면 '위선자들'이 뒤를 따라다니면서 음란한 말을 크게 외치고 외설적인 몸짓을 취했다.[4] 이에 대해 따져 물으면 '위선자들'은 어두워서 희롱이 용인되는 노예 소녀들로 착각했다고 뻔뻔스럽게 항의했다.

지난 몇 년 동안 긴장 상태가 지속되면서 무함마드는 감정과 육체 모두 지쳐 있었다. 언제나 부인들에게 감정적으로 의존했는데 이것이 공격의 빌미가 되었다. 무함마드가 새로운 부인을 얻기로 했을 때 다시 말이 돌기 시작했다.[5] 자이나브 빈트 자흐시는 그동안 항상 무함마드 가까이 있었다. 무함마드의 사촌인 자이나브는 무함마드의 양자 자이드의 부인이기도 했다. 자이나브가 결혼에 열정을 보이지 않았지만 무함마드는 '히즈라' 직후에 직접 두 사람을 짝지어주었다. 자이나브는 자이드에게 신체적 매력을 느끼지 못했고 어쩌면 그때에도 무함마드에게 관심이 있었을지 모른다. 자이나브는 이제 30대 후반이었지만 아라비아의 거친 기후 조건에도 불구하고 여전히 대단히 아름다웠다. 신앙심이 깊고 가죽 공예에 능한 자이나브는 수공예로 벌어들인 수입을 전부 가난한 사람들에게 주었다. 무함마드는 자이나브를 새롭게 보기 시작했고, 어느 날 오후 자이드와 이야기를 나누기 위해 집을 방문했다가 자이나브를 마주쳤을 때 갑자기 사랑에 빠져버렸던 것 같다. 자이드는 외출하여 집에 없었고 손님이 올 줄 몰랐던 자이나브는 평소보다 몸이 더 많이 드러나는 차림새로 현관에 나왔다. 무함마드는 급히 시선을 피하면서 "사람들의 마음을 바꾸시는 알라께 찬미를!"이라고 중얼거렸다. 얼마 지나지 않아 자이나브와 자이드는 이혼했다. 결혼 생활이 행복하지 않았던 자이드는 자이나브와 헤어지게 되어 기뻤다. 이 이야기는 더 금욕적인 기독교 영웅들에 익숙한 서구의 무함마드 일부 비판자들에게 충격을 주었지만, 무슬림 사료들은 예언자의 남성성을 보여주는 이 이야기에서 특별히 불편한 점을 발견하지 못한 것 같다. 무함마드의 부인이 4명 이상이라는 점에 대해서도 '신이 예언자에게 특권을 좀 주면 왜 안 되는가?'라며 개의치 않았다. 메디나의 적들이 분개한 이유는 자이나브가 무함마드의 양자 자이드의 부인이었기 때문이었다. 아랍인들은 입양을 거의 생물학적 관계를 부여하는 것으로 여겼기에 근친상간에 관한 추문이 떠돌았다. 무함마드는 알라가 이 결혼을 바라며 입양한 자식의 배우자였던 사람과 결혼하는 것은 죄가 아니라는 계시를 받음으로써 이 일에 대해 확신을 품게 되었다.[6] 무함마드가 이 계시를 받을 때 질투를 잘하는 아이샤가 우연히 함께 있었다. 참으로 편리하네요! 아이샤가 신랄하게 말했다. "정말로 주께서는 당신이 필요로 하는 일을 서둘러 해주시네요!" 으레 그렇듯 하렘 안의 긴장은 공동체 전체의 분열을 반영했다. 무함마드가 자신의 사촌과 결혼하면 '아흘 알-바이트' 즉 예언자 가문의 대의가 커지고 정치적 입지가 더 넓어질 것이었다.

추문 때문에 무함마드는 공동체 전체가 결혼 축하연에 참석해야 한다고 강조했다. 안뜰은 손님으로 붐볐지만 그들 중 다수는 예언자에게 적대적이었고 분위기가 썩 유쾌하지는 않았을 것이다. 마침내 축하연이 마무리되어 갈 때 몇몇은 너무나 즐거웠던지 이제 신랑과 신부가 단 둘이 있을 시간이라는 사실을 깨닫지 못하고 자이나브의 새 집에 계속 남아 있었다. 무함마드는 눈치 없는 손님들에게 은근한 암시를 주고 싶어서 방을 떠나 다른 부인들을 방문했다. "새로운 동반자는 어떠세요?" 아이샤에게 들렀을 때 아이샤가 매섭게 물었다. 무함마드가 결국 자이나브의 집에 돌아왔을 때 남아 있던 손님들은 무함마드의 친구 아나스 이븐 말리크의 안내를 받아 밖으로 나왔다. 무함마드는 방으로 들어가면서 다소 급하게 자신과 아나스 사이에 커튼(히잡hijab)을 치며 새로운 계시를 전했다.

믿는 자들이여 예언자의 가정을 들어가되 이때는 식사를 위해 너희에게 허용되었을 때이며 식사가 완료되기를 기다려서는 아니되노라. [너무 일찍 들어가서 식사가 준비되기를 기다리면 안 된다.] 그러나 너희가 초대되었을 때는 [적절한 시간에] 들어가라 그리고 식사를 마치면 자리에서 일어설 것이며 서로가 이야기를 들으려 하지 말라 실로 이것은 예언자를 괴롭히는 일이라 예언자는 너희를 보냄에 수줍어하사 하느님은 진리를 말하심에 주저하지 아니하심이라 그리고 너희는 예언자의 부인으로부터 무엇을 요구할 때 가림새를 사이에 두고 하라 그렇게 함이 너희 마음과 예언자 부인들의 마음을 위해 순결한 것이라.[7]

계시는 계속해서 무함마드의 부인들은 무함마드가 죽은 후에 재혼해서는 안 된다고 규정하고, 무함마드의 부인들이 거리에서 분명히 구별됨으로써 희롱을 피할 수 있게 '질밥' (jilbab, 다양한 의복을 지칭하는 용어)을 남들과 다르게 입도록 명령했다.[8]

'히잡' 구절들은 지금까지 엄청난 논란이 되어 왔다.[9] 이 구절들은 결국 예언자가 죽고 약 3세대가 지난 후에, 모든 여성이 베일을 쓰고 집 안 별도 공간에 분리되는 것을 정당화하는 데 쓰인다. 그러나 이 구절들은 맥락 속에서 보아야 한다. 이 구절들은 포위 공격을 다루는 '수라 33'에 등장하며 이 무서운 배경을 반드시 고려해야 한다. 그 지시는 모든 무슬림 여자가 아니라 무함마드의 부인들에게만 적용되었다. 무함마드가 적들에게 받은 교묘하게 위장된 위협, 무함마드 개인 공간에 대한 공격적인 침범, 무함마드의 부인들이 거의 매일같이 당하는 모욕에서 촉발된 것이었다. 포위 공격 후에 메디나에 감도는 악의적인 분위기 때문에 무함마드는 개인적인 환경에 변화를 줄 수밖에 없었다. 앞으로는 집을 개방하지 않을 것이다. 무슬림들은 무함마드 부인들 집에 자유롭게 몰려 들어가는 대신 가리개를 사이에 두고 부인들에게 다가가야만 한다. '히잡'이라는 단어의 어근인 'HJB'는 '숨기다'라는 뜻이다. 커튼이 기준을 세웠다. 커튼은 카바를 덮는 다마스크 직물처럼 "금지된" 또는 "신성한"(하람) 물체를 보호했다. 취약한 시기에 여성들의 몸은 종종 위험에 처한 공동체를 상징하며, 오늘날 우리 시대에 히잡은 움마를 서구의 위협에서 보호하는 것처럼 보인다는 점에서 새로운 중요성을 획득했다.

무함마드는 예전부터 자신의 사생활을 공적인 의무와 분리하고 싶어 하지 않았다. 군사 원정에도 부인들을 계속 데리고 갔다. 다만 이제는 부인들이 천막 안에 머물렀다. 그러나 움마의 다른 여자들은 계속해서 오아시스 주변을 자유롭게 돌아다녔다. 히잡은 성별을 구분하기 위해 고안된 것이 아니었다. 사실 그 계시가 내려왔을 때, 커튼은 결혼한 부부를 적대적인 공동체에서 분리하기 위해 예언자와 아나스 두 남성 사이에 쳐진 것이었다. 히잡 도입은 한동안 예언자에게 부인들을 분리하라고 요구했던 우마르가 거둔 승리였으며, 복잡한 문제에 대한 피상적인 해결책이었다. 사람들의 태도 자체를 바꾸고 싶어 했던 무함마드에게 이러한 외부 장벽은 일종의 타협이었다. 이런 장치는 무슬림들에게 자신의 행동에 대한 내적 통제를 요구하지 않았기 때문이다. 하지만 무함마드는 메디나를 분열시키는 위기 때문에 우마르의 손을 들어주었다.

그러나 상황은 나아지지 않았다. '히잡'이 도입된 지 몇 주 후에 무함마드의 적들은 조직적으로 아이샤에게 악랄한 공격을 감행해 예언자를 피폐하게 만들고 공동체를 분열시키는 데 거의 성공했다.[10] 아이샤는 쉬운 표적이었다. 무함마드가 아이샤를 좋아한다는 사실은 모두 다 알고 있었다. 아이샤는 아름답고 씩씩하고 자신의 특별한 지위를 자랑스러워하고 질투심 많고 솔직하고 이기심도 있었고, 의심할 여지 없이 적이 많았다. 쿠라이시족 동맹군이 평소보다 메디나에 조금 더 가깝게, 꽤 위협적으로 진을 치고 있을 때, 무함마드는 아이샤를 원정에 동반했다. 무함마드가 보낸 첩자에 따르면 쿠라이시족은 이 동맹군에게 오아시스를 공격하라고 설득했다고 한다. 무슬림들은 습격에 성공했다. 무슬림들은 홍해 연안에 있는 무라이시 우물에서 그들을 공격해 낙타 200마리, 양 500마리, 여자 200명을 약탈했다. 포로 중에는 그들 씨족장의 딸 주와이리야 빈트 알-하리스도 있었다. 아이샤는 주와이리야를 보는 순간 가슴이 쿵 내려앉았다. 주와이리야가 너무나 예뻤기 때문이다. 아이샤의 걱정대로 무함마드는 습격 후 협상 과정에서 확실한 동맹을 맺기 위해 주와이리야와 자신의 결혼을 제안했다.

무슬림들은 무라이시에서 3일 동안 머물렀다. 그런데 '가주'의 결과가 만족스러웠는데도, 이주자들과 '조력자들' 사이에 끓어오르고 있던 긴장이 고조되어 심각한 사건이 터졌다. 무슬림들이 우물가에서 낙타에게 물을 주고 있을 때 부족이 서로 다른 현지인들끼리 사소한 문제로 다투었다. 한쪽은 쿠라이시족과 연합한 부족이고 다른 쪽은 카즈라즈족과 연합한 부족이었다. 잠시 후 본격적인 싸움이 벌어졌고, 싸우던 이들이 그들을 보고만 있던 무슬림들에게 도움을 요청했다. 이주민들은 쿠라이시족과 연합한 부족민들을 도우러 달려갔지만 카즈라즈족 '조력자들'은 그 상대편을 위해 모여들었다. 어느새 무슬림끼리 서로 싸우고 있었다. 이는 쿠란을 직접적으로 위반하는 행동이었다. 이 소식을 듣고 우마르가 무함마드의 다른 동료 몇 명과 함께 보기 흉한 싸움을 말리려고 달려갔지만 이븐 우바이는 분노했다. 카즈라즈족이 동맹 부족을 돕는 것을 어찌 감히 우마르가 막는단 말인가! "저들이 우리 위에 서려고 한다!" 이븐 우바이가 외쳤다. "알라께 맹세코, 메디나로 돌아가면 우리 중에 더 높고 강한 쪽이 더 낮고 약한 쪽을 쫓아낼 것이다." 이 모습을 본 누군가가 즉시 무함마드에게 달려가 보고했고, 이븐 우바이의 위협을 전해 들은 무함마드는 안색이 창백해졌다. 우마르는 이븐 우바이를 당장 처형하기를 원했지만 무함마드가 제지했다. 예언자가 자신의 동료를 죽였다는 소리를 듣고 싶은가?[11] 무함마드는 무슬림들에게 즉시 철수하라는 명령을 내리고 복귀 여정에 올랐다. 다만 급박한 철수 때문에 한낮의 뜨거운 열기 속에서 여행을 해야 했다. 지금까지는 이런 적이 한 번도 없었다.

여행 중 휴식 시간에 아이샤는 볼일을 보기 위해 자리를 떴다가, 돌아왔을 때 목걸이를 어딘가에 놓고 왔다는 사실을 알아차렸다. 어머니에게 받은 결혼 선물이었기에 아이샤는 도저히 견딜 수가 없어 목걸이를 찾으러 갔다. 그러나 이를 알지 못한 사람들은 히잡으로 덮여 있던 가마 안에 아이샤가 안전하게 있으리라 여기고는 가마를 들어 낙타 위에 올리고는 아이샤 없이 출발했다. 아이샤는 돌아와서 야영지에 아무도 없다는 사실을 발견했지만 자신이 없다는 걸 깨닫는 건 시간 문제라고 생각했기에 크게 걱정하지는 않았다. 아이샤는 앉아서 기다렸고 과연 다른 이들보다 뒤처져 있던 아이샤의 오랜 친구 사프완 이븐 알-무아탈이 나타나 아이샤를 자신의 낙타에 태웠다. 아이샤가 사프완과 함께 원정대에 다시 합류했을 때 두 사람이 부적절한 관계라는 오래된 소문이 다시 돌기 시작했고 무함마드의 적들은 신이 나서 최악의 상황을 상상했다. 이븐 우바이는 사프완이 무함마드보다 훨씬 더 젊고 매력적이니 아이샤가 사프완에게 반한 것도 놀랄 일이 아니라고 떠들었다. 스캔들이 메디나를 흔들었고 이야기가 너무나 그럴듯하여 일부 이주민들도 믿기 시작했으며 심지어 아이샤의 아버지 아부 바크르조차 소문이 사실일지 모른다고 의심하기 시작했다.

더 심각하게는 무함마드도 아이샤의 결백을 의심하기 시작했는데, 이는 이 어려운 시기에 그의 자신감이 떨어지고 있다는 눈에 띄는 신호였다. 며칠 동안 무함마드는 혼란스럽고 불안해 보였다. 아이샤를 필요로 하는 마음이 너무 강해서 아이샤를 잃을 수도 있다는 가능성에 직면하여 혼란스럽고 우유부단해진 것 같았다. 무함마드는 더는 신의 계시를 받지 못했다. 예언자로서 소명을 시작한 이래 신의 목소리가 침묵에 빠진 것은 처음 있는 일이었다. 이븐 우바이는 계속 상황을 이용했다. 아우스족이 추문을 선동하는 자들을 즉시 처형해야 한다고 주장하자, 이븐 우바이의 카즈라즈족은 아우스족과 싸우겠다고 위협하면서 해묵은 부족 간 증오도 다시 타올랐다. 상황이 너무 심각해서 무함마드는 메디나의 모든 족장을 불러 모아 회의를 열어, 자신의 가족을 위협하고 있는 이븐 우바이에 대해 행동을 취할 필요가 있다면 지원해 달라고 요청할 수밖에 없었다.

마침내 무함마드는 부모 집에 피신해 있던 아이샤를 대면하러 갔다. 아이샤는 이틀 동안 울었지만 남편이 집에 들어오는 순간 마법처럼 눈물이 마르면서 차분하게 남편을 마주했다. 무함마드는 아이샤에게 정직하게 죄를 고백하고 회개한다면 신이 용서해줄 거라고 했다. 그러나 14세 소녀 아이샤는 대단히 위엄 있게 확고한 태도로 남편을 응시하며 대답했다. 무슨 말을 하든 별 의미가 없는 것 같다고. 아이샤는 자신이 하지 않은 일을 인정할 수 없으며 자신이 결백을 주장한들 아무도, 부모조차도 자신의 말을 믿지 않을 거라고 말했다. 아이샤가 할 수 있는 일은 예언자 야곱의 말을 반복하는 것뿐이었다. "나는 너희의 거짓에 인내하고 있나니 너희가 거짓으로 묘사하는 것에 대해 내가 의지할 분은 하느님뿐이시라."[12] 그리고 나서 아이샤는 말없이 돌아서더니 침대에 누웠다.

아이샤는 자신을 속속들이 알고 있는 무함마드를 납득시켰음에 틀림없다. 아이샤가 말을 마치자마자 무함마드가 종종 계시에 앞서 오는 깊은 황홀경에 빠졌기 때문이다. 무함마드는 기절했고 아부 바크르는 무함마드의 머리 밑에 가죽 방석을 받치고 부인과 함께 겁에 질린 채 신의 심판을 기다렸다. "좋은 소식이야, 아이샤!" 마침내 무함마드가 외쳤다. 신이 아이샤의 결백을 확인해주었다. 안도한 아이샤의 부모가 딸에게 일어나서 남편에게 가라고 재촉했지만 아이샤는 여전히 마음이 풀리지 않았다. "저는 남편에게 가지도 않고, 고마워하지도 않을 거예요." 아이샤가 대답했다. "비방하는 말에 귀 기울이고 부인하지 않으신 부모님께도 고마워하지 않을 거예요. 나는 일어나서 오직 알라께만 감사드릴 거예요!"[13] 마땅히 잘못을 느낀 무함마드는 겸손하게 아이샤의 질책을 받아들이고 바깥에 모여 있던 군중에게 새로운 계시를 암송하기 위해 나갔다.[14] 개인적, 정치적 비극은 피했지만 불신은 남았다. 이 괴로운 사건은 무함마드가 얼마나 취약한 위치에 놓여 있는지 보여주었다. 이븐 우바이의 잔인한 표현대로 무함마드는 꺼져버린 불이었을까?

그러나 628년 3월, 메카 '하즈' 순례의 달에 무함마드는 깜짝 놀랄 만한 발표를 했다. 예언자로서 천재성을 특별하게 보여주는 놀라운 발표였다.[15] 처음에는 명확하게 정해진 계획 없이, 어렴풋하게 인식된 통찰만 있었던 것 같다. 무함마드는 무슬림들에게 기이하고 신비로운 꿈을 꾸었다고 말했다. 꿈에서 예언자 자신이 순례자처럼 머리를 깎고 전통 '하즈' 의상을 입고 카바 열쇠를 들고 평온한 승리의 확신으로 가득한 채 메카 성소 안에 서 있는 모습을 보았다. 다음 날 아침 무함마드는 '하즈' 순례를 할 것이라고 발표하면서 동료들에게 함께 가자고 청했다. 이 소스라칠 만한 청을 들었을 때 무슬림들 마음을 가득 채웠을 두려움, 놀라움, 불확실한 기쁨을 상상하기는 어렵지 않다. 무함마드는 이것이 군사 원정이 아님을 분명히 했다. 순례자는 '하즈' 기간에 무기를 소지하는 것이 금지되어 있으며 무함마드는 모든 싸움이 금지된 메카 성소를 모독할 마음이 없었다. 우마르는 반대했다. 무슬림들은 도살장에 들어가는 양 신세가 될 것이다! 반드시 스스로를 방어할 수 있어야 한다! 그러나 무함마드는 요지부동이었다. "나는 무기를 가져가지 않을 것이다." 예언자는 단호하게 말했다. "순례 외에 다른 목적은 없다." 순례자들은 갑옷을 입지 않고 '하즈'의 전통 흰색 예복을 입을 것이다. 여행을 시작할 때는 사냥감을 잡을 작은 사냥용 칼을 소지할 수 있지만 정식으로 봉헌하고 나면 그런 것들도 치워야 한다. 그들은 비무장 상태로 적의 영토에 들어갈 것이다.

무함마드와 연합한 베두인족은 아무도 그런 위험을 무릅쓸 준비가 되어 있지 않았지만, 이주민과 '조력자'는 약 1천 명이 자원했다. 이븐 우바이와 일부 '위선자들'까지도 같이 가기로 했다. '아카바의 맹약'을 맺는 자리에 함께 있었던 '조력자' 여성 2명도 함께 가는 것이 허용되었고 움 살라마가 무함마드와 동행했다.

무슬림들은 '하즈'의 절정기에 희생 제물로 바칠 낙타들을 이끌고 출발했다. 처음 휴식을 취할 때 무함마드는 낙타 한 마리를 전통적인 방식으로 봉헌했다. 낙타 몸에 특별한 표시를 하고 낙타 목에 의식용 천을 두르고 낙타를 메카 방향으로 돌려 놓은 후 순례자의 말을 외쳤다. "여기 제가 왔습니다, 오 신이여, 제가 섬기러 왔습니다!" 이 대담한 원정 소식은 부족에서 부족으로 빠르게 퍼졌고, 순례자들이 남쪽으로 긴 여행을 하는 동안 베두인족은 그 뒤를 열심히 따라왔다. 무함마드는 자신이 지금 쿠라이시족을 매우 어려운 상황에 몰아넣고 있다는 사실을 알았다. 아랍인은 누구나 '하즈' 순례를 할 권리가 있었기에 만약 하람(성소)의 수호자인 쿠라이시족이 의식과 절차를 철저하게 준수하면서 성소에 들어가는 순례자 1천 명을 막는다면 그것은 심각한 직무 유기가 될 것이다. 그러나 만약 무함마드가 메카에 들어간다면 그 또한 쿠라이시족에게는 참을 수 없는 굴욕이 될 것이므로, 쿠라이시족 지도층은 어떤 대가를 치르더라도 무함마드를 막기로 결심했다는 것이 곧 분명해졌다. 비상 회의를 거쳐 칼리드 이븐 알-왈리드가 이끄는 기병대 200명이 무방비 상태의 순례자들을 공격하기 위해 파견되었다.

무함마드는 이 심각한 소식을 듣고 자신의 부족에 대한 번민에 휩싸였다. 쿠라이시족은 무익한 전쟁의 증오심에 눈이 멀어 부족의 생활 방식 전체를 지배하는 성스러운 원칙을 위반하려 한다. 그런 비타협적인 태도가 대체 무슨 의미가 있는가? "아아, 쿠라이시여!" 무함마드는 외쳤다. "전쟁이 그들을 집어삼켰다! 그들이 나와 다른 아랍인들이 자신의 길을 가게 내버려 두었더라면 그들이 무슨 해를 입었겠는가?" 이제 원정은 무함마드가 상상했던 것과는 매우 달라질 것이었다. 꿈 때문에 무함마드는 아마도 큰 갈등 없이 메카에 들어가 '하즈' 덕분에 조성된 평화로운 분위기 속에서 쿠라이시족에게 이슬람 원리를 설명할 기회가 있을 것이라 기대했을 것이다. 그러나 이제 되돌아갈 수는 없었다. "알라께 맹세코, 신이 내게 맡기신 사명을 위해 노력할 것이며 신이 승리로 이끄시거나 내가 죽을 때까지 그 노력을 멈추지 않을 것이다." 무함마드는 마음을 굳게 먹었다.[16] 무함마드의 첫 번째 임무는 순례자들을 성소 안으로 안전하게 들여보내는 것이었다. 무슬림들은 우호적인 베두인 부족 아슬람족에서 안내인을 구했고, 안내인은 험난한 우회로를 통해 모든 폭력이 금지된 구역으로 순례자들을 이끌었다. 무함마드는 성스러운 구역에 들어가자마자 순례자들에게 지금은 철저하게 종교적인 활동에 참여하고 있음을 일깨웠다. 고향에 돌아왔다는 흥분에 휩쓸려서는 안 된다. 손쉬운 승리는 있을 리 없다. 모든 죄를 뒤에 두고 성지로 들어가야 한다. 이제 그들은 근처에 있는 후다이비야 우물에 가서 낙타가 모래에 발길질을 하게 해서 칼리드 이븐 알-왈리드의 기병대에게 그들이 지금 어디에 있는지 정확하게 알려주어야 한다.

무슬림 순례자들이 후다이비야에 다다랐을 때 무함마드의 낙타 카스와가 무릎을 꿇더니 움직이지 않았다. 순례자들이 카스와를 일으키려고 고함을 질렀지만, 무함마드는 오래 전에 아비시니아인들이 침략했을 때 카바 앞에 무릎을 꿇었던 코끼리를 떠올렸다. 그 코끼리는 적군이 싸우지 않고 돌아가게 만든 신의 "신호"였다. 지금 비슷한 일이 일어나고 있었다. "코끼리가 메카에 들어가지 못하게 제지했던 존재가 지금 카스와를 붙들고 있다." 무함마드는 그렇게 설명하고는 순례자들에게 자신들은 화해의 정신으로 메카에 가고 있다는 사실을 다시 한 번 상기시켰다. "쿠라이시족이 내게 친족에게 친절을 베풀라고 요구하면 나는 어떠한 조건이든 동의하겠다."[17] 무함마드는 쿠라이시족을 타도할 계획은 결코 없었으며, 자신이 보기에 메카를 파멸로 몰고 가는 사회 체제를 개혁하기 원했을 뿐이었다. 쿠라이시족은 무슬림들의 순례가 결국 전쟁 선포와 마찬가지라고 생각했지만, 무함마드는 마치 낙타 카스와처럼 메카의 거룩함 앞에 겸손하게 엎드릴 마음이었다. 전쟁은 지속적인 가치를 얻어내지 못했으며 양측 모두 잔학 행위를 저질렀다. 이번 순례는 침략이 아니라 평화의 공세가 될 것이다.

그러나 무함마드의 말을 진지하게 받아들이는 무슬림은 거의 없었다. 지금 무슬림들은 극적인 상황에 흥분하고 고무되어 무언가 장엄한 일이 펼쳐질 것이라 기대하고 있었다. 어쩌면 기적이 일어날지도 모른다! 당당하게 메카에 들어가 쿠라이시족을 몰아낼지도 모른다! 하지만 무함마드는 침착하게 순례자들에게 낙타에게 물을 먹이고 그 옆에 앉으라고 지시했다. 그런 다음 흔히 "연좌 농성"이라고 불린 일이 이어졌다. 무함마드는 폭력을 삼간 채 메카 진입 허가를 고분고분 기다렸다. 이로써 무함마드는 비무장으로 성스러운 땅으로 가는 그를 죽이려 하는 쿠라이시족보다 자신이 아랍 전통에 더 가깝다는 사실을 보여주고 있었다.

그리고 실제로 베두인족이 그 메시지를 알아차렸다. 쿠자아족의 한 씨족장이 메카를 방문했다가 무슨 일인지 알아보려고 후다이비야로 왔다. 그 씨족장은 순례자들이 성지에 들어갈 수 없게 되었다는 이야기를 듣고 경악하여, 메카로 돌아가 분개하며 쿠라이시족에게 항의했다. 메카는 언제나 포용하는 도시였다. 하람에 오는 모든 아랍인을 환영했으며 그러한 다원주의가 상업적 성공의 원천이었다. 그런데 쿠라이시족은 지금 자신들이 무슨 짓을 하고 있다고 생각하는가? 그들은 분명히 평화롭게 온 사람을 막을 권리가 없다. 씨족장은 항의했다. 그러나 쿠라이시족 장로들은 면전에서 웃었다. 그들은 무함마드가 카바에 접근하지 못하게 막아서 마지막 한 사람이 죽을 때까지 무함마드와 싸울 준비가 되어 있었다. "전쟁을 하려고 온 것은 아닐 수도 있지." 그들은 소리쳤다. "하지만 알라께 맹세코, 우리 뜻을 꺾고 여기에 들어오지는 못할 것이며, 아랍 사람들의 입에서 우리가 그걸 허락했다는 말이 나올 일도 없을 것이다."[18]

이때 메카에서 무함마드 반대를 주도한 이들은 무함마드가 이슬람으로 끌어들이고자 했던 경건한 이교도 수하일과 이슬람을 초기부터 반대했던 몇몇 인물의 아들들인 이크리마와 사프완 이븐 우마이야 같은 이들이었다. 이크리마는 그의 아버지 아부 자흘처럼 어떠한 타협에도 반대했고, 사프완 이븐 우마이야의 아버지는 바드르 전투에서 전사했다. 흥미롭게도 아부 수피안은 후다이비야 사건에서 아무런 역할도 하지 않은 것으로 보인다. 두뇌가 명석한 아부 수피안은 아마도 무함마드가 쿠라이시족을 곤경에 빠뜨렸으며 이제 더는 전통적인

'자힐리야'의 반감으로 무함마드를 상대할 수 없다는 사실을 깨달았을 것이다.

메카 사람들은 순례자들을 죽이려 했지만 무함마드는 이를 피했다. 쿠라이시족의 다음 책략은 무슬림들 사이에 내분을 일으키는 것이었다. 그들은 이븐 우바이에게 카바에 와서 의식을 집행하도록 청했다. 하지만 이븐 우바이는 예언자보다 먼저 '타와프'를 행할 수는 없다고 답하여 모든 사람들을 놀라게 했다. 이븐 우바이는 나중에 다시 무함마드와 충돌하지만, 후다이비야에서는 충성스러운 무슬림이었다. 사프완과 수하일은 이크리마를 설득해 무함마드와 협상하기로 합의한 후, 베두인족 동맹인 알-하리스 부족장이며 매우 독실한 훌라이스를 사절로 보냈다. 무함마드는 훌라이스가 오는 것을 보고 희생 제물로 쓸 낙타를 보내 훌라이스를 맞이했다. 훌라이스는 화환으로 아름답게 치장한 낙타들이 자신을 향해 다가오는 모습을 보고 크게 감명받아, 굳이 무함마드의 의도를 조사하지 않고 즉시 메카로 돌아갔다. 훌라이스는 저들은 진심으로 순례를 원하는 순례자들이라고 보고하며 당장 하람에 들여야 한다고 말했다. 사프완은 분노했다. 무지한 베두인족이 감히 쿠라이시족에게 지시를 하다니! 하지만 이는 큰 실수였다. 훌라이스는 자리에서 일어나 위엄 있게 대답했다.

쿠라이시 사람들이여, 우리는 이런 일을 하기 위해 당신들과 동맹을 맺은 것이 아니오. 알라의 집에 영광을 바치기 위해 오는 이를 어찌 가로막을 수 있소? 내 생명을 손에 쥐고 계시는 분께 맹세코, 무함마드가 하려는 일을 하도록 내버려 두지 않는다면 나는 내 부대를 한 사람도 남김없이 데리고 가겠소.[19]

사프완은 훌라이스에게 서둘러 사과하고, 모두에게 만족스러운 해결책을 찾을 때까지 참아 달라고 청했다.

쿠라이시족은 그다음에 메카의 중요한 동맹인 타이프 지역의 우르와 이븐 마수드를 사절로 보냈다. 우르와는 곧바로 무함마드의 약점을 건드렸다. "그래, 이 잡다한 사람들을 모아서, 오 무함마드여, 이들과 함께 당신 부족을 꺾으려고 돌아왔군요." 우르와가 경멸하는 투로 순례자들을 가리키며 말했다. "알라께 맹세코, 내일이면 이들이 당신에게 등을 돌리고 뿔뿔이 흩어지는 모습을 보게 될 거요!"[20] 무함마드는 무슬림들이 겉보기에는 강하고 단결된 모습을 보여도 사실상 자신이 의지할 만한 동맹은 거의 없다는 사실을 알고 있었다. 순례에 함께하기를 거부한 베두인족 동맹들은 이슬람에 피상적으로만 헌신했다. 메디나에서 자신의 위치는 여전히 극도로 불안했다. 그리고 가장 가까운 동료들도 일부는 자신이 지금 하려는 일을 이해하지 못할 거라는 사실도 알고 있었다. 이 오합

지졸을 데리고 현실적으로 어떻게 자신의 부족인 쿠라이시족을 대적할 수 있겠는가? 반대로 쿠라이시족은 굳게 단결하고 빈틈없이 무장해 있다고 우르와는 무함마드에게 말했다. 여자들과 아이들조차 무함마드가 메카에 들어오는 걸 막겠다고 맹세했다. 그렇게 말하면서도 우르와는 거의 자기도 모르게, 이 위기에 무슬림들이 예언자에게 헌신하는 모습에 감명을 받았다. 그리고 쿠라이시족에게 적어도 당분간은 무함마드가 승리의 카드를 쥐고 있으니 무함마드와 협정을 맺어야 할 것이라고 말했다.

무함마드도 메카로 사절을 보내기로 결심했다. 처음에는 메카 출신이 아닌 사람을 보내는 편이 쿠라이시족을 덜 자극하겠다는 생각에 '조력자' 중 한 명을 파견했지만, 쿠라이시족은 사절이 타고 간 낙타의 뒷다리 힘줄을 잘랐다. 훌라이스의 부족민들이 끼어들지 않았다면 사절도 목숨을 잃을 뻔했다. 그 다음에 무함마드는 우마르를 보낼지 고려했지만, 메카에 있는 우마르의 씨족 사람들 중에는 우마르를 지켜줄 만큼 힘 있는 이가 아무도 없었기에 유력한 인맥이 많은 우스만 이븐 아판이 임무를 맡기로 결정되었다. 쿠라이시족은 우스만의 이야기를 들었지만 이슬람에 관한 그의 설명에 설득당하지는 않았다. 그러면서도 우스만에게 순례 의식을 행할 수 있게 허가해주었다. 물론 우스만은 거부했고 쿠라이시족은 우스만을 인질로 잡아 두기로 했다. 하지만 무슬림들에게는 우스만이 살해 당했다는 소문을 퍼뜨렸다.

가혹한 순간이었다. 원정이 끔찍하게 실패한 것 같았다. 막다른 상황에 몰린 무함마드는 황홀경에 들어갔지만 이번에는 알라에게 아무런 계시를 받지 못했고 스스로 해결책을 찾아야 했다. 언제나 그랬듯이 진상을 파악하기 위해 이 두려운 사건들의 수면 아래 흐름에 귀 기울여야 했다. 마침내 무함마드는 순례자들에게 충성을 맹세할 것을 요청했다. 순례자들은 한 사람씩 돌아가며 예언자의 손을 잡고 '기쁨의 서약'을 했다. 이 일에 대한 해석은 사료마다 다르지만, 아마도 와키디의 서술이 가장 설득력이 있을 것이다. 와키디는 무슬림들이 무조건 무함마드에게 복종하며 이 위기 동안 "예언자의 영혼 안에" 있는 것을 따르기로 맹세했다고 말했다.[21] 지금까지 무함마드는 절대 복종을 명령할 수 없었지만, 우스만이 살해당했다는 소문에 크게 동요되어 이븐 우바이와 '위선자들'까지 맹세할 준비가 되었다. 무함마드는 많은 이가 받아들이지 못할 법한 행동을 해 나가겠다고 깊은 본능적 수준에서 결심한 터였기에, 무슬림들의 충성을 미리 확실히 해 두고 싶었다. 모두가 맹세한 후에 상황이 나아지기 시작했다. 먼저 우스만이 죽지 않았다는 좋은 소식이 들려왔고, 그다음에 무함마드는 언제나 존경했던 수하일이 순례자 진영으로 다가오는 모습을 보고 쿠라이시족이 이제 진지하게 협상에 임할 준비가 되었음을 알았다.

이는 그 자체로 중요한 성과였다. 마침내 무함마드는 쿠라이시족이 자신을 진지하게 받아들이게 만들었고, 평화로운 해결책을 찾을 진정한 가능성이 생겼다. 무함마드는 수하일과 오랫동안 앉아 협상했다. 그러나 합의한 조건을 보고 무함마드의 많은 동료들은 크게 실망했다. 우선 무함마드는 하람을 방문하지 않고 메디나로 돌아가기로 약속했다. 다만 수하일은 이듬해에 무슬림들이 다시 와서 메카 안으로 들어와 '하즈'의 전통 의식을 수행할 수 있다고 약속했다. 그리고 메카와 메디나는 10년 동안 휴전할 것이다. 무함마드는 보호자 동의 없이 이슬람으로 개종하고 메디나로 '히즈라'를 감행한 쿠라이시족 구성원은 누구든 돌려보내기로 약속했지만, 변절하여 메카로 가는 무슬림을 쿠라이시족이 돌려보내지 않아도 된다는 데 동의했다. 베두인 부족들은 이전 조약의 구속에서 벗어나 메디나와 메카 어느 쪽이든 선택해서 동맹을 맺을 수 있게 되었다.

쿠란은 평화를 위해서라면 무슬림들은 적이 제안하는 어떠한 조건에도, 심지어 불리해 보이는 조건에도 동의해야만 한다고 오랫동안 규정해 왔다.[22] 그러나 많은 순례자들은 이 합의 조건이 불명예스럽다고 여겼다. 휴전은 무슬림들이 이제 더는 메카 대상을 습격할 수 없음을 의미했다. 왜 무함마드는 제대로 효과를 보기 시작한 경제 봉쇄를 포기하려는 걸까? 왜 무함마드는 쿠라이시족에게는 동일한 조건을 내걸지 않고 새로 개종한 이들을 메카로 돌려보내는 데 동의했을까? 지난 5년 동안 많은 무슬림이 자신의 종교 때문에 목숨을 잃었고, 목숨을 잃지 않은 이들도 온갖 위험을 무릅쓰고 가족과 친구를 포기했다. 그런데 지금 무함마드는 그렇게 얻은 이점을 쿠라이시족에게 얌전히 돌려주었으며, 순례자들은 순례 문제에 목소리를 높여보지도 못하고 순순히 돌아가는 데 동의해야만 했다. 무함마드가 쿠라이시족과 맺은 조약은 무슬림 한 사람 한 사람의 '자힐리' 본능을 공격했다. "사도의 동료들은 사도의 꿈 때문에 메카를 점령한다는 생각에 추호의 의심도 없이 메카로 왔다." 이븐 이샤크의 설명이다. "그런데 평화와 철수를 위한 협상이 진행되고 사도가 떠안은 조건을 보면서 그들은 거의 죽고 싶을 정도로 좌절감을 느꼈다."[23]

폭동이 일어날 기세였다. 위태로운 원정 내내 유지되던 순례자들의 취약한 연대가 산산조각나고 움마 내에 항상 존재했던 깊은 균열이 갑자기 겉으로 드러났다. 우마르는 벌떡 일어나 아부 바크르에게 성큼성큼 다가갔다. "우리는 무슬림이 아니고 저들은 다신교도가 아니오?" 우마르가 따져 물었다. "어째서 우리가 우리 종교를 모욕하는 일에 동의해야 하는 거요?"[24] 아부 바크르 역시 마음이 어지러웠지만, 일이 어떻게 돌아가든 자신은 여전히 예언자에 대한 믿음을 지니고 있다고 가까스로 대답할 수 있었다. 나중에 우마르는 만약 이때 자신을 따르는 동료 100명을 찾았더라면 변절하고 떠났을 거라고 말했다. 이 시점에 우마르는 무함마드의 비전을 공유할 수 없었다.[25] 많은 메디나 출신 무슬림과 메카의 주변부에서 혜택을 누리지 못했던 쿠라이시 씨족 출신 이주민처럼 우마르는 단지 메카의 사회 질서를 개혁하는 것이 아니라 메카를 전복하고 순수하게 쿠란을 따르는 체제를 새로이 세우고 싶었다. 우마르는 용맹하고 이타적이었으며, 메카 체제에는 부족한 정의와 공평의 이상에 열정적으로 헌신하는 인물이었다. 하지만 '힐름'의 미덕은 부족했으며 여전히 '자힐리야'의 맹렬한 충동에 불타올랐다. 우마르는 온화함과 비폭력의 가치 또한 이슬람 이상의 핵심이라는 점을 이해하지 못했다. 우마르는 행동하는 사람이었으며, 문제를 깊이 생각하지 않고 칼을 휘두르는 '자힐리'의 경향이 있었다.[26] 후다이비야에서 무함마드가 평소와는 정반대의 태도를 보이자 우마르는 어떻게 해야 할지 모르고 혼란스러웠다.

'참호 전투'에서 쿠라이시족을 물리친 후에는 계속 압박을 가하고 일방적으로 공세를 퍼부어 끝장내버리는 것이 누가 봐도 당연한 전략이었을 것이다. 그러나 이는 결코 무함마드의 의도가 아니었다. 메카의 몰락은 쿠라이시족의 상업적 수완을 절실히 필요로 하는 낙후 지역 아라비아에는 상상도 못할 재난이 될 것이며, 또한 쿠라이시족은 전쟁으로 양측 모두 파괴적인 분노와 증오가 쌓여 가는 동안에는 이슬람의 의미를 결코 알아보지 못할 것이다. 무함마드는 경제 봉쇄를 포기함으로써 쿠라이시족의 마음을 얻기를 바랐다. 무함마드는 후다이비야에서 그 누구보다도 더 멀리 볼 수 있었다. 결코 약하게 굴복하는 것이 아니라, 자신이 무엇을 하고 있는지 정확히 알고 있었다. 무함마드는 아랍인들을 위해 전례가 없는 정치적, 종교적 해결책을 향해 나아가고 있었고, 따라서 뻔히 예상되는 행동은 결코 할 수 없다는 뜻이었다. 모두가 예상하는 길을 택하면 어디로도 나아갈 수 없는 불행한 현상 유지에 갇히게 될 것이기 때문이었다.

순례자들의 망연자실하고 비참한 얼굴을 본 무함마드는 알라가 지시하신 것이니 조약의 조건을 반드시 받아들여야 한다고 말해야 했다. 하지만 기적 같은 것을 기대했던 평범한 무슬림들은 이 말에 만족하지 못했고, 그저 세속적인 이익을 위해 움마에 합류했던 '위선자들'은 몹시 실망했다. 무슬림들이 조약의 문구를 들었을 때 긴장된 분위기는 더 고조되었다. 무함마드는 알리에게 자신의 말을 받아적으라 하고는 "자비로우시고 자애로우신 알라의 이름으로"라는 일반적인 이슬람 관용 표현으로 말하기 시작했는데, 수하일이 이의를 제기했다. 쿠라이시족은 항상 '자비'와 '자애'라는 알라의 속성을 다소 나약하다고 여겼기에, 수하일은 "오 알라여, 당신의 이름으로"라는 더 전통적인 관용 표현으로 시작할 것을 주장했다. 무함마드가 여기에 두말없이 동의하자 무슬림들은 경악했다. 더 나쁜 것은 그다음이었다. 무함마드가 계속해서 "이 조약은 알라의 말씀을 전하는 자 무함마드가 수하일 이븐 아므르와 합의한 것이다"라고 말하자, 수하일이 다시 끼어들었다. 무함마드가 신의 예언자임을 자신이 믿었다면 몇 년 동안 무함마드와 과연 싸웠겠느냐고, 수하일로서는 충분히 할 법한 주장을 했다. 수하일은 일반적인 방식으로 단순히 무함마드의 이름과 무함마드의 아버지 이름을 사용할 것을 요구했다. 하지만 "알라의 말씀을 전하는 자"라는 문구를 이미 적었던 알리는 무함마드에게 자신은 도저히 그 부분을 지울 수 없다고 말했다. 그러자 예언자는 펜을 쥐고 알리에게 그 부분을 손으로 가리키라고 한 뒤, 자신이 직접 줄을 그어 지웠다. 그리고 말을 이었다. "이 조약은 무함마드 이븐 압둘라가 수하일 이븐 아므르와 합의한 것이다."[27]

극도로 힘든 이 순간에, 조약에 서명을 마쳤을 때 수하일의 아들 아부 잔달이 나타났다. 아부 잔달은 이슬람으로 개종했지만 수하일은 아들이 메디나로 '히즈라'를 감행하는 것을 막기 위해 집에 감금해 두었다. 그런데 지금 아부 잔달이 집에서 탈출하여 후다이비야에 있는 무슬림들과 합류하기 위해 족쇄를 끌고 의기양양하게 도착한 것이다. 수하일은 주먹으로 아들의 얼굴을 때리고 족쇄 사슬을 쥐고는 무함마드에게 돌아섰다. 약속대로 이 개종자를 법적 보호자에게 넘겨줄 것인가? 무함마드는 흔들리지 않았다. 아부 잔달은 아버지에게 끌려가며 고통스럽게 외쳤다. "나는 내 종교를 버리도록 꾀는 다신교도들에게 돌아가야 합니까, 오 무슬림들이여?" 이븐 이샤크는 고전적으로 절제된 표현으로 이렇게 썼다. "이 사건으로 무슬림들의 낙담은 더 커졌다."[28]

우마르는 더 참을 수가 없었다. 우마르는 다시 벌떡 일어나서, 12년 동안 그토록 충성스럽게 따랐던 이에게 고함을 질렀다. 당신은 신의 말을 전하는 분이 아닙니까? 무슬림이 옳고 무슬림의 적이 잘못된 것 아닙니까? 우리가 다시 카바에서 기도할 거라고 장담하지 않았습니까? 그 말은 전부 맞다, 무함마드는 온화하게 대답했다. 하지만 내가 올해에 하람에 돌아갈 거라고 약속했는가? 우마르는 엄숙한 얼굴로 침묵했고 무함마드는 단호하게 말을 이었다. "내가 누구인가, 신의 말을 전하는 사람이다. 나는 신의 계명을 어기지 않을 것이며, 신은 나를 패배자로 만들지 않을 것이다."[29] 우마르는 심한 혼란에 휩싸였지만 마음을 가라앉히고, 내키지 않지만 손을 조약에 올렸다. 그러나 순례자들은 여전히 화가 가라앉지 않았고 폭동을 일으킬 것 같은 위험한 순간도 있었다. 무함마드는 그들이 비록 카바에 도달하지는 못했지만 후다이비야에서 순례를 완수할 거라고 알렸다. 무슬림들은 마치 카바에 온 것처럼 지금 그 자리에서 머리를 깎고 낙타를 제물로 바쳐야 한다. 절대적인 침묵 속에서 순례자들은 어두운 얼굴로 무함마드를 쳐다보았다. 복종을 거부하겠다는 무언의 표시였다. 예언자는 절망하여 천막으로 물러났다. 대체 무엇을 할 수 있을까? 무함마드는 움 살라마에게 물었다. 움 살라마는 상황을 완벽하게 판단했다. 무함마드는 나가서 아무 말도 하지 말고 자신이 알라에게 봉헌한 낙타를 희생해야 한다. 정확하게 올바른 결정이었다. 낙타의 피가 흐르는 광경이 낙담과 무기력에 빠진 이들을 흔들어 깨워, 즉시 순례자들은 앞다투어 낙타를 제물로 바치고 서로의 머리를 깎아주었다. 그 행동이 너무나 열광적이어서, 나중에 움 살라마는 이들이 경건한 광란 속에서 자칫하면 다칠 수도 있겠다는 생각을 했다고 말했다.

순례자들은 조금은 가벼운 마음으로 집을 향해 출발했지만 분노가 다 가시지는 않았고 예언자도 마음을 추스르지 못하는 것처럼 보였다. 우마르는 자신이 반항해서 예언자와의 우정에 돌이킬 수 없을 정도로 금이 갔을까 두려웠다. 그래서 선두에 있는 무함마드가 우마르를 불렀을 때 마음이 철썩 내려앉았다. 그러나 마치 어깨에서 커다란 짐을 내려놓은 듯 얼굴이 환하게 빛나는 무함마드를 보고 우마르는 크게 안도했다. "수라가 내게 내려왔는데 태양 아래 어떤 것보다 더 소중하다." 예언자는 우마르에게 말했다.[30] 이 수라가 '알-파타'(Al-Fatah), '승리' 장이었다. 후다이비야에서 있었던 사건의 더 깊은 의미를 속속들이 이야기하는 '승리' 장은 무함마드가 그곳에서 외교적으로 패배한 것이 아니라 신이 무함마드에게 "명백한 승리"를 주셨다는 빛나는 확신으로 시작한다. 신은 평화와 평온의 영인 '사키나'(sakinah)를 내려보냈고 '사키나'는 무슬림들의 마음속으로 들어갔다. 무슬림들이 그 위험한 원정에 무함마드와 함께하는 데 동의한 것은 용감한 믿음의 행동이었으며, 이들은 베두인족을 뛰어넘는 헌신을 보여준 것이었다. 무슬림들은 '기쁨의 서약'을 맹세했을 때에도 다시 한번 믿음과 신뢰를 보여주었다. 마지막으로, 무함마드가 메카와 맺은 조약은 신의 임재를 드러내는 '아야'(징표)였다.

후다이비야에서 거둔 승리로 무슬림과 쿠라이시족의 차이가 분명히 드러났다. 쿠라이시족은 여전히 '자힐리야'의 고압적인 오만과 비타협적 태도에 사로잡혀 있음을, 그들의 명예나 전통적인 생활 방식에 손상을 입힐 수 있는 어떤 것에도 완고하게 저항한다는 사실을 그날 내내 보여주었다. 쿠라이시족은 심지어 무고한 비무장 순례자들을 하람에 들여보내는 "굴욕"을 감수하기보다는 그들을 학살하려고까지 했다.

불신자들이 그들 심중에 무지 시대의 위선적인 오만을 가졌
으나 하느님은 그분의 선지자와 믿는 자들 위에 평안(사키나)
을 내려주시고 그들로 하여금 의로운 말씀(힐름)을 준수케 하
였으니 이것은 그들이 받을 권리요 가치였으니…[31]

무슬림은 전쟁을 벌이는 사람이 되어선 안 되었다. 그들은
'책의 민족' 유대인과 기독교인과 연대하는 '힐름'의 정신, 즉
평화와 관용의 정신을 지니고 있었다. 진정으로 알라를 따르
는 이들은 쿠라이시족이 후다이비야에서 했던 것처럼 공격적
인 태도를 취하지 않고, 겸손하게 신 앞에 엎드려 기도했다.

그들은 허리를 구부리고 예배하며 하느님의 은혜와 기쁨을
기원하는 그들을 그대가 보리라. 그들의 얼굴에는 부복한 흔적
이 있도다. 그것은 구약에 묘사한 것과 신약에 비유되어 있나니

움마는 폭력과 오만이 아니라 자비, 예의, 평온의 정신으로
자란다. 그러면 "씨앗이 돋아나 잎을 피우고 튼튼하여지며 줄
기로 자라나 씨앗을 뿌린 자를 기쁘게" 할 것이다.[32] 전쟁은
끝났다. 이제는 거룩한 평화의 시간이 왔다.

실제로 분쟁은 계속되었지만 사료들은 후다이비야가 분수
령이 되었다는 데 동의한다. "이보다 더 큰 승리(파타)는 이전

에 없었다"라고 이븐 이샤크는 믿었다. 어근 'FTH'의 본래 의미는 "열다"이다. 휴전은 처음에는 가망 없어 보였지만 이슬람의 새로운 문을 열었다. 이전에는 끊임없는 싸움과 커져 가는 증오 때문에 아무도 앉아서 이성적인 태도로 새로운 종교이슬람에 대해 토론할 수 없었다. 그러나 이제 "휴전이 성립되고 사람들이 안전하게 만나서 함께 이야기를 나누자, 이슬람에 들어오지 않고 지적으로만 이야기하는 사람은 없었다." 실제로 628~630년 사이에 "이전보다 두 배 이상 많은 사람들이 이슬람에 들어왔다."[33] 짧고 서정적인 수라 '안-나쓰르'(도움)장은 이때쯤 나왔을 것이다.

하느님의 도움으로
승리(파타)하는 그때에
떼 지어 하느님의 종교로 귀의하는 사람들을 그대는 보리라.
주님을 찬미하고
주님께 관용을 구하라.
실로 그분은 관용으로 충만하시니라.[34]

승리주의, 복수의 외침은 없을 것이다. 새로운 시대는 감사와 용서, 그리고 무슬림 자신의 잘못을 인정하기가 특징이어야 한다.

후다이비야 승리는 아라비아 반도 전체에서 이슬람의 위상을 높였을지 모르지만 그즈음에 있었던 다른 진전과 마찬가지로 메디나에서 무함마드의 입지를 강화하는 데는 별 역할을 하지 못했다. '조력자들'과 이주민을 막론하고 많은 순례자가 속았다는 느낌과 분노에서 벗어나지 못했다. 이주민들은 앞으로 메카 대상을 공격하지 못한다면 어떻게 생계를 꾸려 나갈 것인지 물었다. 무함마드는 이러한 불만을 곪게 두면 안 된다는 것을 알았다. 어떻게 해서든 휴전 협정을 어기지 않으면서 무슬림들에게 보상할 방법을 찾아야 했다. 그래서 무함마드는 무슬림들의 관심을 메카에서 멀리 떨어진 북쪽으로 돌렸다. 추방된 유대인 나디르족이 새로 정착한 지역 카이바르는 여전히 위험했다. 정착지의 지도자들은 계속해서 북부 지역 부족들 사이에서 무함마드에 대한 적대감을 부추겼다. 그래서 후다이비야에서 돌아온 직후에 무함마드는 카이바르를 포위하기 위해 600명의 군대를 이끌고 출발했다. 쿠라이시족은 이 소식을 듣고 무슬림의 패배를 확신하며 환호했다. 카이바르는 메디나처럼 화산암 평원으로 둘러싸여 있고 7개의 거대한 요새에서 방어할 수 있어 난공불락으로 여겨졌다. 그러나 카이바르의 내분이 무슬림들에게 도움이 되었다. 메디나에서처럼 카이바르에서도 내부 분쟁은 부족 정신의 쇠퇴를 알리는 신호였다. 각각 독립적이었던 카이바르의 부족들은 무슬림들의 포위를 받는 동안 부족끼리 서로 효과적으로 협력하기가 불가능하다는 사실을 깨달았다. 설상가상으로 이들이 지원을 기대한 가타판족도 나타나지 않아서 한 달 후에 유대인 장로들은 평화를 요청했고 메디나에 고개를 숙였다. 협정을 굳게 맺기 위해 무함마드는 숙적이었던 나디르 부족장 후야이의 딸을 부인으로 맞이했다. 아름다운 17세의 사피야는 이슬람에 들어오게 되어 기뻐했다. 무함마드는 포위 공격 중에 전사한 사피야의 아버지에 대해 무례한 발언이 나오지 않도록 엄중한 명령을 내렸다. 무함마드는 사피야에게 만약 다른 부인들 중 누군가가 사피야의 유대인 혈통을 조롱한다면 이렇게 대답하라고 말했다. "나의 아버지는 아론이며 나의 삼촌은 모세입니다."[35] 사피야와의 결혼은 무함마드가 장려하고자 한 화해와 용서의 태도를 표현하는 것이었다. 과거의 증오와 유혈 충돌에서 벗어날 때가 되었다.

카이바르에서 돌아온 무함마드는 오랜 세월 동안 헤어져 살았던 가족과 재회하며 기쁨을 나눴다. 후다이비야 승리 후에 무함마드는 여전히 아비시니아에 살고 있는 무슬림 망명자들에게 전갈을 보내서 이제 아라비아의 상황이 나아졌으니 돌아오라고 요청했었다. 무함마드가 카이바르에서 돌아왔을 때 13년 동안 만나지 못했던 사촌이자 아부 탈리브의 아들 자파르가 메디나에서 기다리고 있었다. 그리고 무함마드는 새 부인을 한 명 더 맞이했다. 그해 초에 사촌 우바이달라 이븐 자흐시가 아비시니아에서 세상을 떠났다는 소식을 들었다. 무함마드는 우바이달라의 부인 라믈라와 결혼하기로 했다. 라믈라의 '쿠냐'는 움 하비바였다. 결혼식은 '느구스'* 앞에서 대리로 이루어졌고, 모스크 내에 움 하비바의 집이 준비되었다. 움 하비바는 아부 수피안의 딸이었고 이 결혼은 또 하나의 영리한 정치적 행보였다.

그해의 나머지 기간은 정기적으로 습격을 하며 보냈다. 몇몇 습격은 북부 지역의 새로운 유대인 동맹들의 요청으로 이루어졌다. 그리고 629년 3월 '하즈' 달, 무함마드가 다시 카바로 순례 행렬을 이끌고 갈 때가 되었다. 이번에는 순례자 2600명이 함께했고, 순례자들이 성소에 다가가자 쿠라이시족은 합의했던 대로 메카를 비워주었다. 쿠라이시족 장로들은 근처 산 위에서 무함마드의 도착을 지켜봤다. "여기 제가 왔습니다, 오 알라여! 제가 왔습니다!"라는 전통적인 외침으로 자신이 왔음을 크게 알리는 무슬림들의 소리는 잔인한 조롱처럼 계곡과 메카의 텅 빈 거리에 메아리쳤을 것이다. 그러나 쿠라이시족은 또한 무슬림들의 규율에 깊은 인상을 받았을 것이다. 고

---

* **느구스(Negus)** 아비시니아 또는 에티오피아 황제를 가리키는 칭호.

삐 풀린 즐거움이나 보기 흉한 축하 장면, 쿠라이시족에 대한 비웃음은 없었다. 대신 수많은 순례자들이 언제나처럼 낙타 카스와를 탄 무함마드를 뒤따라 천천히 그리고 엄숙하게 줄을 지어 메카로 들어갔다. 무함마드는 카바에 도착하자 낙타에서 내려 '검은 돌'에 입을 맞추고 껴안은 후 카바 주위를 도는 의식을 수행했고 순례자 모두가 그 뒤를 따랐다. 특이한 귀향이었다. 이주민들은 고향에 돌아와 감정이 북받쳤을 것이다. 게다가 메카도 유령 도시처럼 텅 비어 있었다. 하지만 그들은 멋대로 행동하지 않았다. 후다이비야 조약에 따라 그해에는 무슬림들이 '움라'(umrah, 간소한 순례)만을 수행할 수 있었다. '움라'에는 아라파트산과 미나 계곡 방문은 포함되지 않았다.

자신들의 도시에서 잠시 유배된 쿠라이시족은 노예 출신 빌랄이 카바 지붕 위에 올라가 무슬림들에게 기도 시간을 알리는 모습을 지켜봐야 했다. 그 모습을 보고 틀림없이 기겁했을 것이다. 하루 세 번 빌랄의 커다란 목소리가 계곡까지 쩌렁쩌렁 울려 퍼지며 듣는 사람 모두에게 지금 바로 와서 "알라후 아크바르"("신은 가장 위대하다")를 외치고 '살라트'(기도)를 수행할 것을 촉구했다. 알라가 하람에 있는 모든 우상보다 "더 위대하다"는 우렁찬 선언을 매번 들으면서도 쿠라이시족은 그 굴욕적인 의식을 막을 방법이 없었다. 이는 무함마드의 엄청난 승리였으며, 쿠라이시족의 많은 젊은이들은 옛 종교는 이제 종말을 맞이할 거라고 더 깊이 확신하게 되었다.

　메카에 머무는 마지막 날 저녁에 무함마드는 또 한 번 가족과 재회하는 기쁨을 누렸다. 여전히 옛 종교를 고수하는 삼촌 압바스가 조카 무함마드를 만나기 위해 메카에 들어오는 것이 허용되었고, 압바스는 무함마드에게 얼마 전에 남편을 잃은 처제 마이무나와의 결혼을 제안했다. 무함마드는 틀림없이 압바스를 이슬람으로 끌어들이고자 하는 바람으로 제안을 받아들였고, 장난스럽게 쿠라이시족에게 결혼식에 초대한다는 말을 전했다. 이러한 행동이 지나쳤는지 수하일이 내려와 무함마드에게 3일이 다 됐으니 당장 떠나야 한다고 알렸다. 그때 예언자와 함께 있던 카즈라즈족의 씨족장 사드 이븐 우바다가 수하일의 무례함에 분노했지만 무함마드는 재빨리 사드를 제지했다. "오 사드여, 우리를 방문해주신 분에게 거친 말은 하지 맙시다."[36] 그날 밤 순례자 전원이 질서정연하게 메카를 떠나자 쿠라이시족은 매우 놀랐다. 시끄러운 항의도, 옛 집을 되찾으려는 시도도 없었다. 무슬림들은 평화롭게 물러남으로써 빠른 시일 안에 다시 돌아오겠다는 자신감을 보여주었다.

　이 특이한 순례 이야기는 빠르게 퍼져나갔고 점점 더 많은 베두인족이 무함마드의 동맹이 되기 위해 메디나로 왔다. 이슬람으로 개종하는 쿠라이시족 젊은 세대의 꾸준한 유입은 훨씬 더 큰 의미가 있었다. 후다이비야에서 무함마드는 새로 개종하는 이들을 메카로 돌려보내겠다고 약속했지만, 이 조건에는 실질적으로 무력화되는 빈틈이 있었다. 우선 후다이비야 조약에 이슬람으로 개종한 여자를 돌려보내야 한다는 내용은 없었다. 그래서 후다이비야 조약 체결 직후에 무함마드는 우스만의 이복 누이를 움마에 받아들여 계속 머물게 했다. 그러나 충동적인 청년 아부 바시르는 돌려보내기로 하고 쿠라이시족 사절과 함께 메카로 보냈다. 그런데 아부 바시르가 메카로 가는 도중에 쿠라이시족 사절을 살해했다. 무함마드는 아부 바시르를 다시 메카로 보냈지만 아부 바시르는 홍해 해안 대상이 다니는 길 부근에 자리를 잡고, 체제에 불만을 품고 나온 다른 메카 젊은이 70명과 함께했다. 무슬림이 되기를 바랐던 이 메카 젊은이들은 노상강도가 되어 사정거리 안에 들어오는 메카 대상을 죄다 공격했고, 쿠라이시족은 경제적 봉쇄가 부분적으로 재개된 셈과 마찬가지임을 깨달았다. 결국 쿠라이시족은 무함마드에게 이 젊은이들을 메디나에 받아들여 후다이비야 조약을 따르게 해 달라고 간청할 수밖에 없었다.

따라서 이슬람 개종자 포용 금지 조항은 사문화되었고, 629년 메디나에는 새로운 무슬림이 꾸준히 들어왔다. 그중에는 무함마드의 성공을 보고 확신을 품게 된 젊은 전사 아므르 이븐 알-아스와 칼리드 이븐 알-왈리드도 있었다. "길이 분명해졌다." 칼리드는 말했다. "이분은 분명 예언자이다."[37] 칼리드는 무슬림들의 보복이 두려웠다. 칼리드와 아므르 둘 다 우후드 전투와 '참호 전투'에서 무슬림을 많이 죽였기 때문이다. 하지만 무함마드는 두 전사에게 신에게 자신을 완전히 내어주는 행위(이슬람)가 묵은 빚을 청산하고 완전히 새로운 출발을 의미한다고 분명히 알려주었다.

정치적 승리를 거둔 629년에 무함마드 개인적으로도 기쁜 일이 생겼다. 메디나에서 결혼한 부인들과의 사이에서는 아직 자식이 없었는데, 예전에 이집트 알렉산드리아 통치자가 무함마드에게 아름다운 곱슬머리 노예 여자를 선물로 보낸 적이 있었다. 마리암은 기독교인이었고 이슬람으로 개종하는 것은 원치 않았지만 무함마드의 '사라야'(saraya)가 되었다. '사라야'란 노예 신분이 지속되는 아내로 그 자식은 자유민이 된다. 무함마드는 마리암을 점점 더 좋아하게 되었고 629년 말에 마리암이 임신하자 뛸 듯이 기뻐했다. 무함마드는 마리암과의 사이에서 낳은 아들에게 이브라힘이라는 이름을 지어주었고, 이브라힘을 메디나에 데리고 다니면서 지나가는 사람들이 아기의 아름다운 피부와 자신을 닮은 모습을 칭찬하는 말을 듣고 좋아했다. 그러나 기쁨과 함께 슬픔도 찾아왔다. 무함마드가 '간소한 순례'를 다녀온 직후에 딸 자이나브가 세상을 떠났으며, 그해 말 시리아 국경으로 나간 원정이 실패하면서 가족 2명을 잃었다. 이 불운한 원정에 관해서는 알려진 사실이 거의 없다. 무함마드는 카이바르의 유대인 부족들처럼 그 지역에 사는 기독교도 아랍 부족들과 동맹을 맺기를 원했을지도 모른다. 어떤 목적이었든 무함마드는 자이드와 사촌 자파르를 3천 명 부대의 선봉으로 삼아 북쪽에 파견했다. 그런데 사해 부근 무타 마을에서 비잔티움 제국 군대의 공격을 받았다. 자이드와 자파르, 그리고 다른 무슬림 10명이 전사했고 원정에 동행한 칼리드는 부대를 철수하기로 결정했다.

무함마드는 소식을 듣고 곧장 자파르의 집으로 갔다. 자신이 소중한 사촌을 돌아오게 하여 죽음에 이르게 했다는 생각에 미칠 것만 같았다. 자파르의 부인 아스마는 빵을 굽고 있다가 무함마드의 표정을 보자마자 끔찍한 일이 일어났다는 사실을 직감했다. 무함마드는 자파르의 두 아들을 보게 해 달라고 하여, 무릎을 꿇고 앉아 아이들을 끌어안고 흐느꼈다. 그 즉시 아스마는 아랍 전통 방식으로 남편의 죽음을 애도하기 시작했고, 여자들이 서둘러 아스마를 찾아왔다. 무함마드는 여자들에게 며칠 동안 자파르 가족의 음식을 챙겨 달라고 청했다. 무함마드가 모스크를 향해 거리를 걸어갈 때 자이드의 어린 딸이 집에서 달려 나와 무함마드의 품에 안겼다. 무함마드는 자이드의 딸을 안아 올려 길거리에 선 채 아이를 다독이며 미친 듯이 울었다.

무타에서의 패배는 메디나에서 무함마드의 지위를 더 위태롭게 만들었다. 칼리드가 부대와 함께 돌아왔을 때에는 이들에게 야유와 비난이 쏟아져서 무함마드가 칼리드를 개인적으로 보호해주어야 했다. 그러나 629년 11월 아라비아의 상황이 극적으로 바뀌었다. 쿠라이시족이 후다이비야 조약을 깨뜨린 것이다. 쿠라이시족의 베두인족 동맹인 바크르족이 쿠라이시족 일부의 선동을 받고 지원을 얻어, 무함마드 동맹에 참여한 쿠자아족을 예고도 없이 공격했다. 쿠자아족은 즉시 무함마드에게 도움을 요청했고 쿠라이시족은 자신들이 무함마드에게 메카를 공격할 완벽한 명분을 제공했다는 사실을 깨달았다. 사프완과 이크리마는 전투 의지를 고수했지만 수하일은 신중하게 대응하려 했다. 아부 수피안은 한 걸음 더 나아가 평화유지를 위해 메디나로 갔다.

이 시점에 아부 수피안은 이슬람으로 개종할 의사는 없었지만, 정세가 무함마드에게 유리하게 바뀌었고 쿠라이시족은 불리한 상황에서 최대한 이익을 얻기 위해 노력해야 한다는 사실을 인식하고 있었다. 메디나에서 아부 수피안은 딸 움 하비바를 방문했고, 무함마드의 가까운 동료 몇 명과 함께 앉아 이야기를 나누며 자신이 분쟁에 휘말리지 않을 방법을 찾고자 했다. 그런 다음 메카로 돌아가 동료 부족 사람들에게 불가피한 사태를 받아들일 준비를 하게 했다. 아부 수피안이 떠난 후 무함마드는 새로운 원정 계획을 세우기 시작했다.

630년 1월, '라마단' 10일에 무함마드는 메디나 출병 역사 상 최대 규모의 병력을 선두에서 이끌고 원정에 나섰다. 움마의 거의 모든 남자가 자원했고 진군하면서 베두인족 동맹들이 합류해, 병력은 최대 1만 명에 이르렀다. 보안을 위해 원정 목적지는 공개되지 않았지만 당연히 들뜬 분위기에 많은 추측이 난무했다. 거의 확실히 메카일 가능성이 높았지만 무함마드는 여전히 이슬람에 강한 적대감을 품고 있는 타이프를 향해 가는 것일 수도 있었다. 그래서 남쪽의 하와진족은 타이프에서 대규모 병력을 모으기 시작했다. 메카에서는 쿠라이시족 지도자들이 최악의 상황을 두려워했다. 압바스, 아부 수피안, 그리고 쿠자아족의 수장 부다일은 밤을 틈타 무슬림 진영으로 갔다. 무함마드는 그들을 맞이하고 아부 수피안에게 이슬람을 받아들일 준비가 되었는지 물었다. 아부 수피안은 우상들의 쓸모없음이 드러난 이제 알라가 유일한 신이라는 것은 믿지만 무함마드가 예언자라는 점에 대해서는 여전히 의심을 품고 있다고 대답했다. 그러나 아부 수피안은 대규모 병력 전원이 아침 기도 시간에 메카 방향으로 엎드려 기도하는 모습을 보고 충격과 감동을 받았고, 다양한 부족이 메카로 진군하는 모습을 보고 쿠라이시족이 항복해야만 한다는 사실을 알았다.

아부 수피안은 서둘러 메카로 돌아와 큰 소리로 외치며 사람들을 불러 모았다. "오 쿠라이시 사람들이여, 무함마드가 도저히 대항할 수 없는 군대를 끌고 왔소!" 그리고 메디나에서 알리에게 받은 제안을 쿠라이시족 사람들에게 알려주었다. 항복하기를 원하는 사람은 아부 수피안의 개인적인 보호를 받아야 한다. 무함마드는 이들을 존중하기로 동의했다. 항복을 원한다면 아부 수피안의 집으로 피신하거나 자기 집에 머물러야 한다. 그런데 아부 수피안의 부인 힌드는 분노에 휩쓸려 이성을 잃은 나머지 남편의 수염을 붙잡고 사람들에게 고함쳤다. "이 뻔뻔스럽고 살찐 허풍쟁이를 죽여버려! 썩어 빠진 인간이 보호자 노릇이라니!" 그러나 아부 수피안은 사람들에게 자기 부인 말을 듣지 말라고 간청했다. 그리고 무슬림 진영에서 본 광경을 말해주었다. 이젠 무조건 거부한다고 될 때가 아니다. 아부 수피안의 어둡고 냉정한 설득은 대다수 쿠라이시족의 마음을 흔들어놓았다. 실용적인 쿠라이시족 사람들은 항복의 표시로 각자 집 안에 틀어박혔다.

그러나 싸우고 싶어 하는 이도 몇 명은 있었다. 이크리마, 사프완, 수하일은 소규모 부대를 모아서 칼리드의 분대가 메카로 접근하자 공격을 시도했지만 금방 패퇴했다. 사프완과 이크리마는 자신의 목숨이 위태롭다고 생각하며 달아났고, 수하일은 무기를 내려놓고 집으로 갔다. 이들과 싸운 부대 외에 다른 무슬림 부대는 무기 한번 휘두르지도 않고 메카에 들어갔다. 무함마드는 카바 부근에 자신의 붉은 천막을 치게 했다.

원정에 동행한 쿠라이시족 출신 부인 2명 움 살라마와 마이무나, 그리고 알리와 파티마가 이곳에서 무함마드와 합류했다. 천막에 여장을 푼 직후에 알리의 누나 움 하니가 찾아와 싸움에 참여한 자신의 친척 2명을 살려 달라고 간청했다. 알리와 파티마는 그들의 처형을 원했지만 무함마드는 주저 없이 그들의 안전을 약속했다. 무함마드는 피의 보복을 지속할 마음이 없었다. 누구도 이슬람을 강요받지 않았고, 개종해야 한다는 압박감을 느끼지도 않았던 것 같다. 여전히 무함마드의 목표는 화해였다.

무함마드는 잠시 잠을 자고 일어나 아침 기도를 드렸다. 그리고 카스와를 타고 카바 주위를 일곱 번 돌며 "알라후 아크바르!"를 외쳤다. 다른 무슬림들이 그 외침을 이어받았고 그 말은 곧 메카 전체에 울려퍼지며 이슬람의 최종 승리를 알렸다. 그다음에 무함마드의 관심은 하람의 우상들에게로 향했다. 쿠라이시족 사람들은 집 지붕과 발코니에 모여 무함마드가 다음과 같은 구절을 암송하며 석상을 하나하나 부수는 모습을 지켜보았다. "그리고 일러 가로되 진리가 도래하였으니 허위가 멸망하리라. 실로 허위는 멸망토록 되어 있노라."[38] 카바 내부 벽은 이교 신들의 그림으로 장식되어 있었다. 무함마드는 그림을 전부 지우라고 지시했지만, 예수와 마리아를 그린 프레스코는 남겨놓게 했다고 전해진다.

이때 쿠라이시족 사람 몇 명은 대담하게 집에서 나와 카바로 와서 무함마드가 성소를 떠나기를 기다리고 있었다. 무함마드는 알라의 집 앞에 서서 그들에게 오직 갈등과 불의만을 낳았던 '자힐리야'의 오만과 자만심을 내려놓으라고 간청했다. "오 쿠라이시여." 무함마드는 외쳤다. "신께서 너희에게서 조상의 영광에 대한 허세와 함께 '자힐리야'의 오만함을 없애버리신 것을 보라. 사람은 신을 의식하는 믿는 자이거나 그렇지 않다면 불행한 죄인일 뿐이다. 모든 사람은 아담의 자손이며 아담은 흙에서 만들어졌다."[39] 무함마드는 마지막으로 신이 인류 전체에게 내린 말을 인용했다.

사람들이여 하느님이 너희를 창조하사 남성과 여성을 두고 종족과 부족을 두었으되 서로가 서로를 알도록 하였노라. 하느님 앞에서 가장 크게 영광을 받을 자는 가장 의로운 자로 하느님은 모든 것을 아시며 관찰하시는 분이시라.[40]

진정한 '카림'은 더는 공격적인 쇼비니스트가 아니라 경건한 두려움으로 가득찬 사람이다. 부족과 민족의 목적은 더는 자신의 우월성을 뽐내는 것이 아니었다. 다른 부족 또는 종족 사람들을 지배하거나, 착취하거나, 개종시키거나, 정복하거나, 파괴하려 해서는 안 되며, 서로 알아 가야 한다. 사실 아무리 같은 부족민이나 친척이어도 서로 마음과 생활 방식이 맞지 않을 수 있다. 그럼에도 부족민 그리고 부족에 충성하는 이는 사람들과 공존하고 함께 살아가는 경험을 통해, 외부인들과 대면할 준비도 되어 있어야 한다. 함께 살아가는 경험은 인류 통합에 대한 이해로 이어져야 한다. 무함마드는 아라비아에서 고귀함의 개념을 재정의하여 이제 고귀함은 더 보편적이고, 자비로우며, 자신을 낮추는 이상으로 대체되었다.

그러나 쿠라이시족은 이에 대한 준비가 되어 있었나? 무함마드는 쿠라이시족을 대거 사면했다. 블랙리스트에 오른 사람은 약 10명뿐이었다. 여기에는 이크리마(그러나 사프완은 어떤 이유로 빠져 있었다)를 비롯해 반이슬람 선전을 퍼뜨리거나 예언자의 가족을 다치게 한 이들이 포함되어 있었다. 그러나 이 무도한 이들 중 몇 명은 용서를 구하고 목숨을 건진 것으로 보인다. 무함마드는 카바 옆에서 연설한 후에 사파산으로 물러나서 우마르와 아부 바크르를 옆에 앉히고 메카 사람들을 초대해 충성 맹세를 받았다. 쿠라이시족은 한 사람씩 차례로 무함마드에게 왔다. 그중에는 아부 수피안의 부인 힌드도 있었다. 힌드는 우후드 전투 후에 함자의 시신을 훼손하여 블랙리스트에 올라 있었다. 힌드는 여전히 반감을 품고 있었다. "지난 일은 용서하시오." 힌드는 사과하는 기색도 없이 말했다. "그러면 신이 당신을 용서할 거요!" 무함마드는 힌드에게 간음, 도둑질, 영아 살해 같은 죄를 저지르지 않겠다고 약속할 것인지 물었다. 자식을 죽이지 않겠다고 약속하겠는가? 이 물음에 힌드는 이렇게 대답했다. "나는 내 자식들을 어릴 때부터 키웠소. 하지만 자식들이 컸을 때 당신이 바드르에서 죽였소." 무함마드는 말없이 그 점을 인정했다.[41] 힌드는 이슬람으로 개종하기로 결심했고 이제 무슬림이 되었으니 무함마드가 더는 자신의 죄를 물을 수 없다고 말했다. 예언자는 미소를 지으며 물론 힌드는 자유의 몸이라고 말했다. 아부 수피안의 협력에 대한 보상으로 힌드는 곧 남편과 아들들이 움마에서 중요한 직책을 맡는 것을 볼 것이다.

사프완과 이크리마의 친척들은 두 사람의 목숨을 살려 달라고 간청했다. 무함마드는 만약 두 사람이 자신을 지도자로 받아들인다면 자유롭게 메카에 들어올 수 있을 거라고 약속했다. 사프완과 이크리마는 메카에 돌아오기로 결정했고 이크리마가 먼저 이슬람을 받아들였다. 무함마드는 인자하게 이크리마에게 인사하고 아무도 이크리마의 아버지 아부 자흘을 비방하지 못하게 했다. 사프완과 수하일은 무함마드에게 충성을 맹세했지만 무슬림 신앙 고백은 차마 하지 못하다가, 며칠 후에 마음을 고쳐먹었다.

메카를 확보한 후 무함마드는 타이프 부근에 2만 명 부대를 소집했던 하와진족과 타키프족을 상대해야 했다. 무함마드는

630년 1월 말 후나인 전투에서 두 부족을 물리쳤고 하와진족은 무함마드 동맹에 들어왔다. 타이프까지 점령할 수는 없었지만, 타이프는 주요 베두인족 동맹을 상실하여 철저히 고립되어 이듬해에 항복할 수밖에 없었다. 무함마드는 후나인 전투 승리 후 전리품을 나누면서 아부 수피안, 수하일, 사프완에게 가장 좋은 몫을 챙겨주었다. 사프완은 너무나 감격하여 즉시 자신을 내어주었다. "나는 예언자의 영혼이 아니라면 어떤 영혼도 이와 같은 선함을 가질 수 없음을 증언합니다." 사프완은 외쳤다. "나는 알라 외에 다른 신은 없으며 당신이 그분의 말씀을 전하는 예언자임을 증언합니다."[42] 수하일도 똑같이 했다.

일부 '조력자들'은 이러한 모습이 편애처럼 보여서 기분이 상했다. 이제 고향 부족과 재결합했으니 무함마드는 메디나 사람들을 버릴 것인가? 무함마드는 감동적인 연설로 즉시 그들을 안심시켰고, 연설을 들은 많은 이들은 눈물을 흘렸다. 무함마드는 자신이 난민에 불과했을 때 그들이 베푼 관대함을 결코 잊지 않을 것이며, 메카에 정착할 생각은 전혀 없고 여생을 메디나에서 보내겠다고 약속했다. "다른 이들은 가축을 가져가고 너희는 신의 사도를 다시 데리고 가는 것이 만족스럽지 않은가?" 무함마드는 물었다. "만약 모든 사람이 한쪽 길로 가고 '조력자들'이 다른 쪽 길로 간다면, 나는 '조력자들'의 길로 갈 것이다. 신께서 '조력자들'과 그 아들들과 그 아들들의 아들들에게 자비를 내리시도다."[43]

기이한 점령이었다. 제삼자가 보았다면 무슬림들과 쿠라이시족이 대체 왜 싸웠는지 의아해했을 것이다.[44] 무함마드는 약속대로 이주민들과 '조력자들'과 함께 메디나로 돌아갔다. 무함마드는 직접 메카를 통치하려고 시도하지 않았다. 쿠라이시족 관리들을 자신의 동료로 교체하지도 않았다. 순수한 이슬람 정권을 세우지도 않았다. 하람에서 중요한 직위에 있던 이들이 전부 직위를 유지한 것을 비롯해 부족 회의체와 기존 상태에는 아무런 변화도 없었다. 무함마드와 철천지원수였던 이들은 원래 지위를 회복했을 뿐만 아니라 더 높은 지위에 오르고 선물도 잔뜩 받았다. 무함마드는 자신에게 카바 열쇠를 건네준 명망가에게 하람에서 가장 명예로운 직무인 순례자들에게 물을 제공하는 일을 다시 맡기려 하면서 이렇게 물었다. "이제 이 열쇠가 내 손에 있으니 내가 원하는 누구든 임명할 수 있는 것이지?" 그 사람은 이제 무슬림이 그 일을 맡게 될 것이라 생각하고 비통하게 외쳤다. "그러면 쿠라이시의 영광과 힘이 사라지는 것이오!" 무함마드는 곧장 열쇠를 돌려주며 말했다. "그 반대로, 오늘 쿠라이시는 굳건하고 영광스럽다!"[45]

무함마드는 할 일을 거의 다 했다. 메디나에 돌아온 후에도 이븐 우바이 진영의 반대는 계속되었다. 무함마드를 암살하려는 시도가 한 번 더 있었고, 무함마드는 더 많은 수익을 위해 원정대를 북부 지역으로 파견하여 적의 마음을 돌리려 애썼다. 631년 10월 무함마드는 메디나의 어느 모스크가 반대 세력의 중심지라는 사실을 알고 이를 파괴할 수밖에 없었다. 다음 날 아침 무함마드는 암살을 모의한 이들의 행위를 조사했고 그들은 서둘러 사과했다. 대부분이 그럴듯한 변명을 내놓고 용서를 받았지만, 3명은 공식적으로 움마에서 거의 2개월 동안 격리되었다. 이 일을 마지막으로 무슬림 반대 선동은 끝난 것으로 보인다. 이 항복이 있고 나서 얼마 후에 이븐 우바이가 세상을 떠났고, 무함마드는 존중의 표시로 옛 적의 무덤 옆에 섰다. 마침내 무함마드는 메디나에 지속해 나갈 힘을 지닌 통합된 사회를 만들어낼 수 있었고, 점점 더 많은 베두인족이 종교적 서약은 하지 않더라도 무함마드의 정치적 패권은 받아들이려 하고 있었다. '히즈라' 이후 10년이라는 짧은 시간 동안 무함마드는 아라비아의 정치적, 영적 지형을 되돌릴 수 없게 바꿔놓았다.

그러나 무함마드는 눈에 띄게 쇠약해지고 있었고 632년 초에는 자신이 삶의 끝을 향해 가고 있음을 점점 더 의식했다. 어린 아들 이브라힘이 세상을 떠났을 때는 몹시 힘들어했다. 곧 천국에서 함께할 것임을 확신하면서도 비통하게 흐느꼈다. 하지만 전통적인 '하즈' 달이 다가오자 무함마드는 순례를 이끌겠다고 발표했다. 그리고 2월 말에 부인 전원과 수많은 순례자들과 함께 출발해 3월 초에 메카 외곽에 도착했다. 무함마드는 무슬림들을 이끌어 아랍인들의 마음에 진정으로 와 닿는 의식들을 집전하며 새로운 의미를 부여했다. 무슬림들은 이제 부족 신과 재결합하지 않고 선조 아브라함과 이스마엘이 지은 "집", 즉 카바 주위에 모였다. 순례자들이 사파 언덕과 마르와 언덕 사이를 일곱 번 달리자 무함마드는 이스마엘의 어머니 하갈이 겪은 괴로움을 기억하라고 가르쳤다. 아브라함이 하갈 모자를 황야에 버리고 갔을 때 하갈은 아기에게 먹일 물을 찾아 이리저리 미친 듯이 뛰어다녔다. 신은 땅속 깊은 곳에서 잠잠 샘물이 솟아나게 하여 하갈 모자를 구했다. 그다음에 순례자들은 신이 인류 전체의 조상 아담과 계약을 맺은 곳이라고 전해지는 아라파트산 비탈에서 선 채로 철야를 하며 인류 전체와의 일체감을 떠올렸다. 미나 계곡에서는 유혹과의 끊임없는 투쟁(지하드)을 되새기는 의미로 세 기둥을 향해 돌을 던졌다. 유혹과의 투쟁은 신의 뜻에 순종하는 삶에 필수불가결하다. 마지막으로 순례자들은 아브라함이 자신의 아들을 신에게 바치려 한 후에 희생 제물로 올린 양을 기념하여 양 한 마리를 바쳤다.

오늘날 나미라 모스크는 아라파트산 부근, 무함마드가 무슬림 공동체에 고별 설교를 했던 지점에 서 있다. 무함마드는 무슬림들에게 서로 공정하게 대하고, 여자를 친절하게 대하고, '자힐리야' 정신에서 나온 피의 불화와 복수심을 버려야 한다고 다시금 일깨웠다. 무슬림은 절대로 무슬림과 싸워서는 안 된다. "모든 무슬림은 무슬림의 형제이고, 무슬림들은 서로 형제라는 것을 알아라 형제가 너에게 기꺼이 주는 것을 취하는 것만이 정당하니, 서로에게 부당한 행동을 하지 말라." 무함마드는 다음과 같은 말로 끝을 맺었다. "오 신이여, 제가 말씀드리지 않았습니까?" 이 마지막 호소에는 비애가 느껴졌다. 무함마드는 아무리 반복적으로 충고해도 모든 무슬림이 자신의 통찰을 완전히 이해하지 못한다는 사실을 알고 있었다. 자신이 아는 것을 전하기 위해 무슬림들 앞에 서는 것은 이번이 아마 마지막일 것임을 알기에, 무함마드는 그동안 자신이 기울인 모든 노력이 헛되지 않았는지 궁금했을지도 모른다. 무함마드는 갑자기 외쳤다. "오 사람들이여, 내가 나의 뜻을 너희에게 충실히 전하였느냐?" 군중에게서 강력한 동의의 속삭임이 들려왔다. "오 신이여, 그렇습니다!" (알라훔마 남!) 무함마드는 같은 질문을 계속 되풀이 했다. 안심하고 싶은 마음에서 나온 감동적이고 인간적인 호소였다. 그때마다 "알라훔마 남!"이라는 대답이 우레처럼 계곡에 울려퍼졌다. 무함마드는 하늘을 향해 검지를 올리며 말했다. "오 알라여, 증인이 되어 주십시오."[46]

무함마드는 메디나로 돌아와서 몸을 무기력하게 만드는 두통과 졸도성 발작을 겪기 시작했지만 결코 누워 생활하지는 않았다. 종종 머리의 아픈 부위를 천으로 싸매고 모스크에 가서 기도를 인도하거나 사람들에게 연설하곤 했다. 어느 날 아침 무함마드는 우후드에서 전사한 무슬림들을 추모하며 특별히 긴 시간 동안 기도하고 이렇게 덧붙였다. "신께서는 그분을 섬기는 한 종에게 이 세상이나 신과 함께하는 다른 세상 중에서 선택하게 하셨고, 그 종은 후자를 선택했다." 무함마드 자신의 죽음이 임박했다는 이 언급을 이해한 사람은 아부 바크르뿐인 것 같았다. 아부 바크르는 비통하게 흐느꼈다. "진정하라, 진정하라, 아부 바크르여." 무함마드는 부드럽게 말했다.[47]

결국 무함마드는 마이무나의 집에서 쓰러졌다. 부인들이 정성스레 곁을 지키다가 무함마드가 계속 묻는 말을 들었다. "내일은 내가 누구와 함께하기로 되어 있지? 내일은 누구와 함께하지?" 부인들은 무함마드가 언제 아이샤와 함께할 수 있는지 알고 싶어 한다는 사실을 깨달았다. 부인들은 무함마드를 아이샤의 집으로 옮겨 간호하는 데 동의했다. 무함마드는 머리를 아이샤의 무릎에 기대고 조용히 누워 있었다. 하지만 사람들은 무함마드의 상태가 단순히 일시적인 문제일 뿐이라고 믿었던 것 같다. 아부 바크르가 예언자는 함께할 시간이 얼마 남지 않았다고 반복해서 경고했지만 공동체는 이를 받아들이려 하지 않았다. 무함마드는 병세가 위중해져 모스크에도 가지 못할 정도가 되자 아부 바크르에게 기도를 이끌어 달라고 청했다. 하지만 그래도 가끔씩 '살라트'에 참석해, 암송을 할 수 없을 정도로 약해진 몸으로 아부 바크르 옆에 조용히 앉아 있었다.

'라비' 달 12일(632년 6월 8일), 아부 바크르는 기도 중에 회중이 산만해지자 무함마드가 모스크에 들어왔음을 단박에 알았다. 무함마드는 훨씬 좋아 보였다. 어떤 사람은 무함마드가 이처럼 환하게 빛나는 모습은 한 번도 본 적이 없다고도 말했고, 다들 기뻐하며 안도했다. 아부 바크르는 즉시 자리에서 물러나려 했지만 무함마드는 그의 어깨에 손을 올리며 아부 바크르를 공동체 윗자리로 부드럽게 밀고서 그 옆에 앉아 기도가 끝날 때까지 있었다. 그리고 무함마드는 아이샤의 집으로 돌아가 평화롭게 아이샤의 무릎에 누웠다. 무함마드가 훨씬 더 나아 보였기에 아부 바크르는 메디나 다른 곳에 살던 자신의 부인을 보러 가겠다고 무함마드에게 말하고 나갔다. 그날 오후에 알리와 압바스가 들여다보고는 무함마드가 호전되고 있다는 좋은 소식을 사람들에게 전했다. 저녁 무렵에 아이샤는 무함마드가 전보다 더 무겁게 기대고 있음을 느꼈고 무함마드는 의식을 잃은 것처럼 보였다. 그래도 아이샤는 무슨 일인지 깨닫지 못했다. 나중에 아이샤는 "내가 너무 어리고 무지해서 예언자께서 내 품에서 돌아가셨다"라고 말했다. 아이샤는 무함마드가 중얼거리는 말을 들었다. "아닙니다, 천국에서 가장 고귀한 동반자여." 가브리엘이 무함마드를 데리러 온 것이다.[48] 아이샤는 아래를 내려다보고 무함마드가 세상을 떠났음을 발견했다. 아이샤는 조심스럽게 무함마드의 머리를 베개로 받치고 전통적인 방식으로 가슴을 치고 얼굴을 때리며 큰소리로 울기 시작했다.

사람들은 여자들의 애도 소리를 듣고 창백한 얼굴로 서둘러 모스크로 달려왔다. 소식은 오아시스 전역에 빠르게 퍼졌고 아부 바크르가 서둘러 돌아왔다. 아부 바크르는 무함마드의 모습을 본 후 얼굴에 입을 맞추고 작별 인사를 했다. 모스크에서는 우마르가 군중에게 이야기를 하고 있었다. 우마르는 예언자가 죽었다는 사실을 결코 믿으려 하지 않았다. 무함마드의 영혼이 일시적으로 육체를 떠났으며 분명히 그들에게 돌아올 거라고, 무함마드는 절대로 죽을 리가 없다고 주장했다. 우마르의 강박적인 장광설에서 지나친 흥분이 눈에 띄었을 것이다. 아부 바크르가 "진정하시오, 우마르"라고 속삭였기 때문이다. 그러나 우마르는 정말로 말을 멈출 수가 없었다. 아부 바크르는 조용히 한 발 앞으로 나설 수밖에 없었고, 아부 바크르의 평정심이 사람들에게 깊은 인상을 주었을 것이다. 사람들은 서서히 우마르의 장광설에 귀 기울이지 않고 아부 바크르 주위에 모여들었다.

아부 바크르는 사람들에게 무함마드가 '타우히드' 즉 신의 유일성을 설교하는 데 삶을 바쳤음을 일깨웠다. 그런데 어떻게 무함마드가 불멸이라고 상상할 수 있겠는가? 그것은 무함마드가 신이라고, 제2의 신이라고 말하는 것과 다름없다. 무함마드는 무슬림들에게 기독교인들이 예수를 경배하는 것과 동일한 방식으로 자신의 명예를 세우려 하지 말라고 지속적으로 경고해 왔다. 그는 다른 사람과 같은 인간일 뿐이다. 따라서 무함마드의 죽음을 인정하지 않는 것은 무함마드의 메시지를 부인하는 것이다. 하지만 무슬림들이 오직 신만이 유일하게 경배를 받을 수 있다는 믿음에 충실하다면 무함마드는 그들 마음속에 살아 있을 것이다. "오 사람들이여, 만약 누군가가 무함마드를 경배한다면, 무함마드는 죽었다." 아부 바크르는 단호하게 말을 마쳤다. "만약 누군가가 신을 경배한다면, 신은 살아 계시며 불멸이다."[49] 아부 바크르는 마지막으로, 우후드 전투 후에 무함마드가 죽었다는 헛소문 때문에 많은 무슬림이 충격을 받았을 때 무함마드에게 계시된 구절을 암송했다. "무함마드는 한 예언자에 불과하며 그 이전 예언자들도 세상을 떠났노라. 만일 그가 죽거나 혹은 살해당한다면 너희는 돌아서겠느냐? 만약 어느 누가 돌아선다 하더라도 조금도 하느님을 해하지 아니할 것이며 하느님은 감사하는 자들에게 보상을 주실 것이라."[50] 이 구절이 어찌나 큰 울림을 주는지 사람들은 마치 이 구절을 처음 듣는 것만 같았다. 우마르는 완전히 넋이 나갔다. "신께 맹세코. 아부 바크르가 그 구절을 암송했을 때 나는 말문이 막혔고, 사도가 정말로 죽었다는 사실을 깨닫고 다리에 힘이 풀려 땅바닥에 쓰러졌다."[51]

무함마드는 살아 있을 때와 마찬가지로 죽어서도 논란의 대상이 되었다. 무함마드가 예언자로서 살아간 일생의 의미를 완전히 이해하는 사람은 추종자 중에 극소수였다. 이러한 공동체 내의 균열은 후다이비야에서 순례자 대부분이 기적 같은 일이 일어나기를 기대했을 때 이미 겉으로 드러난 적이 있었다. 사람들이 이슬람에 들어온 이유는 제각각이었다. 많은 이가 사회 정의의 이상에 헌신했지만 무함마드가 추구한 비폭력과 화해의 이상에는 헌신하지 않았다. 아부 바시르를 따랐던 반체제 노상강도 젊은이들은 예언자와는 전적으로 다른 목표를 추구했다. 628년 순례에 자원하지 않았던 베두인 부족들은 이슬람에 종교적으로 헌신하기보다는 정치적으로 동참했다. 초기부터 이슬람은 결코 단일한 실체가 아니었다.

이처럼 일체감이 부족한 것은 놀랄 일이 아니다. 기독교 복음서를 보아도 예수의 제자들은 종종 예수의 소명에 담긴 더 깊은 측면에 대해 둔감하거나 이해력이 부족한 모습으로 묘사된다. 본보기가 되는 인물들은 대개 시대를 너무 앞서가기에 동시대인들은 그들을 이해하지 못하고 그들 사후에 운동은 분열된다. 불교 역시 고타마 싯다르타 사후 오래지 않아 '테라바다'와 '마하야나' 학파로 나뉘었다. 이슬람 또한 예언자 생전에 움마를 갈라놓았던 분열이 예언자 사후에 훨씬 더 명확해졌다. 쿠란의 종교적 메시지를 결코 철저히 이해하지는 못했던 많은 베두인족은 이슬람이 무함마드와 함께 죽었다고 생각하고, 협력하던 상대 족장이 죽으면 협정을 취소하듯이 거리낌 없이 움마에서 탈퇴했다. 예언자 사후에 공동체는 무함마드의 "후계자"인 '칼리파'(kalifa)가 이끌었다. 처음 4명의 칼리프(칼리파)는 아부 바크르, 우마르, 우스만, 알리였으며 사람들이 선출했고 "올바르게 인도된"(라시둔rashidun) 칼리프라는 명칭으로 알려져 있다. 이들은 아라비아 밖에서 여러 정복 전쟁을 이끌었지만 당시 이 전쟁들에 종교적 의미는 없었다. '라시둔'은 쿠란의 소명보다 여느 통치자나 장군처럼 페르시아와 비잔티움 제국의 붕괴라는 정치적 기회에 대응하고 있었다. 우마르, 우스만, 알리와 예언자의 손자 후사인의 암살을 초래한 끔찍한 내전은 나중에 종교적 의미를 부여받았지만 사실상 변방의 원시적인 정치체가 세계 중심 세력의 지위로 특이할 정도로 급격하게 전환하는 과정에서 나온 부산물이었다.

그러한 정치적 격변보다 훨씬 더 놀라운 건 무슬림들의 반응이었다. 그러한 참담한 사건들을 고찰하면서 쿠란에 대한 무슬림들의 이해가 성숙해졌다. 이슬람의 종교적이고 문헌적인 주요 발전은 거의 전부가 예언자가 품었던 원래의 비전으로 돌아가고자 하는 열망에서 시작되었다. 많은 이가 후기 칼리프들의 사치스러운 생활 방식에 경악하며 초기 움마의 엄격한 비전으로 돌아가려고 했다. 신비주의자, 신학자, 역사가, 법학자 들이 중요한 질문을 던졌다. 독실한 지도자들을 살해한 사회가 어찌 신의 인도를 받는다고 주장할 수 있겠는가? 어떤 사람이 움마를 이끌어야 하는가? 자신은 사치스럽게 살면서 대다수 민중의 빈곤은 모른 척하는 통치자들이 진정한 무슬림이라 할 수 있는가?

움마의 정치적 지도력에 관한 격렬한 논쟁은 4~5세기 기독교에서 크게 벌어진 그리스도론 논쟁과 비슷한 역할을 이슬람에서 했다. 수피즘의 금욕적 영성은 이러한 불만에 뿌리를 두고 있다. 수피들은 궁정의 사치에 등을 돌리고 예언자처럼 엄격한 삶을 살아가려 했다. 수피들은 예언자가 하늘에 올라갔던 밤의 여행에 바탕을 둔 신비주의를 발전시켰다. 무함마드의 가장 가까운 남성 친족인 알리를 따르며 "알리의 당파"라고 자칭하는 '시아'파는 알리의 직계 자손만 예언자의 능력을 물려받았으니 움마는 반드시 알리의 직계자손이 이끌어야 한다고 믿었다. 시아파 신도들은 주류 무슬림 사회의 불의에 맞서는 저항의 신앙을 발전시키며 쿠란의 평등주의 정신으로 돌아가려 했다. 이 같은 많은 운동은 무함마드라는 높고 거대한 존재를 돌아보면서도 쿠란의 통찰을 완전히 새로운 방향으로 끌고 갔다. 그리고 무함마드가 받은 원래 계시가 전례 없는 상황에 대응할 유연성이 있다는 사실을 보여주었다. 이러한 유연성은 위대한 세계적 운동에 필수적이다. 처음부터 무슬림들은 예언자 무함마드를 자신들의 정치인들에게 도전하고 움마의 영적 건강을 측정하는 척도로 삼았다.

이러한 비판적 정신은 오늘날에도 필요하다. 몇몇 무슬림 사상가는 메카에 맞선 '지하드'를 무함마드 일생의 절정기로 여기면서, 무함마드가 결국 전쟁을 중단하고 비폭력 정책을 채택한 사실을 언급하지 않는다. 서구 비평가들 역시 이슬람 예언자를 호전적으로 보는 시각을 고집하면서, 무함마드 시대의 거친 공격성의 뿌리이자 오늘날 서구와 이슬람 세계를 막론하고 일부 지도자들에게 뚜렷이 보이는 '자힐리'적 오만과 이기주의에 무함마드가 처음부터 반대했다는 사실은 보려 하지 않는다. 평화와 실질적인 연민을 목표로 삼았던 예언자는 지금 분열과 반목의 상징이 되고 있다. 이러한 전개는 그 자체로 비극일 뿐 아니라 인류의 미래가 걸린 세계의 안정에도 큰 위협이 된다.

나는 처음 썼던 무함마드 전기* 마지막에 캐나다 학자 윌프레드 캔트웰 스미스의 선견지명이 담긴 말을 인용했다. 20세기 중반 제2차 중동 전쟁 직전에 쓴 글에서 그는 건강하게 작동하는 이슬람의 도움으로 수 세기 동안 무슬림들은 서구의 우리가 공유하는 훌륭한 가치를 만들어냈는데, 이는 그 가치들이 공통된 전통에서 솟아나기 때문이라고 논평했다. 무슬림 일부는 서구의 현대성에 반감을 품고 있다. 그들은 '책의 민족'의 문화에 등을 돌렸고, 심지어 쿠란이 그렇게도 강력하게 지지했던 자매 신앙에 대한 새로운 증오를 '이슬람화'하기 시작했다. 캔트웰 스미스는 무슬림들이 현대의 도전에 맞서려면 서구의 전통과 제도를 이해하는 법을 배워야만 한다고 주장했다. 서구 전통과 제도는 사라지지 않을 것이기 때문이다. 만약 이슬람 여러 사회가 그렇게 하지 않는다면 20세기의 시험을 통과하지 못할 거라고 했다. 그러나 캔트웰 스미스는 서구인들 역시 문제가 있다고 지적했다. 그 문제란 "자신들이 열등한 이들이 아니라 동등한 이들과 세상을 함께 살아간다는 사실을 인식하지 못하는 능력"이다.

만약 서구 문명이 지적, 사회적, 정치적, 경제적으로, 그리고

---

* 저자는 1994년에 무함마드 전기를 출간한 적이 있으며 2006년에 출간한 이 책과는 다른 책이다.

기독교 교회가 신학적으로, 다른 사람들을 기본적으로 존중하는 법을 배우지 못한다면, 서구 문명과 기독교 교회는 결국 20세기의 현실을 받아들이는 데 실패할 것이다. 그리고 여기서 발생하는 문제들은 당연히, 우리가 지금까지 이슬람에 대해 짚었던 어떤 문제만큼이나 심각하다.[52]

21세기에 우리가 겪은 짧은 역사*는 어느 쪽도 이러한 교훈을 터득하지 못했음을 보여준다. 끔찍한 재난을 피하려면 무슬림과 서구 세계는 서로 관용을 베푸는 것을 넘어 서로를 진정으로 이해하는 것을 배워야 한다. 좋은 출발점은 무함마드라는 인물이다. 쉽게 이념적으로 분류되지 않고 때로는 우리가 받아들이기 어렵거나 불가능한 일도 했지만 심오한 천재성으로 종교와 문화적 전통을 세운 복잡한 인물. 그 종교는 칼에 바탕을 두지 않았다. 그 이름 "이슬람"은 평화와 화해를 의미했다.

---

* 이 책은 2006년에 출간되었다.

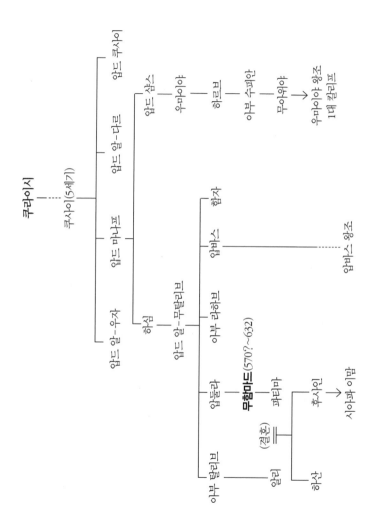

일반 용어

가라니크(gharaniq) 세 여신 알-라트(Al-Lat), 알-웃자(Al-Uzza), 마나트(Manat). 이 여신들은 '신의 딸들'이며 아름다운 두루미(가라니크)에 비유되었다.

가주(ghazu) 베두인 유목민 경제의 필수 요소였던 약탈. '가지'(ghazi)는 전사 또는 약탈자를 뜻한다.

나디르(nadhir) 사람들에게 경고를 전하는 예언자.

나스르(nasr) 군사적 지원을 포함하는 도움.

다르(dahr) 시간, 운명.

디크르(dhikr) 기억을 불러일으키는 것. 회상.

딘(din) 종교, 삶의 방식, 도덕 법칙, 심판.

라시둔(rashidun) '올바르게 인도된' 후계자들. 최초의 네 명의 칼리프.

라일라 알-카드르(layla al-qadr) 운명의 밤. 또는 '권능의 밤'이라고도 한다. 무함마드가 신에게 처음으로 계시를 받은 날 밤.

라일라(layla) 밤. 또한 여자 이름으로 쓰인다.

루흐(ruh) 영혼. 쿠란에서는 계시를 내리는 신적 영혼을 의미한다.

마스지드(masjid) 엎드려 기도하는 장소. 나중에는 이런 장소를 모스크라고 부른다.

무나피크(munafiq) 흔들리는 자, 위선자. 복수형은 '무나피쿤' (munafiqun). 이븐 우바이를 따르면서 노력하지 않고 모호한 태도를 취했던 무슬림을 가리킨다.

무루와(muruwah) 베두인 유목민들의 기사도적인 행동 규범. 부족에 대한 충성, 용기, 인내심, 관대함, 부족 선조에 대한 숭배를 의미한다.

무민(mu'min) 무슬림 이상을 성실히 따르며 사는 사람들.

무슬림(muslim) 자신의 존재 전체를 신에게 내어준 사람. '이슬람' (islam) 행동을 수행한 사람.

미르바드(mirbad) 대추야자를 말리는 장소.

바나트 알라(banat Allah) 신의 딸들. '가라니크' 참조.

바다와(badawah) '유목의', 베두인 유목민의 형용사형.

사라야(saraya) 노예 지위가 지속되는 부인. 하지만 사라야의 자식은 자유민이 된다.

사이이드(sayyid) 씨족 또는 부족의 족장.

사키나(sakinah) 평화와 평온의 영혼.

살라트(salat) 무슬림이 하루 5회 수행하는 기도 의식.

살람(salam) 평화. 무슬림들이 인사할 때 자주 쓰는 말.

살리하트(salihat) 쿠란에 의해 규정된 정의로운 일.

샤리아(shari'ah) 원래는 물웅덩이로 가는 길, 유목민 부족의 생명줄을 의미했다. 나중에는 무슬림 규범 체계를 가리키는 말이 되었다.

샤이탄(shaytan) '사탄'. 사람일 수도 진일 수도 있는 유혹하는 존재. 사람들을 올바른 길에서 벗어나게 하며 경박하고 공허한 열망을 불러일으킨다.

샤하다(shahadah) 무슬림의 믿음 선언. '알라 외에 다른 신이 없다는 것과 무함마드가 그의 예언자임을 증언합니다.'

수라(surah) 쿠란의 각 장.

수크(suq) 시장, 무역 박람회.

순나(sunnah) 길, 삶의 방식.

쉬르크(shirk) 우상 숭배. 다른 존재를 신과 연관시키거나, 다른 신 또는 온전히 인간적인 가치를 알라와 동등한 수준에 놓는 것. 무슬림의 가장 중요한 죄.

아시비야('asibiyyah) 부족의 연대 정신.

아야(ayah) 복수형은 아야트(ayat). 징표, 비유, 상징. 쿠란의 한 절.

아흘 알-바이트(ahl al-beit) 가문 사람들. 무함마드의 직계 가족.

아흘 알-키탑(ahl al-kitab) 책의 민족. 유대인들과 기독교인들을 지칭하는 말.

안사르(Ansar) '조력자들'. 메디나의 무슬림들을 가리키는 말.

알라후 아크바르(Allahu Akhbar) '신은 가장 위대하다.' 무슬림들이 신의 초월성과 지고함을 상기하는 말.

알-라흐만(al-Rahman) 자비로우신 분(The Compassionate). 신의 이름 중 하나.

알-라힘(al-Rahim) 자애로우신 분(The Merciful). 신의 이름 중 하나.

압드('abd) 노예.

야움 알딘(yawm al-din) 심판의 날. 진실의 순간.

움라(umrah) 간소한 순례. 메카 교외 지역에서 수행하는 의식은 제외하고 메카 시내에서 수행하는 '하즈' 의식.

움마(ummah) 공동체.

이스라('isra) 밤의 여행. 특히 무함마드의 예루살렘 체험.

이스티그나(istighna') 오만한 자립심. 공격적인 독립성, 자급자족.

이슬람(islam) 항복, 복종. 쿠란의 종교에 명명된 이름.

자카트(zakat) 문자 그대로의 뜻은 '정화'. 어려운 이들을 위한 자선 기부. 이슬람의 중요한 실천 중 하나.

자힐리야(jahiliyyah) 일반적으로 '무지의 시기'로 번역되며, 아라비아에서 이슬람 이전 시기를 가리킨다. 그러나 무슬림 자료에서 원래 뜻은 '폭력적이고 폭발적인 성급함', '오만함', '부족 쇼비니즘'이다.

자힘(jahim) 지옥, 보통 '맹렬한 불길'로 번역되는 모호한 단어이다.

잘림(zalim) 외부인. 부족에 속하지 않는다는 이유로 혐오의 대상이 되는 사람.

지하드(jihad) 분투, 힘겨운 노력.

진(jin) '보이지 않는 존재'. 대체로 아라비아 사막에 출몰하여 시인에게 영감을 주고 사람들을 길 잃게 만들었던 정령 중 하나를 지칭한다. 지금까지 눈에 띈 적 없는 낯선 사람을 가리키기도 한다.

질밥(jilbab) 의류, 망토, 가리개.

카림(karim) 관대한 영웅. 베두인족의 이상적인 모범.

카바(Kabah) 문자 그대로는 정육면체를 뜻한다. 하람에 있는 화강암 신전이며 알라에게 바쳐졌다.

카피르(kafir) 복수형은 '카피룬'(kafirun). 전통적으로는 '믿지 않는 자'로 번역되었다. 더 정확하게 말하면, 감사하지 않고 공격적인 태도로 알라를 거부하며 창조주에 대한 의존성을 인정하기를 거부하는 사람을 가리킨다.

칼리파(kalifa) 칼리프, 무함마드의 후계자.

쿠냐(kunya) 첫째 아들을 낳은 후 명예로운 의미로 사용하는 호칭. 예를 들어 '아부 바크르'는 '바크르의 아버지'라는 뜻의 쿠냐다.

쿠란(Qur'an) '암송'. 신이 무함마드에게 계시한 경전.

쿠프르(kufr) 배은망덕. 오만.

키블라(qiblah) 기도 방향.

타와프(tawaf) 카바 주위를 일곱 바퀴 도는 의식.

타우히드(tawhid) 한 사람의 통합(일체감) 안에서 실현되는 '하나됨', 신의 유일성.

타자카(tazakka) 정화, 정제. 이슬람교의 초기 이름.

타카루시(taqarrush) 축적, 획득. '쿠라이시' 이름의 어원으로 추정된다.

타크와(taqwa') 올바른 마음가짐. 신을 민감하게 느끼고 의식하는 태도.

파타(fatah) 승리, 문자 그대로의 뜻은 '열다'.

하니프(hanif) 원래는 이슬람 이전 일신론자를 뜻한다. 쿠란에서 이 단어는 아브라함의 순수한 종교 '하니피야'를 종파 분열 전에 따르던 사람을 가리킨다.

하다라(hadarah) '정착의'. '바다와'의 반대 개념.

하디스(hadith) 기록. 예언자 무함마드의 말과 행동을 기록한 전승.

하람(haram) '성스러운' 또는 '금지된'이라는 뜻으로 '성소'를 의미한다. 특히 카바를 둘러싸고 있는, 모든 폭력이 금지된 성소를 가리킨다.

하사브(hasab) 조상의 영예. 부족민이 선조들에게서 물려받은 부족의 특별한 미덕.

하즈(hajj) 메카 순례.

하캄(hakam) 중재자. 무함마드가 메디나에서 수행한 정치적 역할.

히잡(hijab) 커튼. 베일. 소중하거나 신성한 것을 가리는 것.

히즈라(hijrah) 이주. 특히 무슬림들의 메디나 이주.

힐름(hilm) 이슬람의 중심이 된 아랍의 전통 미덕. 관용, 인내, 자비, 평온 등을 아우른다.

지명

나클라(Nakhlah) 메카 남동쪽에 있는 오아시스. 여신 알-웃자의 제단과 성소가 있는 곳.

마르와(Marwah) 카바 동쪽에 있는 언덕. '하즈' 기간에 순례자들은 마르와 언덕과 사파 언덕 사이를 일곱 번 달렸다.

메디나(Medina) 무슬림들이 야트리브 정착지에 붙인 이름. 예언자의 도시.

메카(Mecca) 쿠라이시족이 지배하던 상업 도시. 무함마드가 태어난 곳.

무즈달리파(Muzdalifah) '하즈'의 방문 장소 중 하나로 미나 계곡과 아라파트산 사이에 있는 계곡. 원래 천둥신의 고향으로 여겨졌다.

무타(Mu'tah) 시리아 경계 부근에 있는 마을. 무슬림 부대가 패배하며 큰 피해를 입은 곳.

미나(Mina) 메카에서 동쪽으로 약 8킬로미터 떨어진 곳에 있는 계곡. '하즈'에 사람들이 머무르는 장소 중 하나.

바드르(Badr) 홍해 연안에 있는 물웅덩이. 무슬림들이 메카 부대에게 첫 번째 승리를 거둔 곳.

사나(Sana'a) 아라비아 반도 남부에 있는 도시. 현재 예멘의 수도.

사파(Safa) 카바 동쪽에 있는 언덕. '하즈' 기간에 순례자들은 사파 언덕과 마르와 언덕 사이를 달렸다.

아라파트('Arafat) 메카에서 동쪽으로 약 25킬로미터 거리에 있는 산. '하즈'에 순례자들이 머무는 장소이며, 순례자들은 이곳에서 철야를 했다.

아카바('Aqabah) 메카 외곽에 있는 계곡으로 무함마드가 야트리브에서 온 순례자들을 처음 만난 곳.

압드 샴스('Abd Shams) 메카의 쿠라이시족 계통 씨족인 압드 샴스 씨족의 구역.

야트리브(Yathrib) 메카 북쪽으로 약 400킬로미터 정도 떨어진 농경 정착지로 아랍인들과 유대인 부족들이 거주했다. '히즈라' 후에는 예언자의 도시 '메디나'라는 이름으로 알려졌다.

우카즈('Ukaz) 대규모 시장이 열리는 장소로 매년 시 경연 대회가 개최되었다.

우후드(Uhud) 메디나 북쪽에 있는 산. 인접한 평야에서 메카 부대가 무슬림 부대에게 커다란 패배를 안겼다.

잠잠(Zamzam) 메카 하람에 있는 성스러운 샘물.

카이바르(Khaybar) 메디나 북쪽 유대인 부족들의 농경 정착지.

쿠다이드(Qudhayd) 홍해 연안에 있는 도시. 마나트 여신의 신전과 성소가 있는 곳.

타이프(Ta'if) 메카 남동쪽에 있는 농경 식민지. 알-라트 여신 성소가 있으며 타키프족의 고향이다. 타이프는 메카에 식량 대부분을 공급했으며 많은 쿠라이시족이 타이프에 여름 별장을 소유하고 있었다.

헤자즈(Hijaz) 아라비아 스텝 북부의 한 지역.

후다이비야(Hudaybiyyah) 메카 성소 경계 내에 있는 우물. 628년 무함마드가 쿠라이시족과 평화 협정을 체결한 곳.

히라(Hira') 메카 밖에 있는 산. 610년경에 무함마드가 첫 계시를 받은 곳.

인명 · 부족명

가브리엘(Gabriel) 신성한 계시의 천사 또는 영.

가산(Ghassan) 비잔티움 제국 경계에 거주했던 아랍 부족. 기독교로 개종하고 비잔티움 제국의 동맹이 되었다.

가타판(Ghatafan) 메디나 동쪽 사막 지역을 근거지로 삼아 활동한 베두인 부족. 이븐 우바이 및 무함마드 반대 세력들과 동맹을 맺었다.

나디르(Nadir) 메디나에서 세력이 강했던 유대인 부족으로 무함마드에 반대했다. 암살 시도 후에 메디나에서 추방되어 카이바르로 도피했다.

루카이야 빈트 무함마드(Ruqayyah bint Muhammad) 카디자와 무함마드의 딸. 우스만 이븐 아판과 결혼했다.

마리암(Maryam) 이집트 출신 기독교인. 무함마드의 '사라야' 부인.

마이무나 빈트 알-하리스(Maymunah bint al-Harith) 압바스의 처제. 629년 '간소한 순례' 기간에 무함마드와 결혼했다.

마크줌(Makhzum) 쿠라이시족에 속한 메카의 한 씨족.

무사브 이븐 우마이르(Mus'ab ibn 'Umayr) '히즈라' 전에 메디나에 사람들을 가르치기 위해 파견된 무슬림.

무팀 이븐 아디(Mu'tim ibn 'Adi) '히즈라' 전, 자신의 말년에 메카에서 무함마드를 지킨 보호자.

바니 카일라(Bani Qaylah) '카일라의 아들들'. 6세기에 아라비아 남부에서 야트리브로 이주해 온 아랍 부족으로서, 나중에 아우스 및 카즈라즈로 나뉘었다.

바라 이븐 마르우르(Bara' ibn Mar'ar) 카즈라즈족에 속한 씨족의 족장. '전쟁의 맹약'(Pledge of War, 622) 시기 무함마드의 후원자.

부다일 이븐 와르카(Budayl ibn Warqa) 베두인 부족 쿠자아족의 수장

빌랄(Bilal) 이슬람으로 개종한 아비시니아인 노예. 무슬림에게 기도 시간을 알리는 최초의 무에진이 되었다.

사드 이븐 무아드(Sa'd ibn Mu'adh) 메디나의 아우스족에 속한 한 씨족의 족장.

사드 이븐 우바다(Sa'd ibn 'Ubadah) 메디나의 카즈라즈족에 속한 씨족의 족장.

사우다 빈트 자마(Sawdah bint Zam'ah) 무함마드의 부인. 수하일 이븐 아므르의 사촌이며 남편을 잃고 무함마드와 재혼했다.

사프완 이븐 알-무아탈(Safwan ibn al-Mu'attal) 아이샤의 친구. 메디나의 무함마드 반대 세력은 아이샤와 사프완의 관계에 대한 소문을 퍼뜨리며 중상했다.

사프완 이븐 우마이야(Safwan ibn Umayyah) 메카의 무함마드 반대 세력을 이끈 인물 중 한 명.

사피야 빈트 후야이(Safiyyah bint Huyay) 무함마드의 유대인 부인. 카이바르 정복 후에 결혼했다.

살라바(Thalabah) 야트리브(메디나)의 20개 유대인 부족 중 하나.

수하일 이븐 아므르(Suhayl ibn 'Amr) 메카 아미르 씨족의 족장. 독실한 이

교도. 무함마드 반대를 이끄는 주도자.

아나스 이븐 말리크(Anas ibn Malik) 무함마드의 친구. 히잡 구절이 계시될 때 함께 있었다.

아므르 이븐 알-아스('Amr ibn al-'As) 이슬람 반대자로 메카 부대를 이끄는 전사.

아미나 빈트 와흐브(Aminah bint Wahb) 무함마드의 어머니. 무함마드가 어릴 때 세상을 떠났다.

아미르(Amir) 메카의 한 씨족.

아부 라하브 이븐 압드 알-무탈리브(Abu Lahab ibn 'Abd al-Muttalib) 아부 탈리브의 이복형제. 초기에 무함마드를 반대한 인물. 아부 탈리브가 죽은 후 하심 씨족의 족장이 되었다.

아부 바라(Abu Bara') 베두인 부족 아미르족의 수장. 무함마드는 우후드 전투 후에 아부 바라의 딸 자이나브 빈트 쿠자이마와 결혼했다.

아부 바크르(Abu Bakr) 무함마드가 신뢰한 가까운 친구. 가장 먼저 이슬람으로 개종한 사람들 중 한 명. 무함마드의 사랑을 받은 부인 아이샤의 아버지.

아부 수피안 이븐 하르브(Abu Sufyan ibn Harb) 쿠라이시족 압드 샴스 씨족의 수장. 이슬람 반대에 앞장섰다.

아부 알-아스 아라비(Abu I-'As ar-Rabi) 무함마드의 딸 자이나브의 남편. 수년 동안 이슬람 개종에 저항했다.

아부 자리르 알-타바리(Abu Ja'rir at-Tabari) 역사가. 무함마드 전기를 썼다.

아부 자흘(Abu Jahl) '오만함의 아버지'. 무슬림이 아불 하캄에게 붙인 별

명. 무함마드의 초기 반대자들 중에서 가장 지독했다.

아부 탈리브 이븐 압드 알-무탈리브(Abu Talib ibn 'Abd al-Muttalib) 무함마드의 삼촌이자 후견인이자 보호자.

아불 하캄 이븐 히샴(Abul-Hakam ibn Hisham) '아부 자흘' 참조.

아사드('Asad) 카디자가 속했던 메카의 씨족.

아슬람(Aslam) 베두인 부족 중 하나.

아우스(Aws) 메디나의 아랍 부족.

아이샤 빈트 아비 바크르('A'isha bint Abi Bakr) 아부 바크르의 딸. 무함마드의 사랑을 받은 젊은 부인.

알리 이븐 아비 탈리브('Ali ibn Abi Talib) 아부 탈리브의 아들. 무함마드와 카디자에게 보호를 받았다. 무함마드의 딸 파티마와 결혼했다.

알-무탈리브(Al-Muttalib) 무함마드의 가문인 하심 씨족과 가까운 친척인 메카의 씨족.

압둘라 이븐 압드 알-무탈리브('Abdullah ibn 'Abd al-Muttalib) 무함마드의 아버지. 무함마드가 태어나기 전에 세상을 떠났다.

압둘라 이븐 우바이('Abdullah ibn Ubayy) 메디나 카즈라즈족에 속한 씨족의 족장. 무함마드를 반대하는 세력을 이끌었다.

압둘라 이븐 자흐시(Abdullah ibn Jahsh) 무함마드의 사촌. 무함마드의 부인 자이나브와 하니프 우바이달라의 형제.

압드 알-무탈리브('Abd al-Muttalib) 무함마드의 할아버지.

압바스 이븐 압드 알-무탈리브('Abbas ibn 'Abd al-Muttalib) 무함마드의 삼촌.

와라카 이븐 나우팔(Waraqah Ibn Nawfal) 카디자의 사촌. 기독교로 개종한 하니프.

우르와 이븐 마수드('Urwah ibn Mas'ud) 타키프 부족민. 쿠라이시족의 동맹이며 무함마드에 반대했다.

우마르 이븐 알-카타브('Umar ibn al-Khattab) 아부 자흘(아불 하캄)의 조카. 처음에는 무함마드에게 극렬히 반대했지만, 나중에는 무함마드의 가장 가까운 동료 중 한 사람이 되었다.

우마마 빈트 아부 알-아스(Umamah bint 'Abu l-'As) 무함마드의 손녀. 자이나브 빈트 무함마드의 딸.

우마이야(Umayyah) 메카의 쿠라이시족에 속한 씨족이며 세력이 강했다.

우바이다 이븐 알-하리스(Ubaydah ibn al-Harith) 이슬람으로 개종한 쿠라이시족의 경험 많은 전사.

우바이달라 이븐 자흐시('Ubaydallah ibn Jahsh) 무함마드의 사촌. 기독교로 개종한 하니프.

우스만 이븐 아판('Uthman ibn 'Affan) 가장 초기에 개종한 이들 중 한 사람. 메카에서 가장 영향력이 큰 몇몇 씨족과 친인척 관계로 연결되어 있었다. 무함마드의 사위가 되었다.

우트바 이븐 라비아('Utbah ibn Rabi'ah) 메카의 압드 샴스 씨족의 지도층. 타이프에 여름 별장을 소유하고 있었다. 무함마드의 반대자.

움 살라마 빈트 아비 우마이야(Umm Salamah bint Abi Umayyah) 매우 세련되고 지적이었던 무함마드의 부인 중 한 명.

움 쿨숨 빈트 무함마드(Umm Kulthum bint Muhammad) 무함마드와 카디자의 딸. 루카이야가 세상을 떠난 후 우스만 이븐 아판과 결혼했다.

움 하비바(Umm Habibah) 아부 수피안의 딸. 아비시니아로 망명했던 무슬림이며 아비시니아에서 돌아와 무함마드와 결혼했다.

움마야 이븐 칼라프(Ummayah ibn Khalaf) 메카의 주마 씨족의 족장. 고질적인 무함마드 반대자.

이븐 두군나(Ibn Dughunnah) 쿠라이시족과 동맹을 맺은 베두인족 지도자. 아부 바크르의 보호자가 되었다.

이븐 사드(Ibn Sa'd) 무함마드 이븐 사드. 무슬림 역사가로 예언자 무함마드의 전기를 썼다.

이븐 우바이(Ibn Ubayy) '압둘라 이븐 우바이' 참조.

이븐 이샤크(Ibn Ishaq) 무함마드 이븐 이샤크. 최초로 무함마드 전기를 썼다.

이크리마('Ikrimah) 아부 자흘의 아들. 메카의 무함마드 반대 세력 지도자.

자이나브 빈트 무함마드(Zaynab bint Muhammad) 무함마드와 카디자의 딸. 아부 알-아스의 부인. 열성적인 이교도였으며 이슬람으로 개종하는 데 수년 동안 저항했다.

자이나브 빈트 자흐시(Zaynab bint Jahsh) 무함마드의 사촌. 처음에는 자이드 이븐 알-하리스와 결혼했으며, 이혼 후에 무함마드와 결혼했다.

자이나브 빈트 쿠자이마(Zaynab bint Khuzaymah) 무함마드의 부인. 베두인족 아미르 부족장의 딸. 예언자와 결혼하고 8개월 후에 세상을 떠났다.

자이드 이븐 아므르(Zayd ibn 'Amr) 초기 하니프였으며, 전통 이교를 신랄하게 비판해서 메카에서 추방되었다. 우마르 이븐 알-카타브의 삼촌.

자이드 이븐 알-하리스(Zayd ibn al-Harith) 무함마드와 카디자가 입양한 아들. 무함마드의 사촌 자이나브 빈트 자흐시와 결혼했다.

자파르 이븐 아비 탈리브(Ja'far ibn Abi Talib) 무함마드의 사촌.

주르함(Jurham) 베두인 부족 중 하나.

주마(Jumah) 메카의 쿠라이시족에 속한 씨족.

주와이리야 빈트 알-하리스(Juwayriyyah bint al-Harith) 베두인족 어느 씨족장의 딸. 무함마드의 부인.

카디자 빈트 알-쿠와일리드(Khadijah bint al-Khuwaylid) 무함마드의 첫 번째 부인.

카이누카(Qaynuqa') 메디나에서 시장을 통제했던 유대인 부족. 무함마드에게 반기를 든 후 메디나에서 추방되었다.

카즈라즈(Khazraj) 메디나의 아랍 부족.

칼리드 이븐 알-왈리드(Khalid ibn al-Walid) 메카의 뛰어난 전사. 수년 동안 무함마드에 반대했다.

쿠라이시(Quraysh) 무함마드의 부족, 메카의 지배 세력.

쿠라이자(Qurayzah) '참호 전투'에서 메카와 협력했던 유대인 부족. 남자들은 처형되었고, 여자들과 아이들은 노예로 팔렸다.

쿠사이 이븐 킬랍(Qusayy ibn Kilab) 쿠라이시족의 시조.

쿠자아(Khuza'ah) 쿠라이시족이 메카에 도착하기 전에 메카 성소를 통제했던 베두인 부족 중 하나.

킬랍(Kilab) 유대인 쿠라이자족과 동맹을 맺었던 아랍 부족.

타키프(Thaqif) 타이프에 정착한 아랍 부족. 쿠라이시족의 동맹으로 무함마드에 반대했다.

파티마 빈트 무함마드(Fatimah bint Muhammad) 무함마드와 카디자의 막내딸. 알리의 부인.

하산 이븐 알리(Hasan ibn 'Ali) 예언자의 손자. 알리와 파티마 사이의 맏아들.

하심(Hashim) 무함마드가 속했던 메카의 씨족.

하프사 빈트 우마르(Hafsah bint 'Umar) 우마르 이븐 알-카타브의 딸이자 무함마드의 부인이며 아이샤의 특별한 친구.

함자 이븐 알-무탈리브(Hamzah ibn al-Muttalib) 무함마드의 삼촌 중 한 명. 출중한 힘을 지닌 전사. 이슬람으로 개종하고 우후드 전투에서 전사했다.

후발(Hubal) 아마도 나바테아 지역에서 유입되어 메카에서 숭배된 신. 석상이 카바 옆에 서 있었다.

후사인 이븐 알리(Husayn ibn 'Ali) 알리와 파티마 사이의 작은아들.

후야이 이븐 아크탑(Huyay ibn Akhtab) 유대인 나디르족의 수장.

훌라이스 이븐 알라카마(Hulays ibn 'Alaqamah) 베두인 부족 알-하리스족의 수장.

힌드 빈트 아비 우마이야(Hind bint Abi Umayyah) '움 살라마 빈트 아비 우마이야' 참조.

힌드 빈트 우트바(Hind bint 'Utbah) 아부 수피안의 부인. 무함마드의 무자비한 적.

1장 메카

1. Tor Andrae, *Muhammad: The Man and His Faith*, trans. Theophil Menzel (London, 1936), 59.

2. Quoted in R. A. Nicholson, *A Literary History of the Arabs* (Cambridge, 1953), 83.

3. Toshihiko Izutsu, *Ethico-Religious Concepts in the Qur'an* (Montreal and Kingston, ON, 2002), 46.

4. Ibid., 63.

5. Labid ibn 'Rabi'ah, Mu'allaqah, 5.81, in Izutsu, *Ethico-Religious Concepts*, 63; cf. Qur'an 2:170, 43:22-24.

6. Izutsu, *Ethico-Religious Concepts*, 72.

7. Ibid., 29.

8. Zuhayr ibn 'Abi Salma, verses 38-39 in Izutsu, *Ethico-Religious Concepts*, 84.

9. Nicholson, *Literary History*, 93.

10. Mohammad A. Bamyeh, *The Social Origins of Islam: Mind, Economy, Discourse* (Minneapolis, 1999), 17-20.

11. Ibid., 30.

12. Ibid., 11-12.

13. Ibid., 38.

14. Qur'an 105.

15. Johannes Sloek, *Devotional Language*, trans. Henrick Mossin (Berlin and New York, 1996), 89-90.

16. Bamyeh, *Social Origins of Islam*, 32.

17. Ibid., 43.

18. Muhammad ibn Ishaq, *Sirat Rasul Allah*, 120, in A. Guillaume, trans., *The Life of Muhammad: A Translation of Ishaq's Sirat Rasul Allah* (London, 1955); cf. Leila Ahmed, *Women and Gender in Islam* (New Haven and London, 1992), 42.

19. Ibid., 155, Guillaume translation.

20. Qur'an 103:2–3.

21. Qur'an 6:70, 7:51.

22. Wilhelm Schmidt, *The Origin of the Idea of God* (New York, 1912), passim.

23. Qur'an 10:22–24, 24:61, 63, 39:38, 43:87, 106:1–3.

24. Izutsu, *God and Man in the Koran, Semantics of the Koranic Weltanschauung* (Tokyo, 1964), 93–101, 124–129.

25. F. E. Peters, *The Hajj: The Muslim Pilgrimage to Mecca and the Holy Places* (Princeton, 1994), 24–27.

26. Ibn al-Kalbi, *The Book of Idols* in Peters, *Hajj*, 29.

27. Bamyeh, *Social Origins of Islam*, 22–24.

28. Ibid., 79–80; Reza Aslan, *No god but God, TheOrigins, Evolution, and Future of Islam* (New York and London, 2005), 9–13.

29. Genesis 16.

30. Flavius Josephus, *The Antiquities of the Jews*, 1.12.2.

31. Bamyeh, *Social Origins of Islam*, 25–27.

32. Psalm 135:5.

33. Bamyeh, *Social Origins of Islam*, 89–144; Aslan, *No god but God*, 13–15; Izutsu, *God and Man*, 107–18.

34. Ibn Ishaq, *Sirat Rasul Allah*, 143, in Guillaume, *Life of Muhammad*.

35. Ibid., 145, in Guillaume, *Life of Muhammad*.

36. Peters, *Hajj*, 39–40.

37. Izutsu, *God and Man*, 148.

38. Ibn Ishaq, *Sirat Rasul Allah*, 151, in Guillaume, *Life of Muhammad*, 105.

39. Qur'an 96 in Michael Sells, ed. and trans., *Approaching the Qur'an: The Early Revelations* (Ashland, OR, 1999). "Recite in the name of your lord who created— / From an embryo created the human. / Recite your lord is all-giving / Who taught by the pen / Taught the human what he did not know before / The human being is a tyrant / He thinks his possessions make him secure / To your lord is the return of everything" (저자가 인용한 쿠란 영문 번역문을 함께 싣는다.) Muhammad Asad translates lines 6–8: "Verily man becomes grossly overweening whenever he believes himself to be self-sufficient: for, behold, unto thy Sustainer all must return."

40. Qur'an 53:5–9, Sells translation.

41. Ibn Ishaq, *Sirat Rasul Allah*, 153, in Guillaume, *Life of Muhammad*.

42. Ibid.

43. Ibid., 154.

44. Qur'an 21:91, 19:16–27.   Sells, *Approaching the Qur'an*, 187–93.

45. Qur'an 97, Sells translation. "We sent him down on the night of destiny / And what can tell you of the night of destiny? / The night of destiny is better than a thousand months / The angels come down—the spirit upon her— / by permission of their lord from every order / Peace she is until the rise of dawn."

46. Rudolf Otto, *The Idea of the Holy: An Inquiry into the Non Rational Factor in the Idea of the Divine and its relation to the rational*, trans. John W. Harvey, 2nd ed., (London, Oxford and New York, 1950), 12–40.

47. Qur'an 93, Sells translation. "By the morning hours / By the night when it is still / Your lord has not abandoned you / and does not hate you / What is after will be better / than what came before / To you the lord will be giving / You will be content / Did he not find you orphaned / and give you shelter / Find you lost / and guide you / Find you in hunger / and provide for you / As for the orphan— / do not oppress

him / And one who asks for help— / do not turn him away / And the grace of your lord— / proclaim"

2장 자힐리야

1. This was noted by the seventh century Meccan historian Ibn Shifan al-Zuhri, who is quoted in W. Montgomery Watt, *Muhammad at Mecca* (Oxford, 1953), 87.

2. Muhammad ibn Ishaq, Sirat Rasul Allah, 161, in A. Guillaume, trans. and ed., *The Life of Muhammad*: A Translation of Ishaq's Sirat Rasul Allah (London, 1955), 115.

3. Muhammad ibn Sa'd, Kitab al-Tabaqat al-Kabir, 4.1.68, in Martin Lings, *Muhammad*: His Life Based on the Earliest Sources (London, 1983), 47.

4. Ibn Sa'd, 3.1.37, Kitab at-Tabaqat, in Lings, *Muhammad*, 47.

5. Qur'an 27:45-46, 28:4.

6. Jalal al-Din Suyuti, al-itqan fi'ulum al-aq'ran, quoted in Maxime Rodinson, Mohammed, trans. Anne Carter (London, 1971), 74.

7. Bukhari, *Hadith* 1.3, in Lings, *Muhammad*, 44-45.

8. Qur'an 20:114, 75:16-18.

9. Michael Sells, ed. and trans., *Approaching the Qur'an*: The Early Revelations (Ashland, OR, 1999), xvi.

10. Sells, *Approaching the Qur'an*, 183-84.

11. Mircea Eliade, *Yoga*: Immorality and Freedom, trans. Willard Trask (London, 1958), 56.

12. Sells, *Approaching the Qur'an*, 183-204. See also Qur'an 81:8-9.

13. See Qur'an 82:17-18, 83:8-9, 19.

14. Sells, *Approaching the Qur'an*, xliii.

15. Qur'an 81:1-6, 14, in Sells, "When the sun is overturned / When the stars fall away / When the mountains are moved / When the ten-month pregnant camels are abandoned / When the beasts of the wild are

herded together / When the seas are boiled over . . . / Then a soul will know what it has prepared. " *Approaching the Qur'an*.

16. Qur'an 99:6 – 9, Sells translation. "At that time people will straggle forth / to be shown what they have done / Whoever does a mote's weight good will see it / Whoever does a mote's weight wrong will see it."

17. Qur'an 90:13 – 16, Sells translation. "To free a slave, to feed the destitute on a day of

hunger, a kinsman, orphan, or a stranger out of luck, in need."

18. Qur'an 81:26, Sells translation.

19. Qur'an 88:21 – 22.

20. Qur'an 88:17 – 20, Sells translation. "Look at the camel / and how it is created / Look at the sky and how it is raised / Look at the mountains and how they are set / Look at the earth and how it is spread."

21. Watt, *Muhammad at Mecca*, 68.

22. Qur'an 26:214.

23. Qur'an 17:26 – 27.

24. Abu Ja'rir at-Tabari, *Ta'rikh ar-Rasul wa'l Muluk*, 1171 in Guillaume, *Life of Muhammad*, 117 – 118.

25. Qur'an 83:4, 37:12 – 19.

26. Qur'an 45:23, 36:77 – 83.

27. Qur'an 83:10 – 12.

28. Qur'an 6:108, 27:45, 10:71 – 72. Mohammed A. Bamyeh, *The Social Origins of Islam, Mind, Economy, Discourse* (Minneapolis, 1999), 180 – 184.

29. Qur'an 10:72.

30. Wilfred Cantwell Smith, *Faith and Belief* (Princeton, 1979), 44 – 46; Toshihiko Izutsu, *Ethico-Religious Concepts in the Qur'an* (Montreal and Kingston, ON, 2002), 132 – 133.

31. Tor Andrae, *Muhammad: The Man and His Faith*, trans. Theophil Menzel (London: 1936), 22 – 35; W. Montgomery Watt, *Muhammad'*

s Mecca: History in the Qur'an (Edinburgh, 1988), 69–73; Watt, Muhammad at Mecca, 103–109; Bamyeh, Social Origins of Islam, 208–9.

32. Ibn Sa'd, Kitab at-Tabaqat 8i, 137, in Bamyeh, Social Origins of Islam, 208.

33. Tabari, Ta'rikh ar-Rasul, 1192, in Guillaume, Life of Muhammad, 165.

34. Qur'an 53:12.

35. Qur'an 53:26.

36. Tabari, Ta'rikh ar-Rasul, 1192, in Guillaume, Life of Muhammad, 166.

37. Ibn Sa'd, Kitab at-Tabaqat, 137, in Andrae, Muhammad, 22.

38. Tabari, Ta'rikh ar-Rasul, 1192, in Guillaume, Life of Muhammad, 166.

39. Qur'an 22:52.

40. Qur'an 53:19–23, in Muhammad Asad, trans. and ed., The Message of the Qur'an (Gibraltar, 1980).

41. Qur'an 39:23, translation by Izutsu, Ethico–Religious Concepts, 197.

42. Qur'an 59:21, Asad translation.

43. Qur'an 29:17, 10:18, 39:43.

44. Qur'an 112, Sells translation. "Say he is God, one / God forever / Not begetting, unbegotten, / and having as equal none."

45. Reza Aslan, No god but God: The Origins, Evolution and Future of Islam (London and New York, 2005), 43–46.

46. Ibn Ishaq, Sirat Rasul Allah, 167–8, in Guillaume, Life of Muhammad, 119.

47. Qur'an 17:46, 39:45.

48. Qur'an 38:6.

49. Qur'an 38:4–5.

50. Qur'an 41:6.

51. Qur'an 80:1–10.

52. Izutsu, Ethico–Religious Concepts, 66; Cantwell Smith, Faith and Belief, 39–40.

53. Qur'an 29:61-63, 2:89, 27:14.

54. Qur'an 17:23-24, 46:15. Asad translation.

55. Izutsu, *Ethico-Religious Concepts*, 127-57.

56. Qur'an 7:75-76, 39:59, 31:17-18, 23:45-47, 38:71-75.

57. Qur'an 15:94-96, 21:36, 18:106, 40:4-5, 68:56, 22:8-9.

58. Qur'an 41:3-5, 83:14, 2:6-7.

59. Izutsu, *Ethico-Religious Concepts*, 28-45.

60. Ibid., 28.

61. Ibid., 68-69, Qur'an 14:47, 39:37, 15:79, 30:47, 44:16.

62. Qur'an 90:13-17.

63. Qur'an 25:63, Asad translation.

64. Qur'an 111. 쿠란에 무함마드를 적대시하는 사람의 이름이 언급된 건 이 부분이 유일하다.

65. Ibn Ishaq, *Sirat Rasul Allah*, 183-4 in Guillaume, *Life of Muhammad*, 130-31.

66. Ibid., in Guillaume, *Life of Muhammad*, 132.

67. Ibn Ishaq, *Sirat Rasul Allah*, 227, in Guillaume, *Life of Muhammad*, 157.

68. Ibid., 228, in Guillaume, *Life of Muhammad*, 158.

69. Aslan, *No god but God*, 46.

70. Qur'an 11:100.

71. Qur'an 2:100, 13:37, 16:101, 17:41, 17:86.

72. Qur'an 109, Sells translation. "You who reject the faith (kafirun) / I do not worship what you worship / And you do not worship what I worship / I am not a worshipper of what you worship / You are not a worshipper of what I worship. / A reckoning (din) for you and a reckoning for me."

73. Qur'an 2:256, Asad translation.

3장 히즈라

1. Muhammad ibn Ishaq, *Sirat Rasul Allah*, 278, in A. Guillaume, trans. and

ed., *The Life of Muhammad* (London, 1955), 169–70.

2. Ibid., 280, in Guillaume, *Life of Muhammad*, 193.

3. Qur'an 46:29–32, 72:1, in Muhammad Asad, trans. and ed., *The Message of the Qur'an* (Gibraltar, 1980). 이 내용은 해당 사건에 대한 아사드의 설명이다. 해당 구절에 따르는 텍스트 주석으로 실려 있는데, 아사드는 이 내용이 확실치 않다고 인정한다.

4. Qur'an 17:1, Asad translation. "Limitless in His glory is He who transported His servant by night from the Inviolable House of Worship (al masjid alharam) to the Remote House of Worship (al-masjid alaqsa)—the environs of which We had blessed—so that We might show him some of Our symbols (ayat)."

5. Muhammad ibn Jarir at-Tabari, *Ta'rikh ar Rasul wa'l Muluk*, 2210. Mohammad A. Bamyeh, *The Social Origins of Islam: Mind, Economy, Discourse* (Minneapolis, 1999), 144–45.

6. Qur'an 53:15–18 in Michael Sells, trans. "He saw it descending another time / at the lote tree of the furthest limit / There was the garden of sanctuary / When something came down over the lote tree enfolding / His gaze did not turn aside nor go too far / He had seen the sight of his lord, great signs (ayat)" and ed., *Approaching the Qur'an: The Early Revelations* (Ashland, OR, 1999).

7. Sells, ibid., xvii–xviii.

8. Ibn Ishaq, *Sirat Rasul Allah*, 271, in Guillaume, *Life of Muhammad*.

9. Qur'an 3:84, cf. 2:136, Asad translation. "Say: We believe in God, and in that which has been bestowed from on high upon us, and that which has been bestowed upon Abraham and Ishmael and Isaac and Jacob and their descendents, and that which has been vouchsafed by their Sustainer unto Moses and Jesus and all the [other] prophets: we make no distinction between any of them. And unto Him do we surrender ourselves (lahu muslimun)"

10. Toshihiko Izutsu, *Ethico-Religious Concepts in the Qur'an* (Montreal

and Kingston, ON, 2002), 189.

11. Qur'an 3:85, Asad translation. "For if one goes in search of a religion other than self-surrender(islam) unto God, it will never be accepted from him, and in the life to come, he shall be among the lost."

12. Qur'an 12:111.

13. Qur'an 5:69, Asad translation.

14. Qur'an 5:48, Asad translation. "And if God had so willed, He could surely have made you all one single community: but [He willed it otherwise] in order to test you by means of what he has vouchsafed unto you. Vie, then, with one another in doing good works! Unto God you must all return; and then He will make you truly understand all that on which you were wont to differ."

15. Qur'an 24:35, Asad translation. "The parable (ayah) of this light is, as it were, that of a niche containing a lamp; the lamp is [enclosed in glass], the glass [shining] likea radiant star: [a lamp] lit from a blessed tree— an olive tree that is neither of the east nor the west—the oil whereof [is so bright that it] would well-nigh give light [of itself], even though fire had not touched it—light upon light."

16. Martin Lings, *Muhammad: His Life Based on the Earliest Sources* (London: Islamic Society Texts, 1983), 57, 105-111; W. Montgomery Watt, *Muhammad at Mecca* (Oxford, 1953), 141-49; Watt, *Muhammad at Medina* (Oxford, 1956), 173-231.

17. Reza Aslan, *No god but God: The Origins, Evolution and Future of Islam* (London and New York, 2005), 54; Gordon Newby, *A History of the Jews in Arabia* (Columbia, SC, 1988), 75-79, 84-85; Moshe Gil, "Origin of the Jews of Yathrib," *Jerusalem Studies in Arabic and Islam* (1984).

18. Muhammad ibn 'Umar al-Waqidi, *Kitab al-Maghazi* in Aslan, *No god but God*, 54.

19. Ibn Ishaq, 287, in Guillaume, *Life of Muhammad*.

20. Ibid., 289, in Bamyeh, *Social Origins of Islam*, 153 – 54.

21. Ibid., 291 – 2, in Guillaume, *Life of Muhammad*.

22. Bamyeh, *Social Origins of Islam*, 153 – 3.

23. Qur'an 5:5 – 7; cf. Acts of Apostles 15:19 – 21, 29.

24. Qur'an 10:47.

25. Qur'an 8:30, 27:48 – 51.

26. Qur'an 60:1, 47:13.

27. W. Montgomery Watt, *Muhammad's Mecca: History of the Qur'an* (Edinburgh, 1988), 101 – 6; *Muhammad at Mecca*, 149 – 51.

28. Watt, *Muhammad's Mecca*, 25.

29. Izutsu, *Ethico – Religious Concepts*, 56.

30. Ibn Ishaq, *Sirat Rasul Allah*, 297, in Guillaume, *Life of Muhammad*.

31. Ibid., 304 – 5, in Guillaume, *Life of Muhammad*.

32. Bamyeh, *Social Origins of Islam*, 216 – 217.

33. Aslan, *No god but God*, 56 – 59.

34. Ibn Ishaq, Sirat Rasul Allah, in Guillaume, *Life of Muhammad*.

35. Qur'an 9:40.

36. Clinton Bennet, "Islam," in Jean Holm with John Bowker, eds, *Sacred Place* (London, 1994), 88 – 89; Fatima Mernissi, *Women and Islam: An Historical and Theological Enquiry*, trans. Mary Jo Lakeland (Oxford, 1991), 106 – 108.

37. Ibn Ishaq, *Sirat Rasul Allah*, 247, in Guillaume, *Life of Muhammad*, 236.

38. Ibid., 414, in Guillaume, *Life of Muhammad*.

39. Bamyeh, *Social Origins of Islam*, 218.

40. Qur'an 8:72 – 73, Asad translation.

41. Ibn Ishaq, *Sirat Rasul Allah*, 341, in Guillaume, *Life of Muhammad*, 232.

42. Qur'an 42:37 – 43, Asad translation.

43. Ibn Ishaq, *Sirat Rasul Allah*, 386, translation in Izutsu, *Ethico – Religious Concepts*, 29.

44. Qur'an 4:137, Asad translation.

45. Qur'an 2:8-15, Asad translation.

46. Ibn Ishaq, *Sirat Rasul Allah*, 341, in Guillaume, *Life of Muhammad*.

47. Watt, *Muhammad at Medina*, 201-2.

48. D. S. Margoliouth, The Relations between Arabs and Israelites Prior to the Rise of Islam (*London, 1924*); Salo Wittmayer Baron, *A Social and Religious History of the Jews* (New York: Columbia University Press, 1964), 3:261; Hannah Rahman, "The Conflict between the Prophet and the Opposition in Medina," *Der Islam* (1985); Moshe Gil, "The Medinan Opposition to the Prophet," *Jerusalem Studies in Arabic and Islam* (1987).

49. S. N. Goitein, *Jews and Arabs* (New York, 1960), 63; Newby, *History of the Jews*, 78-90; Aslan, *No god but God*, 97-98.

50. David J. Helperin, "The Ibn Sayyad Traditions and the Legend of al-Dajjal," *Journal of the American Oriental Society* (1976).

51. Ibn Ishaq, Sirat Rasul Allah., 362, in Guillaume, *Life of Muhammad*.

52. Qur'an 6:151.

53. Qur'an 2:111-113, 120.

54. Qur'an 2:116, 19:88-92, 10:68, 5:73-77, 116-118.

55. Qur'an 5:73.

56. Qur'an 3:113-114, Asad translation. "recite God's messages throughout the night and prostrate themselves [before him]. They believe in God and the Last Day, and enjoin the doing of what is right and forbid the doing of what is wrong, and vie with one another in doing God's works; and these are among the righteous."

57. Qur'an 22:67-68, Asad translation.

58. Qur'an 3:65.

59. Qur'an 3:67, in Arthur J. Arberry, trans. and ed., *The Koran Interpreted* (Oxford, 1964).

60. Qur'an 6:159, Asad translation.

61. Qur'an 6:161-3.

62. Qur'an 2:144, Asad translation. "We have seen thee [O Prophet] often turn thy face towards heaven [for guidance], and now We shall indeed make thee turn too in prayer in a direction which will fulfil thy desire. Turn then thy face towards the Inviolable House of Worship; and wherever you all may be, turn your faces towards it [in prayer]."

63. Qur'an 2:150, Asad translation.

4장 지하드

1. Muhammad A. Bamyeh, *The Social Origins of Islam: Mind, Economy, Discourse* (Minneapolis, 1999), 198.

2. W. Montgomery Watt, Muhammad at Medina (Oxford, 1956), 2–5.

3. Qur'an 2:216.

4. Qur'an 22:39–40, in Muhammad Asad, trans. "Permission [to fight] is given to those against whom war is being wrongfully waged—and, verily, God has indeed the power to succor them— (22:39)" "those who have been driven from their homelands against all right for no other reason than their saying "Our Sustainer is God!" For if God had not enabled people to defend themselves against one another, [all] monasteries and churches and synagogues and mosques—in [all of] which God's name is abundantly extolled—would surely have been destroyed [ere now]. (22:40)" *The Message of the Qur'an* (Gibraltar, 1980).

5. Qur'an 2:190.

6. Watt, *Muhammad at Medina*, 6–8; Bamyeh, *Social Origins of Islam*, 198–99; Marshall G. S. Hodgson, *The Venture of Islam: Conscience and History in a World Civilization*, 3 vols (Chicago and London, 1974), 1:175–76; Tor Andrae, *Muhammad: The Man and His Faith*, trans. Theophil Menzel (London, 1936), 195–201.

7. Qur'an 2:217, Asad translation. "But turning men away from the path of God and denying Him and [turning them away from] the Inviolable

House of Worship and expelling its people therefrom—[all this] is far more awesome in the sight of God, since oppression is more awesome than killing."

8. Bamyeh, *Social Origins of Islam*, 200, 231; Andrae, Muhammad, 203–6; Watt, *Muhammad at Medina*, 11–20; Martin Lings, *Muhammad: His Life Based on the Earliest Sources* (London, 1983), 138–59.

9. Muhammad Ibn Ishaq, *Sirat Rasul Allah*, 435, in A. Guillaume, trans. and ed., *The Life of Muhammad: A Translation of Ishaq's Sirat Rasul Allah* (London, 1955).

10. Ibid.

11. Qur'an 8:5–9.

12. Muhammad Ibn Jarir at-Tabari, *Ta'rikh ar-Rasul wa'l Muluk*, in Fatima Mernissi, *Women in Islam: An Historical and Theological Enquiry*, trans. Mary Jo Lakeland (Oxford, 1991), 90.

13. Qur'an 8:8.

14. Ibn Ishaq, *Sirat Rasul Allah*, 442, in Guillaume, Life of Muhammad.

15. Qur'an 47:4.

16. Qur'an 3:147–48, 8:16–17, 61:5.

17. Qur'an 2:193–194.

18. Qur'an 8:62–63.

19. Qur'an 5:45, Asad translation.

20. Qur'an 4:90.

21. Reza Aslan, *No god but God: The Origins, Evolution and Future of Islam* (New York and London, 2005), 89–90; Watt, *Muhammad at Medina*, 225–43.

22. Nabia Abbott, Aishah, the Beloved of Muhammad (Chicago, 1992), 67.

23. Mernissi, *Women and Islam*, 106–11.

24. Muhammad al-Bukhari, *Al-Sahih* (Beirut, 1978); Mernissi, *Women and Islam*, 142–3; Leila Ahmed, *Women and Gender in Islam* (New Haven and London, 1992), 52–53.

25. Ibn Ishaq, Sirat Raszul Allah, 543, in Guillaume, *Life of Muhammad*.

26. Aslan, *No god but God*, 89–90; Lings, *Muhammad*, 160–62; Andrae, Muhammad, 207; Watt, *Muhammad at Medina*, 190–210.

27. Ibn Ishaq, Sirat Rasul Allah, 296, in Guillaume, *Life of Muhammad*.

28. M. J. Kister, "Al–Hira: Some Notes on its Relations with Arabia," *Jerusalem Studies in Arabic and Islam* 6 (1985).

29. Lings, Muhammad, 170–97; Andrae, *Muhammad*, 210–2213; Watt, *Muhammad at Medina*, 20–30.

30. Ibn Ishaq, 717, in Guillaume, *Life of Muhammad*.

31. Qur'an 4:2–3, Asad translation. "Hence render unto the orphans their possessions and do not substitute bad things [of your own] for the good things [that belong to them] and do not consume their possessions together with your own; this, verily, isa great crime.(4:2)" "And if you have reason to fear that you might not act equitably towards orphans, then marry from among [other] women such as are lawful to you—[even] two or three or four: but if you have reason to fear that you might not be able to treat them with equal fairness, then [only] one—or from among those whom you rightfully possess. This will make it more likely that you will not deviate from the right course. (4:3)"

32. Watt, *Muhammad at Medina*, 272–83, 289–93; cf. Ahmed, *Women and Gender in Islam*, 43–44, 52.

33. Mernissi, *Women and Islam*, 123, 182.

34. Qur'an 24:32, in Arthur J. Arberry, "Marry the spouseless among you, and your slaves and handmaidens that are righteous; if they are poor, God will enrich them of his bounty, God is all–embracing, All knowing." *The Koran Intepreted* (Oxford, 1964).

35. Mernissi, Women and Islam, 162–3; Ahmed, *Women and Gender in Islam*, 53.

36. Lings, Muhammad, 203–4; Watt, *Muhammad at Medina*, 185, 211–17; Aslan, *No god but God*, 90–91; Bamyeh, *Social Origins of Islam*, 201–2.

37. Lings, *Muhammad*, 207−8.

38. Qur'an 24:53, 32:29, 47:35, 46. Watt, *Muhammad at Medina*, 231−4.

39. Qur'an 4:102; Lings, *Muhammad*, 208−10; Mernissi, *Women and Islam*, 163−7.

40. Lings, *Muhammad*, 21−212; Mernissi, *Women and Islam*, 153−4, 172.

41. Qur'an 49:2, 4−5.

42. Muhammad ibn Sa'd, *Tabaqat al-kubra* (Beirut, n.d.), 8:174; Mernissi, *Women and Islam*, 172.

43. Lings, *Muhammad*, 107−8; Mernissi, *Women and Islam*, 174.

44. Tabari, *Tafsir*(Cairo, n.d.), 22:10; Mernissi, *Women and Islam*, 115−31. 몇몇 판본에서는 움 살라마뿐만 아니라 무함마드의 부인 모두가 여자들을 위해 목소리를 낸다.

45. Qur'an 33:35. "Men and women who have surrendered, believing men and believing women, obedient men and obedient women, truthful men and truthful women, enduring men and enduring women, humble men and humble women, men and women who give in charity, men who fast and women who fast, men and women who guard their private parts, men and women who remember God oft — for them God has prepared forgiveness and a mighty wage."

46. Qur'an 4:37.

47. Qur'an 4:23.

48. Qur'an 2:225−240, 65:1−70.

49. Tabari, *Tafsir*, 9:235; Mernissi, *Women and Islam*, 131−32; Ahmed, *Women and Gender in Islam*, 53.

50. Qur'an 4:19.

51. Tabari, *Tafsir*, 8:261; Mernissi, *Women and Islam*, 132.

52. Mernissi, *Women and Islam*, 154−59.

53. Ibn Sa'd, *Tabaqat*, 8:205.

54. Ibid.

55. Qur'an 4:34.

56. Ibn Sa'd, *Tabaqat*, 8:204.

57. Lings, *Muhammad*, 215–30; Watt, *Muhammad at Medina*, 36–58; Mernissi, *Women and Islam*, 168–70.

58. Ibn Ishaq, 677, in Guillaume, *Life of Muhammad*.

59. Qur'an 33:12.

60. Qur'an 33:10–11.

61. Ibn Ishaq, 683, in Guillaume, *Life of Muhammad*.

62. Ibid., 689.

63. Aslan, *No god but God*, 91–98; Norman A. Stillman, *The Jews of Arab Lands* (Philadelphia, 1979).

64. Qur'an 29:46, Asad translation. "Do not argue with the followers of earlier revelation otherwise than in a most kindly manner—unless it be such of them as are bent upon evil-doing—and say: 'We believe in that which has been bestowed from on high upon us, as well as that which has been bestowed upon you: for our God and your god is one and the same, and it is unto Him that We all surrender ourselves.'"

5장 살람

1. Muhammad ibn 'Umar al-Waqidi, Kitab al-Maghazi, 488–490, in Martin Lings, *Muhammad: His Life Based on the Earliest Sources* (London, 1983), 227.

2. Fatima Mernissi, *Women and Islam: An Historical and Theological Enquiry*, trans. Mary Jo Lakeland (Oxford, 1991), 17–172.

3. Qur'an 33:51, 63.

4. Qur'an 33:59–60.

5. Lings, *Muhammad*, 212–214; Tor Andrae, *Muhammad: The Man and His Faith*, trans. Theophil Menzil (London, 1936), 215–16.

6. Qur'an 33:36–40.

7. Qur'an 33:53, in Muhammad Asad, trans., "O you who have attained to faith! Do not enter the Prophet's dwellings unless you are given leave;

[and when invited] to a meal, do not come [so early as] to wait for it to be readied; but whenever you are invited, enter [at the proper time]; and when you have partaken of the meal, disperse without lingering for the sake of mere talk: that, behold, might give offence to the Prophet, and yet he might feel shy of [asking] you [to leave]; but God is not shy of [teaching you] what is right. And as for the Prophet's wives, whenever you ask them for anything that you need, ask them from behind a screen: this will but deepen the purity of your hearts and theirs." *The Message of the Qur'an* (Gibraltar, 1980).

8. Qur'an 33:53, 59.

9. Mernissi, *Women and Islam*, 88-191; Leila Ahmed, *Women and Gender in Islam* (New Haven and London, 1992), 53-57.

10. Mernissi, *Women and Islam*, 177-78; Lings, *Muhammad*, 235-45; W. Montgomery Watt, *Muhammad at Medina* (Oxford, 1956), 185-86; Ahmed, *Women and Gender in Islam*, 51.

11. Muhammad Ibn Ishaq, *Sirat Rasul Allah*, 726, in A. Guillaume, trans. and ed., *The Life of Muhammad: A Translation of Ishaq's Sirat Rasul Allah* (London, 1955).

12. Qur'an 12:18, Asad translation.

13. Ibn Ishaq, *Sirat Rasul Allah*, 735, in Guillaume, Life of Muhammad.

14. Qur'an 24:11.

15. Lings, *Muhammad*, 247-55; Andrae, *Muhammad*, 219-27; Watt, *Muhammad at Medina*, 46-59, 234-35; Mohammad A. Bamyeh, *The Social Origins of Islam, Mind, Economy, Discourse* (Minneapolis, 1999), 222-27.

16. Ibn Ishaq, *Sirat Rasul Allah*, 748, in Guillaume, *Life of Muhammad*.

17. Ibid., 741.

18. Ibid., 743.

19. Ibid.

20. Ibid., 745.

21. Watt, *Muhammad at Medina*, 50.

22. Qur'an 2:193.

23. Ibn Ishaq, *Sirat Rasul Allah*, 748, in Guillaume, *Life of Muhammad*.

24. Ibid., 747.

25. Bamyeh, *Social Origins of Islam*, 226–27.

26. Mernissi, *Women in Islam*, 184–86.

27. Ibn Ishaq, *Sirat Rasul Allah*, 747, in Guillaume, *Life of Muhammad*.

28. Ibid., 748.

29. Lings, *Muhammad*, 254.

30. Ibid., 255.

31. Qur'an 48:26, translation by Toshihiko Izutsu, "When in the hearts of those who persist in unbelief arose the characteristic arrogance, the arrogance of jahiliyyah, then God sent down his peace of soul (sakinah) upon His Messenger and upon the believers, and imposed upon them the formula of self-restraint (hilm), for that was most befitting to them and they were most suited for that." *Ethico-Religious Concepts in the Qur'an* (Montreal and Kingston, ON, 2002), 31.

32. Qur'an 48:29, in Arthur J. Arberry, "Thou seest them bowing, prostrating, seeking bounty from God and good pleasure. Their mark is on their faces, the trace of prostration. That is their likeness in the Torah, and their likeness in the Gospel." *The Koran Interpreted* (Oxford, 1964).

33. Ibn Ishaq, *Sirat Rasul Allah*, 751, in Guillaume, *Life of Muhammad*.

34. Qur'an 110, in Michael Sells, ed. and trans., "When the help of God arrived / and the opening (fatah) / and you saw people joining the religion of God in waves / Recite the praise of your Lord / and say God forgive / He is the always forgiving." *Approaching the Qur'an, The Early Revelations* (Ashland, OR, 1999).

35. Ibn Sa'd, *Kitab al-Tabaqat al-Kabir*, 7:147, in Lings, *Muhammad*, 271.

36. Lings, *Muhammad*, 282.

37. Ibn Ishaq, *Sirat Rasul Allah*, 717, in Guillaume, *Life of Muhammad*.

38. Qur'an 17:81, Arberry translation.

39. Ibn Ishaq, *Sirat Rasul Allah*, 821, in Asad, *Message of the Qur'an*, 794.

40. Qur'an 49:13, Asad translation. "Behold, we have created you all out of a male or a female, and have made you into nations and tribes, so that you may come to know one another. Verily, the noblest of you in the sight of God is the one who is most deeply conscious of him. Behold God is all-knowing, all-aware."

41. Abu Ja'far at-Tabari, *Tariq ar-Rasul wa'-Muluk, 1642, in Guillaume, Life of Muhammad*, 553.

42. Lings, *Muhammad*, 311.

43. Ibn Ishaq, *Sirat Rasul Allah*, 886, in Guillaume, *Life of Muhammad*.

44. Bamyeh, *Social Origins of Islam*, 227-29.

45. Waqidi, 837-38, in Bamyeh, *Social Origins of Islam*, 228.

46. Ibn Ishaq, Sirat Rasul Allah, 969, in Guillaume, *Life of Muhammad*.

47. Ibid., 1006.

48. Ibid., 1006.

49. Ibid., 1012.

50. Qur'an 3:144, Arberry translation.

51. Ibn Ishaq, *Sirat Rasul Allah*, 1013, in Guillaume, *Life of Muhammad*.

52. Wilfred Cantwell Smith, *Islam in Modern History* (Princeton and London, 1957), 305.

김승완

역사 전문 번역가. 서강대학교에서 영문학을 전공하고 사학을 부전공으로 공부했다. 역서로 《처음 읽는 유럽사》《만들어진 유대인》이 있다.

무함마드

2024년 8월 30일 초판 1쇄 발행

- 지은이 ─────── 카렌 암스트롱
- 옮긴이 ─────── 김승완
- 펴낸이 ─────── 한예원
- 편집 ─────── 이승희, 윤슬기, 양경아, 김지희
- 본문 조판 ───── 성인기획
- 펴낸곳   교양인
  우 04015 서울 마포구 망원로6길 57 3층
  전화 : 02)2266-2776 팩스 : 02)2266-2771
  e-mail : gyoyangin@naver.com

ⓒ 교양인, 2024
ISBN 979-11-93154-33-5 03990